報徳記

富田高慶・原著
佐々井典比古・訳注

致知出版社

新版まえがき

本書『報徳記』は、昭和二十九年から三十一年にかけて、一円融合会から新書版形式で出版された《現代版報徳全書》全十冊の内、冒頭の第一冊と第二冊に（上）（下）として収められていた『補註報徳記』を単行本一冊としたものです。二宮尊徳筆頭の弟子で相馬藩士の富田高慶《とみたたかよし》が書き遺した、尊徳の生涯と報徳仕法の業績の全容です。明治十三年に明治天皇の上覧を機に、同十六年に宮内省から、次いで同十八年には農商務省から複写版が刊行され、さらに明治二十三年に大日本農会から活字本が出版されるに及んで、広く一般に読まれるようになり、尊徳と報徳事蹟の存在が世に知られるとともに、共感をもって迎えられました。

『報徳記』の内容については、昭和八年に岩波書店より発刊された同書の佐々井信太郎《ささいしんたろう》による「刊行の由来」に、本書の精髄が端的に記されていますので、その項の一部を再録しておきます。

「報徳記は一般の伝記と異なり、全篇救世済民の事業であつて、難村取直、借財償還、荒地起返、道路橋梁《きょうりょう》排水修造、耕地整理、植林、民衆教化、紛議解決、一家一村安泰の日常生活建直しに関する所謂《いわゆる》興国安民の方途であつて、その方途実現の原理及方法が、二宮先生の生活体験によつて実現せられたのである。

是を以てこれを読むものをして感憤措く能はざらしめ、実行力の偉大なる賚《たまもの》により衝動を受け、何かと実行に邁進《まいしん》せしめられた例が甚だ少くない、幸田露伴氏が少年文学の叢書《そうしょ》中に筆を執つたのも、御木本幸吉《みきもとこうきち》氏が栢山《かやま》の遺跡保存に多額の資を投じたのも、報徳記を読んだ結果なりとのことである。

報徳記の感化力の偉大なのは、著者（編集部註：富田高慶）が報徳型の哲人たることが与《あずか》つて大なるものと思ふ。二宮先生の事業そのものの偉大さを表はすには、先生を理解することの深き、当時この人に勝る人はないと称せられた。至誠純忠の資を以て、天保十年より安政三年まで十八年間、影の如くに随従し、終始感憤し、精励実践、報徳仕法に従事してその要を体得した上での記述である。」

この『報徳記』と共に致知出版社から先に刊行された門人福住正兄《ふくずみまさえ》と斎藤高行が書き留めた二宮尊徳の語録『二宮翁夜話《おうやわ》』と『二宮先生語録』が、あわせて「高弟の名著三部作（佐々井典比古《のりひこ》）」として、報徳研究の基本史料あるいは手引きの書として、長らく研究や引用に供されてきました。

その後、尊徳の思想と実践の実態が歴史学的な研究対象として精度が高められるようになったのは、昭和二年から七年にかけて、尊徳とその家族、仕法関わりの門人関係者が書き残した記録の総体「報徳原書」を編纂《へんさん》した活字化版『二宮尊徳全集』三十六巻の刊行（二宮尊徳偉業宣揚会刊）以降のことになります。当時大日本報徳社の副社長として報徳研究の先導的な役割を担っていた佐々井信太郎と少数スタッフの献身的作業によるものでした。しかし、『二宮尊徳全集』を含むそれまでの史料・文献等は、近世から明治、大正期にかけての古文体表記が大半を占め、読解は必ずしも容易ではありませんでした。尊徳の思想、報徳仕法について、一般市民への啓蒙に取り組んでいた佐々井信太郎は、そのような課題への対処として、戦後の昭和二十九年から約四年間、子息の佐々井典比古と共に《現代版報徳全書》の編纂に取り組みました。

それは冒頭に紹介した「高弟三名著」を始め、『二宮尊徳全集』に収められた文献の撰集や、尊徳の道歌とその解説、また報徳の思想や仕法の実績の記録などをも対象としたものです。当時の報徳の基本文献と解説的情報を、市民レベルでの理解に向けて、総括的にまとめたものでした。以来、今日的な用語で読み通せる報徳学習の格好のテキストとして、多くの方々の利便に供されてきました。

なお、現代語への訳文や本書のところどころにさしはさんだ補注等にあたり、いかなる苦心があったかは、本書の六頁から七頁に詳述されていますので、そちらを参照ください。

佐々井典比古はその後父慎太郎の主宰した「一円融合会」を引き継ぎその機関紙『かいびゃく』において、歴史的事例や現代の諸問題をもとに、報徳の考え方や実践について一般市民が容易に理解し、親しむことができるような著述に徹してきました。学術的な精度をふまえた市民のためのわかりやすい報徳世界の敷衍《ふえん》は、佐々井信太郎、典比古父子の一貫したテーマでもありました。

本書『報徳記』の現代語訳を通じて、読者の皆様が楽しみながら、その真意、真髄を理解していただけることになれば幸いです。

令和五年三月

報徳博物館

解題

一、著者の閲歴

二宮先生の伝記としての第一書は報徳記であることは、だれも異論はないであろう。それは二宮先生の最高弟である富田高慶翁が師事しつつ功業に随従した実践記録が内容の大部分であり、また著者が学徳共にすぐれていたからである。

著者は文化十一年（一八一四）六月一日、相馬藩士斎藤嘉隆の次男として生れた。通称は久助、高慶《たかよし》はその諱《いみな》であるが、通例高慶《こうけい》と音読されている。斎藤高行は兄完隆《ひろたか》の子、すなわち甥《おい》にあたる。高慶は天保元年（一八三〇）十七歳の時、相馬藩の財政難を解決する志を立てて江戸にいで、屋代弘賢《やしろひろかた》などの門に学び、また後に昌平黌《こう》の儒官依田源太左衛門の塾生ともなった。しかし相馬藩の財政復興について何も得る所がなかった。

家老草野正辰は、高慶に他家を相続して身を立てることを勧めたが聞かないで苦学し、書籍を写して学資に充て、毎夜ただ机によってわずかに眠るのみという生活を続けた。昌平黌といえば当時唯一の大学であるが、昼は人の書を写し、夜は自分の研修に努めたけれども、読むところの古今の書に国家の衰廃を復興する方法の記されたものはなかった。当時の学者と称せられる人々を訪問して尋ねても、国政復興の要務につき明答を得ることはなかった。

こうして十年、過労と宿望不満足の結果病気となり、磯野弘道に診療を受けた。弘道は卓識があり、良い話し相手であった。そのころ弘道の門人に奥田幸民が居た。それの話に、彼の郷里加草《かそう》村（茨城県真壁郡協和町加草、桜町へ約一里。）に近い桜町に二宮金次郎という先生が来て、宇津氏の領土に復興法を実行し、その成績が大いにあがっているという。高慶はこれを聞いて大いに喜び、身まわりの品を売却して旅費をととのえ、一枚の着替を持って桜町に至り、二宮先生に入門を請うた。時に天保十年（一八三九）、高慶は二十六歳、二宮先生は五十三歳、その六月一日であった。

しかるに江戸の昌平黌に学んだという幸民の手紙が因をなしたか、学者は学問の研究をすればよい、御仕法には学者は用はないと言って面会さえされない。しかたなく下高田（下館市下高田）の太助の家、ついで谷田貝《やたがい》村（二宮町久下田《くげた》）で寺子屋を開き、たびたび桜町陣屋に出かけて室外にもれる先生の談話に耳を傾け、夕立にぬれても動かなかったという。

先生は小田原の仕法に出かけ、八月に帰り、九月の末になって、あの学者はまだ居るかと聞き、何でも教えを受けなければ帰らないという話に、それでは少し見込があると言って面会されたという。このとき有名な「豆の字」の話がある。

これから入門を許され、十一月に小田原行きを命ぜられて以来、師弟は形と影のように仕法実施に従事することとなった。ただ江戸で発病した疾患が持病になり、毎年のように治療又は入湯などすることが多かった。しかしその性質の厳粛なことと、その学問の深いこととは、おのずから門弟中の重鎮たらしめ、仕法書作成にも多大の功績を残していることが、原本の筆蹟に見えている。それのみでなく、仕法雛形《ひながた》が完了するのを待ちかねて相馬の仕法を実施し、その第一期十年間は、全く高慶翁の全責任で行ったともいうべきである。それのみならず下館・日光の仕法にも、尊行氏を助けてその実施に当り、二宮先生の没後には、尊行氏と二人一体となって報徳仕法の巨大な中心となっていた。

明治以後、報徳興国安民の良法が廃せられるのを痛惜し、特に尊行氏が早く没したため、全く独力をもって良法の擁護に任じ、県を通じあるいは直接に全国に行われるように力をいたし、西郷南洲に面会してその理解を得たが、政府の用いるところとならなかったから、興復社を結んで民間に良法実行を期した。後年尊行の長子（尊徳の孫）尊親氏は、興復社の事業を相続し、明治二十九年北海道十勝に開発事業を興して成功し、開拓村牛首別《うししゅべつ》（十勝郡豊頃《とよころ》町の内）は現に模範村である。

こうして高慶翁は、明治二十三年（一八九〇）一月五日相馬郡石神で没した。年七十七。後明治四十一年特旨をもって従五位を贈られた。

二、報徳記の著作

二宮先生の没せられた安政三年（一八五六）秋、子息尊行氏並びに門人諸氏は、従来仕法実施に際して疑義を生じたとき、大先生に質問すれば一時に解決したが、今後はいかにするか、それは過去における事実に徴するの外はない。しかし先生の言行は時に臨み機に応じて発せられたものであるから、門人諸氏がそれぞれの場合に見聞したことをすべての人が知ることはできない。それゆえ忌中諸氏の会同したのを機会に語り合い、これを記録して置くの外はないということで、衆人会同の席上、文筆の達者な寺門静軒という江戸の文学者を招き記録せしめたのであるが、漢文で簡潔に書かれて、巧妙ではあっても熱のない文章であった。

そこで衆議により高慶翁が日光西川の仕法に出張する機会に湯西川《ゆにしがわ》（栃木県塩谷《しおや》郡栗山村湯西川）で筆を執って初稿を作成したと伝えている。一気呵成《かせい》に起草したということだが、それがために全巻一貫して熱と感謝とに燃え、生き生きとした文章である。第一稿と思われる原本と、現在刊行せられている原本、宮内省版の第一版との間には、練り直した跡が見えている。けれども、根本の魂は全文に表現している。だからこの文章を読んで気力を増し、工夫を重ねる人が多かったという話を聞いて実にそうであると思う。

明治初年の青年に幸田露伴があり、御木本幸吉があり、内村鑑三がある。この諸氏みな絶大な礼讃をささげたというが、さもあるべきである。

三、報徳記の公刊

報徳記が明治の青年を揺り動かしたのは報徳記が公に出版されたからである。報徳記の出版については明治天皇に深い根源がある。それはこうである。明治十三年十月に旧相馬藩主相馬充胤《みちたね》が次項に掲げてあるように書いて上表し、報徳記（和装八冊）及び報徳論（二冊）を献上したところが、その内報徳記は天皇の特別の思召によって、明治十六年十二月に宮内省で刊行せられ、知事以上にたまわり、さらに広く官吏に読ませようと、農商務省版として明治十八年三月発行せられた。これまではすべて和装八冊であるが、一般民衆の読むようにと明治二十三年五月大日本農会版として、四六版一冊の五号活字刷りで販売せられた。これがこの書の広く読まれた最初である。大正十二年の大震災で大日本農会版の紙型が焼失したので、小田原の二宮神社崇敬者中の有志が、報徳文庫を組織し、大日本農会の承認を経て昭和二年五月に出版した。その後、各種の形で刊行され、およそ二宮先生の伝記に関する著作は、ほとんどすべて、この報徳記を典拠としているといっても過言でない。

四、現代語版の発行

さて報徳記を熟読すれば、なまけものも起き返り、意志の強いものは元気を百倍し、迷えるものは光明を得るほどの名著であるが、原文は幕末から明治初年の時代を表示する漢字を根底とする文語体の文章であるために、最近の漢字制限・新かなづかいに慣れた青年に親しみ難く、読むだけにさえ骨を折るので、せっかく活気に満ちた原文も、そのままでは内容に触れ難いという意見が多い。そこで明治語から大正語を越えて昭和の口語体に書き替えることを企てたのである。

しかし、この作業は一見容易のようで、きわめて困難である。口語体といっても、現代文の標準は必ずしも一定していない。漢字・かなづかいを現代式に書き直すことは簡単であるが、これを駆使して、果してどこまで原著の気概と格調をそこなわずに表現できるか。世に知られた名文を、内容を知ることを主旨として書き替えて見て、その大胆さを後世から非難されることは覚悟しているが、さて原文の味、原著者の筆意を、忠実に伝え得るかどうかがはなはだ疑問である。

しかし、だれかが手をつけねばならぬことではあり、取りあえず手をつけて、あとから良い書物の出ることを待つより外に、現代の要求に応ずる方法がないから、思い切って断行することとした。よって、草稿の作成は長男典比古《のりひこ》が当り、これを校閲して、ひとまず訳了したのが本書である。

なお、本書の所々にさしはさんだ補注について一言すれば、著者高慶翁は、天保十年九月二十六歳で入門の許可を受けた。そしてそれまでの二宮先生の経歴について門人及び知人から聞いた。すなわちその分の記述は伝聞に基くものである。それがためにその内容に前後があり、年月の明らかでないものがあり、時には二宮尊徳全集の記録と合致しない所があるのはやむを得ない。また天保十年以後の事実は、著者が形に従う影のように随従した記録であるけれども、時には先生が他の随身を伴う場合もあるから、必ずしも正確を保し難い場合がある。よって、全集の原本に基いてそれに関する記事を章末に掲げて補注とした。もとより百貨店の一売場に過ぎないけれども、この補注によって、全編の年次と場所を明らかにし、二宮先生の事績経歴の一貫した認識のために、幾分の参考ともなれば幸いである。

この現代版報徳全書の第一冊が刊行されるに当り、陰に陽に示唆と激励と援助とを与えられた一円融合会関係諸氏その他多くの方々に、厚く謝意を表する。

昭和二十九年十一月三日　　　　　　佐々井信太郎

訳注凡例

一、かなづかいは現代かなづかいとし、漢字は当用漢字を原則として、その読み方も極力当用漢字音訓表の例によった。その例によらない場合、制限外の漢字を使った場合、その他固有名詞などで読みにくい場合には、つとめて振りがなをつけた。

二、文体は、なるべく読みやすく理解しやすいことを念願として、努めてくだいた形にしたが、原著の文脈を離れて意訳することを避けたため、なお生硬のそしりを免れまい。勇勁《ゆうけい》な漢語の語意を表現することも、きわめて困難であった。なお文中の会話の箇所では、戯曲のように当時の会話体そのままを用いることなく、これをほぼ現代の会話に引き直して、ただ全体の語調だけを表出するにとどめた。

三、年代の西洋紀元との対比、地名の今日における所在、その他簡単な事実で補足を必要とするものについては、本文中に括弧がきでさしはさんだ。長文の説明を要するものは、各章の終りに一括して補注とした。現在の地名は、最近の町村合併の進行に伴い大きく変化しているので、一応昭和二十九年十月末現在の名称によることに努めたが、なお遺漏があるかもしれない。

四、各章の番号は原著にはないが、便宜のためこれを附した。その題名は必ずしも直訳とせず、内容を端的に表示するものとした。また原著の各巻各章の区分は必ずしも事案の内容の区切りとは一致していないので、検索の便宜のため、左側のページの上欄に総括的な見出しをつけた。

五、各章の本文の末尾に、一段下げて「著者が思うに」等と書き出してある部分は、原著では「高慶曰《ク》」以下漢文で記載されている。著者の感想、批評ないし意見にあたるものである。

六、原著刊行の経緯を知るよすがに、巻頭に「序」及び「報徳記を進める上表」を、巻末に「跋《ばつ》」を存置した。前二者はもと漢文であるが、読みやすいことを趣意として訳出した。後者及び原著者の「例言」は本文と同様の文語体である。

七、参考のため、巻末に年表を附した。訳者の微意に外ならない。

八、本書の草稿は、昭和二十三年夏、訳者療養中の日課として書き流したまま存置してあったのを、今回にわかに刊行の運びとなって取り急ぎ通読加筆したもので、公務多忙の折柄、十分な推敲《すいこう》をなし得ずに世に問うことは、訳者としてははなはだ慚愧《ざんき》に堪えない。江湖の示教を得て、後日の補修を期している。

昭和二十九年十一月

佐々井典比古

改版に際して

本書の初版が世に出てから、すでに二十年を過ぎ、版も十版を重ねて磨滅するに至った。今回改版するにあたり、訳者としては、できれば全文を手直ししたいのであるが、公私なお多忙でそれが果たせないので、若干の字句を正し、地名の補注を現在の表示に改めるなど、最小限の補完にとどめた。送りがなの付けかたも現行の準則と相違する点があるが、特に読みにくいもののほかは後日にゆだねることとした。

昭和五十一年十月一日

佐々井典比古

※本文中には、差別的表現や語句が使用されている箇所があるが、原作の独自性や文化性を考慮し、原文のまま収録した。（編集部）

報徳記例言

一、二宮尊徳先生は、一生、人に教えるに徳をもって徳に報いる道をもってせられた。御自身の実行もすべて徳に報いる立場で貫かれた。それゆえ、この法が盛んに行われた時に、世人は報徳先生と称した。これが、この書物を報徳記と名づけたわけである。

一、先生一世の言論功業を記述する者がなかったならば、後の人はこれを知ることができず、これを知らなければ折角の富国安民の良法も、一時だけ行われて永遠には及ばない。これが私どもの大いに憂えるところである。けれども、さてこれを記述しようとすると、その一班をも窺《うかが》い見ることができない。それというのは、聖賢でなければ聖賢の心志を知ることができないのであって、庸愚のものが高徳大才の奥深さを知ることは何としてもできないことである。知らないでみだりにこれを記せば、果してその大徳を損ずるばかりでなく、その功業を小さな平常の事のように扱ってしまうだろう。これは大いに恐ろしいことで、数十年間これを記すことのできなかったわけもここにあるのである。それはそうだが、たとい博識高才の人でも、先生の門に入らなければ、これまた記述することができない。そこで思い切ってその一端を記して、識者の是正を待つのがよいだろう、やむを得ないから万分の一でもと、記すこととした。

一、先生が安民方法を行われる時には、大小となく始めから終りのことを察し、必ず成就するという見通しをして、それから実施された。ゆえに成功しないことはなかった。その施行の初めに当っては、普通の人々が見てそれではうまく行くまいと考えるようなものがあっても、数年を経過する間に、始めて、この通りでなければそれは成就しないことだったと知るようになる。目前その事業を見ても、その規画の深い意味を知ることができない。だからどうして先生の深遠な意中を記すことができようか。

一、先生幼年の艱難困苦も、その生長ののち抜群の英才をもって行ったところの事業も、一つも自らこれを語られない。ゆえに往々村民から聞いた言い伝えやうわさによってその概略を記したけれども、どうしてその一端だけでも尽せるものでない。また誤聞がないということも保証ができない。

一、大名の領内を復興したものが数々あり、そうしてその依頼に前後があり、施行の順序がある。私がまだ先生の門に入らない前のことは、これを目で見ていないから、前後や順序を誤っているものがあろう。且つ、施行された良法は多端であって、世にいう神機妙算測ることができないものである。実に浅学不文、そのかすだけでも記すことができないことを恐れる。ましてその深理はなおさらである。

報徳記例言

一、ある人は、先生の一生の事業と思想とも記述するには漢文で書くが良いと言う。またある人は、漢文は簡古《てみじか》なのが長所であり、細大の事業を書くには能文者でなければ詳《つまび》らかにし難い所があるから、通俗文章で記すが良いと言う。私はいま、後の説に従った。

一、この報徳記は実に大海の一滴のみ。そこで先生の功業は記述するところの条項・事件だけだとして、わずかなしずくをもって大業とするには足らないというものがあれば、記者の漏脱や不文のために、目の前を誤るのみでなく、後人を誤ること限りがないことになる。だから、若し滴水を見てもって大洋の限りないことを察知せられたならば幸甚《こうじん》である。

一、記すところの事業は、年号月日のはっきりしないものが少くない。まさに後日の研究をまってこれを補いたいと思う。

一、先生の言論や実行について書いて、まだその終りを記していないのは、この書物は元来言行の万分の一も記すことができないから、漸次にこれについで書き足そうと思ったからで、外の理由はない。

安政三丙辰年冬十一月

富田高慶識

報徳記を進める上表

臣充胤《みちたね》誠に恐れかしこんで申し上げます。臣の祖先は封地《ほうち》を辺鄙《へんぴ》の所にうけまして、代々地方の人民をおあずかり申して来ました。天明の飢饉《ききん》、天保の疫病に、田野が荒廃して人口が減少しました。臣の父益胤《ますたね》は深くこれを憂い、興復を焦慮しましたが、そのことを果さないで世を去りました。臣は若くして遺緒《あと》を継ぎ、父祖の業を拡張しようと思いますうち、家士富田高慶が忠誠の志厚い者で、二宮尊徳を師としました。尊徳はこれに興国安民の法を授けました。そこで高慶は家老の草野正辰《まさとき》らと謀《はか》り、臣に勧めてこの法を行わせました。その教と申しますのは、風俗を厚うし、礼譲を尊び、身寄りのない者を哀れみ、怠惰を戒め、節用厚生、これ以上に良い仕方はないというほどであります。それから後は、民風はようやく奮い、農産はますますふえ、他から人口が続々と集まり、荒地はつぎつぎに開け、家々は衣食に困らなくなり、鶏や犬の声がにぎやかに聞えて来ました。これは尊徳の教によって高慶らの力を入れた結果でありまして、ここに亡父の素志が成就し、臣の微衷が果し得たのであります。そうして、尊徳の実践したところは民政に参考とすべきものが少くありません。高慶がその伝えのこっていることを取り集めて書き記《しる》しましたものが、すなわちこの報徳記であります。それ天の徳は公明正大であり、地の徳は重厚慈仁であります。そうして四季はめぐり万物は育ちます。それで衣食がありますから飢寒を免れます。居室がありますから風雨を防ぎ得ます。そこで人たるものは、天の徳を天の徳とし、地の徳を地の徳とし、朝早く起きてこれに報いるために働き、夜おそく寝てこれに報いることを心掛け、信義を行い節倹を勤め、一尺ずつ荒地を開いて一畝に至り、わずかの金を積んで巨万に及ぶのであります。報徳の道とは、まず、そのようなものでありますす。これはすなわち尊徳の平素の持論でありまして、高慶らのその法によって興復したところであります。恭《うやうや》しく惟《おも》いまするに、

天皇陛下は神のごとくさとく英明であらせられ、維新の創業に当って、世にひそんだ徳あるものを表奨したまい、隠れて目立たぬ物事までもその長所美点を顕揚せられました。臣は不肖でありながらなお恩賜をかたじけなくしておりまして、且つは恥ずかしく、且つは恐れ多く、お恵みふかき御恩のあつさを私一身に受け、誠に忸怩《じくじ》たらざるを得ません。よってここに報徳記八巻を繕写し上表いたします。幸いに天覧を賜わりますよう、伏してお願いいたします。以上、誠に恐れかしこんで申し上げる次第であります。

明治十三年庚辰十月

従四位　臣相馬充胤上表

報徳記序

「だれかが、わが道をまわり遠いと言ったが、わが道の一端を行ってもまた国を富まし民をすくうことができる。」この言葉は、いま二宮尊徳の事績を見ると、なるほどと、うなずける。

尊徳は相州栢山《かやま》の人、農家に生れて学問をする師がなく、耕作と読書とで大いに自ら得るところがあった。その立てた教は、天地の功徳に報ゆることを根本とし、分度を定めて用を節し、荒地を開いて田畑とし、勤倹力行、空虚な学問言辞をすてて忠孝を尊び、信義を重んじ、村民がそろってその徳になびき改まった。この時代は徳川幕府の末期であったが、美食をして租税を多く取り立てたから、上下困弊して人民はその生活を安んじなかった。地方の領主や名主などが尊徳のもとに救窮の方途を尋ねたから、尊徳は彼らのために企画を立て、方策を与えた。これを少しく用いた所では少しの効果があり、大いに用いた所では大いに効果があった。そのうち、よく大いに用いたものに、前には小田原藩主大久保忠真《ただざね》があり、後には中村藩主相馬充《みち》胤《たね》がある。そうして充胤の収めた効果が最も大きかったといわれる。その中村藩士に富田高慶という者があり、尊徳の下で修業を積み、親しく教を受けること十数年であった。よってその生涯の事跡を記録して報徳記八巻を著わした。充胤はこれを繕写して、天覧を奏した。そこで儒臣に命じ校閲して印刷せしめ、臣剛《たけし》に一言を巻首に弁ぜよと勅せられた。

恭《うやうや》しく惟《おも》うに、維新の中興にあたり、藩を廃して府県を置かれ、弊制を除いて人才を挙げ、知事や地方官には特に立派な者を選ばれた。しかもなお、近い利を見て遠い害を忘れ、工役を興して課税を増加し、威厳を先にして徳化を後にするようなことがあってはとの御念慮から、諸方に行幸して親しく人民の悩みを問われ、また大臣大官を遣わして年々巡視して治績の良否を察せしめられた。このような次第であるから、尊徳の業績についても、事は過ぎ去ったことではあるが、陛下はこれを嘉尚《かしょう》せられ、忘れさせないようにさせられた。ああ、彼は不幸にしてこのような明時に生れあわさず、牛を割《さ》く刀で鶏を料理するように、十分の力量抱負をふるいえず、単に一地方を治めたにとどまった。しかし、幸いにこの書を刊布せられ、日本国中の地方官に景慕してこれにならわしめ、恵沢を無窮に伝えしめたまう。尊徳がこれを知ったならば、まさに地下に感泣するであろう。

そもそも尊徳の事業は開墾の上に効果がよく現われたから、世人はあるいは農学者の類と見るかも知れないが、決してそれだけのものではない。その天地の功徳に報ゆるということは、「礼記《らいき》」の祭祀《さいし》の項にいう「本に報い始めに反《かえ》る」ものである。その分度を定めるのは、同じく礼記の「王制」にいわゆる「入るを量って出すことをなす」ものであり、荒地を開いて田畑とするのは、「爾雅《じが》」にこれを「菑畬《しょ》」（開拓）と言っており、また「春秋伝」に「篳路《ひつろ》（柴の車）藍褸《らんる》（ぼろの着物）の功」ということ（楚《そ》の国王が節倹よく山林をひらき民生を安定した故事）があるがそれに適応する。すなわち一切の施設は聖賢の遺教に本づくものであって、ただ知事や地方官だけの模範ではない。それゆえ博聞多識で、学者教師と称する人々でも、世の中の用に適しないことを言っているものがこれを見れば、はっと気がついて猛省する所があるであろう。

明治十六年新嘗祭後三日

宮内省四等出仕従五位　川田剛恭撰

報徳記＊目次

巻　一

巻　二

巻　三

巻　四

巻　五

巻六

巻　七

巻八

カバー写真――「二宮尊徳廻村像」御殿場愛郷報徳会館
（写真提供　報徳博物館）
装幀――フロッグキングスタジオ

本書は現代版報徳全書第一冊『補注 報徳記（上）』、同二冊『補注 報徳記（下）』（いずれも富田高慶・原著、佐々井典比古・訳注）の二冊を原著とし、単行本化したものです。

報徳記　巻一

一、幼時の艱難《かんなん》のあらまし

ここに二宮金次郎尊徳先生の事跡をたずねようとするのであるが、歳月が久しくたっているのでその詳細を知ることができず、その上先生は謙遜《けんそん》なお方で自分の功績を説かれなかったし、少しばかり村人《むらびと》の言い伝えに残っているとはいうものの、全体の万分の一にも及ばない。また百姓たちの言い伝えでは、先生の偉大な志や深遠な誠心《まごころ》が察せられるわけはなく、ただ少し普通の人とちがっていた点を述べ立てるだけで、到底その深い道理や実際の業績を見るには足らないのである。しかし、そうかといって、全然これを記《しる》さないでおくならば、いよいよその才徳功業がかくれてわからなくなり、だれひとり、先生幼若の時からの並々《なみなみ》ならぬ志や群《ぐん》を抜いた行いを知るよしがなくなる。これでは嘆かわしい限りではないか。それゆえ、やむをえず村人の言い伝えにもとづいて、ここにそのあらましを記すことにした。

先生は姓（血統《ちすじ》）は平氏、名は尊徳、通称金次郎で（注一）、その先祖は曾我《そが》氏から出ている。二宮はその苗字《みょうじ》である。同じく二宮と称する者が相模《さがみ》の国栢山《かやま》村（神奈川県小田原市栢山）におよそ八戸あって、皆その一族であるという。父は二宮利右衛門《りえもん》、母は曾我別所《そがべっしょ》村（小田原市曾我別所）の川久保某《ぼう》（太兵衛）の娘（よし）である。祖父の銀右衛門は常に節倹を守り、家業に力を尽し、すこぶる富裕をいたした。父利右衛門の代になって、村人が皆彼を善人と称したくらい、ひとの求めに応じて物を施したり金を貸したりしたので、数年のうちに家産を減じ、積財ことごとく散じて、衰貧すでに極まるという有様になってしまった（実はそれほどでなく、一町六反余の田畑が残っていた）。けれどもその貧苦に甘じて、むかし施したり貸したりした者に恩返しを求めるなどということはしなかった。この時にあたって先生が生れた。実に天明七年（一七八七）七月二十三日（陰暦。以下同じ。）のことである。次の子が三郎左衛門、その次を富次郎と言った。父母は貧困のうちに三人の男の子を養育し、その艱苦《かんく》はとても言葉で言い尽せるものではなかった。寛政三年（一七九一）先生がようやく五歳（数え年。以下同じ。）の時に、酒匂川《さかわ》の洪水《こうずい》で大口堤《おおぐちづつみ》が破れ、数箇村が流された。このとき利右衛門の田畑は一畝《せ》も残らず、ことごとく石河原となってしまった。もとより赤貧のところへ（衰えかけたところへ）、加えてこの水害にかかったから、艱難はいよいよ迫り、三人の子を養うのに心力を労すること量り知られず、先生は生涯《しょうがい》、話がこの事に及べば必ず涙を流して、父母の大恩無量なことを語られ、聞く者も皆このために涙を流したものであった。

ある年（寛政十年、先生十二歳の時）父が病気にかかったが、極貧で薬代にあてるべきものがなく、やむを得ず田地を売り払って金二両（昭和五十一年の円価で約八万円）を得た。病気がなおったとき、利右衛門は嘆いて言った。

「貧富は時の運でいたし方がないが、田地は祖先の田地だ。わしが病気をなおすためにこれを減らすことは、なんとも不孝の罪を免れない。だがそうかと言って医薬の謝礼はしないわけにゆかない。」

そして、溜息《ためいき》をついて医者の所へ行き、二両を出して世話になった礼を言った。すると医者某《ぼう》（村田道仙）は眉《まゆ》をひそめて、

「あんたの家はごく貧乏なのに、どうしてこの代金が出来たのか。」

とたずねた。利右衛門は答えた。

「まったく、わしのひどい貧乏はおっしゃる通りでございます。が、家が貧乏だからと言って治療していただいた御恩にお礼をしないということでは、どうして世間に顔向けができましょう。おたずねなさるからには本当のことを申さなければお気が済みますまいが、実は、貧乏のどん底といってもまだわずかばかり田地がありましたので、これを売ってお礼にしたのでございます。御心配には及びません。」

医者ははらはらと涙を流して言った。

「わたしはあんたの謝礼をもらわないでも飢える気づかいはない。あんたは家代々の田地を失って、一たんの義理を立てるはいいが、これからどうして妻子を養うのじゃ。わたしはあんたの病気をなおしたばかりに、かえって艱苦《かんく》が増すのを見るには忍びない。早くその金でもって田地を買いもどしなされ。わたしへの礼などは心配せんでもよい。」

利右衛門はきき入れなかった。医者は更に言った。

「遠慮しなさるな。貧富は車のようにめぐるものじゃ。あんたも今こそ貧乏じゃが、また富む時が来ないとは誰《だれ》も言えまい。もしあんたの家が富んだときになってこの謝礼をなさるなら、わたしも快く受けましょう。何もむずかしく考えることはない。」

そこで利右衛門は大いに感激し、いくたびも頭を下げてその言葉に従い、強《し》いてその半額を謝礼に納め、あと半額を持って帰って来た。先生は父の病後の足もとが気にかかり、その帰りがおそいのを心配して門《かど》口に出て待っていた。利右衛門は医者の義侠《ぎきょう》心《しん》ある言葉に喜んで、両手を宙に舞わして歩いて来た。先生は出迎えて、

「どうしてそんなに喜んでおいでですか。」

とたずねた。父は言った。

「お医者さんの情深い言葉、これこれこのようじゃ。お陰でわしはお前たちを養える。それでうれしくてたまらんのじゃ。」

父は酒を好んだ。先生は幼いころからわらじを作り、毎日一合の酒を買い求めて、毎晩これを進めた。父はその孝志を喜ぶこと限りがなかった。

寛政十二年（一八〇〇）先生十四の年に、父利右衛門はまた大病にかかって日々に衰弱していった。母も子もこれを嘆いて昼夜看病を怠らず、家産を尽して回復を求め、神仏に祈ってまごころの限りを尽した。けれども天命と言おうか、ついに同年九月二十六日に亡《な》くなった（行

年四十八)。母子の嘆き悲しみははなはだしく、村人はみなこれを見て貰《もら》い泣きした。

母が三人の子を養育する艱難は、いよいよ極まって来た。そこで母は先生に向かって言った。

「お前と三郎左衛門とは、わたしがどのようにしても養い遂げるけれども、末の富次郎まではは力が及ばない。三人とも養おうとすれば、みんなして飢え死にするだけだよ。」

そこで末の子を抱いて縁者某《ぼう》(西栢山に住む母の弟、奥津甚左衛門)のところへ行き、慈愛を請うた。彼はその頼みを引き受け、これを養うことになった。母は喜んで家に帰り、二人の子供に告げて、これから共々に艱苦《かんく》を凌《しの》ごうとした。ところがその夜母は一晩中眠ることができず、それからも毎晩涙で枕《まくら》をぬらした。先生は怪しんで、

「毎晩おやすみになれないようですが、どうなさったのですか。」

とたずねた。母は、

「富次郎を縁家にあずけてから、乳が張って、痛くて苦しくて眠れないのだよ。幾日かたったらこの苦しみもなくなるだろうから、お前心配しないでおくれ。」

と、言い終らぬうちにさめざめと涙を流した。先生はその慈愛の深さを察して言った。

「この間はお母さんのおっしゃる通り、富次郎をよそにあずけることにしました。でも考えてみると、赤ん坊一人あったからとて何ほどの苦労がふえましょう。明日《あす》から私が山に行って薪《たきぎ》をきり、それを売って富次郎を養います。早くあの子を連れもどして下さい。」

母はこの言葉を聞いて大いに喜び、

「お前がそう言ってくれて本当に有難い。今からすぐにあの家に行って連れもどして来ましょう。」

と、すぐにも起きて出掛けようとした。先生はこれを止めて、

「今はもう子《ね》の刻（十二時）です。夜が明けたら私が行って抱いて来ましょう。真夜中の行き帰りはおやめになって下さい。」

と言った。しかし母は、

「年端《としは》も行かないお前でさえ、末の弟を養うと言っておくれだ。夜中の往来ぐらい、どうして厭《いと》いましょう。」

と、袖《そで》を払って隣村の縁家に至り、わけを話して末の子を抱いて家に帰り、母子四人、共に喜ぶこと限りがなかった。

これからの先生は、鶏鳴のころに起きて遠くの山（久野山・矢佐柴《やさしば》山・三竹山などで、栢山の西方約一里の入会《いりあい》山である。）に行って、柴《しば》を刈ったり薪をきったりしてこれを（栢山から二里近くある小田原で）売り、夜は縄《なわ》をない、わらじを作り、わずかの時間も惜しんで体を使い心を尽し、母を安心させ二人の弟を養うことにひたすら苦労した。そして、薪採りの行き帰りにも「大学」の書物を懐《ふところ》にして、途中歩きながら声をあげて読み、少しも怠らなかった。これが先生の

聖賢の学を学ばれた始めである。道路で大声でこれを読誦《どくしょう》したため、人々は怪しんで、気違いと見なす者さえあった。

ある年（享和《きょうわ》二年、先生十六歳）の正月のこと、土地の風習で大神楽《だいかぐら》というものが家々を回り、一曲を舞って千歳を祝うのであるが、どの家でも百文（昭和五十一年の円価でおよそ六百円に相当）を出してこれを舞わせるか、舞わせなければ十二文（七十円位のもの）を与えて立ち去らせるならわしであった。それが近隣まで来た。母は驚いて言った。

「大神楽が来たよ。何をやったらよかろうね。」

先生は言った。

「十二文だけあればいいのです。」

そこで家内中ことごとく探してみたが一文も出て来なかった。母は言った。

「神棚《かみだな》にあるかもしれない。」

先生はそこも探したが無かった。母は大変心配した。先生は言った。

「いくら家が貧乏でも、村の内の一軒です。神楽が来てたった十二文がないと言っても信ずるわけがありません。だから家じゅう野良《のら》に行って一人も居ないまねをして、立ち去らせるよりほか仕方がありません。」

母は、

「お前の考えのようにしようよ。」

と言った。一同はにわかに戸を閉じ、息も立てぬようにして小さくなっていた。間もなく大神楽がやって来て「おめでとう」と呼び立てたが、戸は閉じ、ひっそりとして声がない。そこで立ち去って隣に行ってしまった。母子は始めて胸をなでおろす思いをした。この一事によっても、その艱苦辛労を推して知ることができよう。

小田原の酒匂川《さかわ》は、その源《みなもと》は富士山のふもとから流れ出し、数里（全長四十六キロ）を経て小田原の東で海に達する。急流激波が洪水《こうずい》ごとに石や砂を流し、堤防を破り、ややもすれば田畑の表土を押し流し、民家をこわすようになる。そこで年々川除《よ》け、堤防の工事がやまなかった。それで村民は毎戸一人ずつを出してこの役に当らせていた。先生は十二の年からこの役に出て働いた。けれどもまだ年少で力が足らず、一人分の役に当ることができなかった。そこで天を仰いで、

「私は力が足らないので一家の勤めがよく果せません。どうか早く成人させて下さい。」

と祈った。また家に帰ってからこう考えた。

「人は私が身内も少く、貧しいのを哀れんで、一人分の役に見なしてくれるが、自分の気持はそれをいいことにしてはいられない。ただ力の不足を嘆いても仕方がないから、ほかの働きでこれを補わなければならない。」

そこで真夜中に至るまでわらじを作り、翌日の未明、まっ先にその工事場に行き、人々に向かって言った。

「私はまだ子供で一人の役に足らないので、ほかの人たちの力を借りて勤めています。その御恩を返すみちを考えましたがわからないので、ほんの志だけですがわらじを作って持って来ました。毎日私の力の足らない分を補ってくれる皆さんへのお礼です。」

人々はその並々ならぬ心掛けを賞《ほ》め、先生を可愛がり、そのわらじを受け取って力を貸した。人夫たちが休んでも先生は休まず、終日こつこつと勤めた。そこで、年少ではあるが怠らないため、土石を運ぶことはかえって人々の右に出たのである。人々は皆感心した。

享和《きょうわ》二年（一八〇二）先生十六歳のとき、母が病にかかって日々に重くなった。先生は大いに嘆いて天に祈り地に祈り、心も身も尽してその回復を求め、日夜帯を解かずそのそばを離れず、看病に手を尽した。けれどもそのかいもなく、病むこと十日あまりで亡《な》くなった（四月四日、行年三十六）。先生の慟哭《どうこく》悲痛は、ほとんど体をそこなうばかりであった。家財はすでに尽き、田地もことごとく人手に渡り（実は田六反八畝が残っており、親族が協力してこれに田植をしてくれたが、六月二十九日に酒匂川の洪水があり、すっかり砂埋めとなってしまったのである。）、残ったものはただ空《から》っぽの家だけであった。先生は二人の弟を撫《な》でて泣き悲しみ、なすところを知らなかった。親族は寄り寄り協議して、「男の子三人とも幼少で養うものがない。このまま家におけば飢渇をしのぐすべもない。親族にあずけて後年を待つほかはない。」ということになった。近親（父方の伯父《おじ》）の万兵衛という者が先生をその家に招いてこれを養い、弟の三郎左衛門と末子（富次郎）とは、曾我別所村の川久保某《ぼう》（太兵衛は母の死の直前死んで、その妻、すなわち祖母にあたる。）が引き取った。

これより先、先生十四歳のとき、（とあるが十八歳の十月とするのが正しい。）隣村飯泉村《いいずみ》（小田原市飯泉）の観世音に参拝して、堂の下にすわって念じていたことがある。そこへひょっこりと行脚《あんぎゃ》の僧がやって来て、堂の前にすわって読経《どきょう》を始めた。その声は微妙、その経の真理は広大で、先生は聞きながらはっきりその意味がわかり、心中歓喜に堪えなかった。読経が終ったので、先生は謹《つつし》んで僧にたずねた。

「今お読みになったお経は何というお経でございますか。」

僧は答えた。

「観音経《かんのんぎょう》ですじゃ。」

「観音経なら私は今までたびたび聞いたことがありますが、今お聞きしたのと違います。どうして今のは私の心にしみこんで、はっきりわかったのでしょう。」

「それは、世間で読むのは呉音《ごおん》の棒読みじゃが、今のは国語に訳《やく》して読んだのじゃ。それでお前さんによくわかったのじゃろう。」

先生は懐中を探って銭二百文（千二百円ほど）を差し出して言った。

「寸志を差し上げます。どうぞ今一度お読み下さい。」

僧はその志に感心して、前の通りに訳読し、読み終って、どこことも知れず立ち去った。先生は胸中豁然《かつぜん》と開けたような気持がして、大いに喜んで栢山村の善栄寺に至り、和尚《おしょう》（考牛）に会って言った。

「和尚さん、観音経の功徳《くどく》というものは大したものなんですねえ。実に広大無量の理法ですが、その意味はこれこれこれこういうことでしょう。」

と、水を流すように説明した。和尚は大いに驚いて、

「わしはもう六十の坂を越えて、長年の間にこの経を読んだこと何百遍、何千遍にもなるが、いまだにその深い理法がよくわからずにいる。ところがあなたはその若さで、一度読誦《どくじゅ》を聴《き》いただけで無量の真理をはっきり解かれた。これこそ菩薩《ぼさつ》の再来というものじゃろう。わしは今からこの寺を立ち退《の》きます。どうかあなたは僧となって、衆生《しゅじょう》のためにこの寺に住まわれ、大いに済度の道を行って下されᅳ。」

と言った。先生は固く辞退し、

「それは私の望むところではありません。私は親先祖の家を再興して、その霊をなぐさめようとしているのです。出家は志すところではありません。」

と言って立ち去った。このことがあってから、仏教の趣意も、諸人を救い安んずるのが最大の眼目であることを、ますますよく悟ったという。

二、小田原の家老服部《はっとり》家を再復する

二宮先生はこうして孤児となり、縁者（伯父《おじ》）万兵衛に養われることになった。時に年十六歳である。万兵衛という人は、はなはだけちな性分で、慈愛の心が薄かったから、先生は艱苦《かんく》を極めた。あるとき（その年の内のことである）、先生は終日万兵衛の家業を勤めてから、夜に入って寝ずに勉強していた。万兵衛は大いに怒り罵《ののし》って、

「わしはお前を養うのに多分の費用を費している。子供のお前の働きで、どうしてそれの補いがつくものか。その上、そのことも思わずに夜学のために燈油を費すなど、恩知らずだ。お前は家もなく田地もなく（六反八畝の田が砂で埋まっていた。）、人の扶助を得て命をつなぐ身でありながら、学問をして何の役に立つか。早くやめろ。」

と、激怒することははなはだしかった。先生は泣いて「間違っていました」と言って謝《あやま》り、天を仰いで嘆じ、こう考えた。

「私は不幸にして父母を失い、子供の身で独立することができず、他人の家に養われて日を送ってはいるが、読み書き学問を心がけなければ一生文盲《もんもう》の人になって、父祖伝来の家を興すこ

ともむずかしいだろう。私が自力で勉強すれば伯父の怒りに触れることもないはずだ。」

そこで川べりの不毛の土地を起して油菜を蒔《ま》き、そのみのり七、八升を得た。大いに喜んでこれを市《まち》に売り、燈油を買って来て（実は隣村小台《こだい》の油屋喜右衛門方で交換した。）夜勉強した。ところが万兵衛は又どなって言った。

「お前は自力の油を使って夜学すれば、わしの出費には関係ないと思うか知れぬが、いったい学問して何の役に立つのだ。無益のことをするより夜ふけまで縄《なわ》をなって、うちの仕事を手伝うがいい。」（万兵衛は強欲非道というほどではなく、普通の農民としての体験から、学問の不用を信じ、先生を勤勉な普通の農民に仕立てようとしたのである。）

ここにおいて先生は、夜に入れば必ず縄をない、むしろを織り、夜ふけて人が寝静まってから、毎晩ひそかに燈《あかり》をつけ、着物でそれを覆《おお》ってよそに光の漏れぬようにし、書を読み字を習い、鶏が鳴くころまで続けた。昼は山に登って薪《たきぎ》をきり柴《しば》をかり、田に行って耕作除草をし、又酒匂《さかわ》川堤防の普請《ふしん》の人夫に出て力を尽し、賃銀を得れば名主のところに行ってこれをあずけ、その額が一貫文に達すると、これを持って村内の寡婦《かふ》や年とって身にたよりのない極貧の者、その他貧困の人たちへ、あるいは二百文あるいは三百文ずつ分け与えて、貧苦のしばらくの補いとしてやり、いささかも自分のためには使わず、そうすることをもって艱苦中の楽しみとしていた。（一貫文は千文すなわち約六千円である。）

ある年（享和三年、十七歳）のこと、先年の出水で用水堀が流失し、堀筋が変化して、古堀として不用の土地になっているところがあった。休みの日にこれを開墾し、村民の捨て苗を拾い集めて植えつけておいたところ、幸いに一俵余のみのりを得た。喜んでこう考えた。

「およそ小を積んで大とするのは自然の道なのだ。この道によってやれば、親先祖の家を興し、祖先の霊をなぐさめることは、きっとできる。」

そこで、わずかのその一俵を種として勤労し、増倍の方法を講じ、何年かたって多大の額になった。ここにおいて伯父《おじ》に、数年間の養育の恩を感謝し、家に帰って家業を興したいと願った。万兵衛は喜んでその意思に任せた。ところが家は、空屋《あきや》だけは残っていたが、数年住む人がなかったから大層こわれて、蔓草《つるくさ》が軒を蔽《おお》っていた。先生はひとりここに帰って草を払い破損を修理し、独り住いして日夜家業に励み、力を尽して余財を産み出し、田地を買いもどした。このように万苦を尽して、つぶれた家がようやく再興の実をあげるようになった。（注二）縁者たちはしきりに妻を持つことを勧めた。先生はこれをことわること数年であったが、そこで隣村（堀之内村。小田原市堀之内）某氏の娘（中島弥野右衛門《やのえもん》の娘「きの」、十九歳）をめとった（文化十四年二月二十八日、先生三十一歳）。

補注（二）本来は「金治郎」であるが、藩士登用の前後に誤って「金次郎」とされ、以後正式の公用文書では「金次郎」を用いた。「尊徳」は幕府登用後に定めた諱《いみな》で「たかのり」と読んだが、諱のため自他とも日常慣用しなかった。明治以後、これを雅号のように音読している。

（二）生家は本文の記述と違って一家離散のとき解体・買却され、屋敷地も万兵衛の所有となっていたから、先生には帰るべき家はない。十八歳で万兵衛方を辞して、名主の岡部家や二宮七左衛門家に住み込み、二十歳からは自分で建てた小屋を根城にして雇われ仕事に出る一方、砂埋めになった所有地を少しずつ開墾し、その賃銀・収穫・小作米を運用増殖して、次第に資産を作った。こうして二十四歳の時には、田畑合計一町四反五畝二十五歩に達し、家屋も中古材で本建築をし、一家独立が完成したのである。この秋、先生は五十日に及ぶ江戸・関西旅行をしている。

時に小田原侯の家老服部《はっとり》十郎兵衛は、禄高《ろくだか》千三百石（大体千二百石）、代々重役を勤めた家柄で、一藩から敬われていた。しかし家計が不如意《ふにょい》に陥って、借財は千余両に及び、元利ともに返すことができず、百計を尽してこの憂いを除こうとしたが手段がなく、貧困のためにその職務を辞任しようとするまでになった。そこへ、ある人が彼に告げて言った。

「栢山《かやま》村の金次郎という者は、極貧の家に生れて、早くから父母に離れ、家産はことごとく他人のものとなり、縁者の救助によって成人し、千辛万苦を尽したが、わずかに米一俵を作り出してから、これを種としてついに廃家を再興した。のみならず、幼若の時から他人を哀れみ、身の艱苦《かんく》を憂えない所行《しょぎょう》があり、天性非凡の質で常人の及ぶところではない。貴殿がこの者に頼り、厚くこれを待遇し、一家の再復を任せたならば、彼は必ずその義に感じ、心力を尽して貴殿の家を興すこと、彼の掌中にあるごとく容易でござろう。」

服部氏は大いに喜んで、早速人をやって丁重にこれを依頼させた。先生は固辞して、

「これは容易の事ではありません。私は百姓で、農事に力を尽して廃家を興したのは、もとより百姓の道を勧めたからです。今、服部様は一藩に冠たるほどの（実は三番目）禄高を持ちながら、しかもそのような借財を生じて衰貧が極まったのは、武士の家を治める道を失ったがためではありませんか。百姓の身分で武士の家を興すことは私の知るところではありません。どうか、ことわって下さい。」

と言って承知しなかった。服部氏はますます先生の賢明なことを察し、他にみちを求めず、信義を尽して依頼すること再三再四に及んだ。先生は慨然《がいぜん》としてこう思った。

「服部氏はわが領主の重臣である。いま生活困難のために職を退き、その家も衰廃に及び、興るも廃《すた》れるも私一人に期待をかけ、節《せつ》を屈し、その道を尽して私に依頼している。私が救わなければあの家は必ず廃れよう。あの家が廃れたならば、殿様もまた必ず並々ならぬ心配をされるにちがいない。してみればこれは服部一家の不幸だけではない。今私は国のためにこの危急を救わなければならない。」

そこで妻に向かって言った。

「服部家の依頼がのっぴきならなくなったのは、お前も知っている通りだ。私は今からあの家に行き、家政立直しに力を尽そうと思う。お前は定めし当惑だろうが、私のために家を守り、

家事を勤めてくれ。私は五年であの家の憂いを除き、安堵《あんど》させてうちに帰って来るつもりだ。」

妻は涙を流して、「かしこまりました」と言った。

そこで先生は服部氏のもとに出向いて、こう言った。

「必ず五年のうちにあなたの艱苦を除いて差し上げます。けれども、家計の内外みな私にお任せ下さるならよろしいが、いささかたりともあなたのお気儘《きまま》を加えられるときは、必ず私の方針を仕遂げることができません。それならば始めからおことわりした方がよいのです。」

服部氏は喜んで言った。

「わしは不才にして一家を安んずることができず、この通りの衰弊に至った。方策も尽き思慮も尽きて、そなたに依頼したのだ。どうしてわしの愚かな考えを加えよう。この家の興廃ともにそなたの一身にかかっている。どうか十分に改革してくれ。わしはただそなたの丹精に期待するだけだ。」

先生は言った。

「禄《ろく》千石余で千両余の負債があります。これでは世禄の名前はあっても、その実はすでに他人のものになっているのです。家老の勢力をかさに着てこれを返さずに今日を送っておられるため、この家この禄を未《いま》だにわがものと思っておいでですが、実に浅ましいことではございませんか。上《かみ》、君恩の無量なことを知り、常に節倹を守り、家を保って、永く君恩を報ずるための忠勤があってこそ、臣下の道と申せましょう。しかるに身の奢侈《しゃし》に流れるのを知らず、不足を生じてもその根源を顧みず、他人の財を借りてこれを補い、元利が増倍して一家廃滅の大患となることを考えず、ついに家を破産させ君恩を失うに至ったというのでは、どうしてこれを忠義の臣と言えましょうか。」

服部氏は平伏してその罪を謝した。先生は言った。

「あなたは今や御自分の過《あやま》ちを悟られました。これからはその過ちを補うことを努められるべきです。その事とは何かといえば、必ずその身を責められることです。その身を責めるにはどうするかといえば、食事は必ず飯と汁《しる》に限り、着る物は必ず木綿に限るべきです。また決して無用のことを好んではなりません。この三箇条をお守りになれますか、どうですか。」

「それはわしにも甘んじてできる。それくらいのことで家を興す道があるならば、幸いこの上もない。」

そこで先生は同家の使用人男女を呼び集めて言った。

「御主人の家計がすでに貧困に陥り、負債が千余両になっていることは、お前さんたちがよく知っての通りだ。このようにして三年五年たてば主家はひっくりかえってしまうだろう。お前さんたちがもしこの家の無事永続の道を知っているならば、はっきり私に言ってもらいたい。」

一同は言った。

「それはわしらのような者にわかることでない。あなたがよろしくお計らい下さい。」

先生は言った。

「お前さんたちが、主家の無事を願い、私一人に計らいを請う、その忠志は見上げたものだ。これから以後、御主人自身も何も言わぬことにして、五年間の家計を私に任された。お前さんたちも私の指図に従って、異存があってはならない。私と一しょに主家の安堵《あんど》を願って勤めてくれるかどうか。もし異存があるなら今のうちにお暇を請うがよろしい。」

使用人たちは言った。

「わしらは長年主家に奉公しています。いまそれが潰《つぶ》れそうだからといって立ち退《の》くことはわしらの本意ではない。あなたが一身をささげて主家を安泰にしようとされるのに、なんでその指図に従わぬことがありましょう。」

先生はそこで、一家の収入を量って分度を引き去り、中分《ちゅうぶん》の（天分に適応する）活計を立て、無用の雑費をはぶき、一年中の支出を限定し、借財の貸主を呼んで実情を説明し五年間に償還する約束をし、みずから下男下女に代って家事を勤めもし、服部氏が外出するときは若党《わかとう》となり、毎夜家を治め国を治める道を説いて服部氏に教えた。こうして一年ごとに借財は減じ、五年にして積る千余両の借金もみな返済し尽し、残金三百両を余した。一家の喜びは、たとえようもないほどである。

先生はこの三百両を持って、服部夫妻に告げた。

「五年前御依頼をことわりきれず、お招きに応じてから今日に至るまで、昼夜心を尽して、すでに積借を皆済し、なお三百両を残しました。これは結局、私に信任されること固かったからこそ、こうして困難が除けたわけであります。それで、百両は御主人のお手元に備え、別ものとして、非常の際国君への奉仕の費用となさいませ。また百両は、奥様がこれまで艱苦を尽し、お家の再興に勤められた御褒美《ほうび》として、奥様におあげなさいませ。奥様もやはりこれを別途に備えておかれ、お家が再び衰えないための予備となさいませ。なお百両が余りましたが、これは御随意の用途におあて下さい。」

服部氏は大いに嘆称して言った。

「この家はすでに危く顛覆《てんぷく》しかけていたのが、そなたの丹誠によって今や全く再復した。何をもってその恩を報謝したらよいか、わからぬくらいだ。この剰余金はわしの金ではなく、そなたの丹誠から出たものである。残らず謝恩にあてたいと思うけれども、今そなたがわしたち夫妻に事を分けて将来のためにと教えてくれた。これをことわるわけにも行かない。せめてこの百両はそなたが受けて、家業の一助としてくれよ。そなたが家に居て農業に励んだならば、多大の富をなしたであろうのに、五年間家事をなげうってわしの家の危急を救い、永安を得させてくれたのだ。この百両は謝礼の足しにもならないが。」

先生は大いに喜んで、

「せっかくのお言葉ですから、御意思に従い早速頂戴いたします。ところで、一たんの憂いは無くなりましたが、後年までの定則がなければ、また艱難に陥るでしょう。あらかじめこれを恐れて、永久の分度定額を調べておきました。これからは千石をもって永年の分限と定められ、三百石をもって度外とし、別途に備えて非常時の奉仕の費用におあて下さい。そうすればこのお家のあらん限り、君公への忠義は申すに及ばず、一家の貧窮を生ずることがあるはずはありません。どうぞこれをお守り下さい。」

言い終って退き、使用人男女を集めて、

「主家がすっかり危急に迫られて、私に再復を任された。お前さんたちは五年の間約束をたがえず、私と共に艱苦を尽してくれた。ほめてもほめ切れぬくらいだ。千両余の借財は今はもう皆済して、なお百両余った。御主人は私の至らぬ丹誠をほめてこれを私に下さった。そのお志をことわるわけには行かなかったが、私が五年の間勤めたのは一身のためではないのだから、報酬など受けるわけに行かない。それで、お前さんたちの勤苦の褒美《ほうび》に、これを分けてあげる。これは私がやるのではない、御主人からの下されものだ。謹《つつし》んで受けるがよい。」

と言って、百両を分けて与えた。使用人たちは、一度は驚き一度は喜び、深く主人の恩を感じ、かつ先生の慈愛心の限りないのに感動した。先生は服部家を辞して、一物をも受けず、

【お詫びと訂正のお知らせ】

本書『報徳記』に左記の通り誤りがございましたので、訂正させていただくとともに深くお詫び申し上げます。

三頁　最終行

【誤】「六頁から七頁に詳述」

【正】「十頁から十一頁に詳述」

四頁　一行目

【誤】「慎太郎」

【正】「信太郎」

飄然《ひょうぜん》としてわが家に帰って来た。先生の振舞《ふるまい》には、往々このようなものがあった。

補注　服部家の仕法の経過は、右のように簡明なものではなく、時は文政元年（一八一八）から嘉永二年（一八四九）まで三十余年にわたり、当主は十郎兵衛（清兵衛）、波江の二代にわたり、仕法も前後三回行われている。借財額も整理の方法も結果も区々である。今これを略述しよう。

（1）仕法前の関係

先生の服部家入りは従来二十六歳からとされていたが、文化八年（一八一一）二十五歳の春、同家の用人から頼談があり、若党「林蔵」として住み込み奉公することとなった。当主の名義は「波江」である。先生の主たる任務は、長男清太郎（のち十郎兵衛）をはじめ三人の子息の勉強相手。藩儒宇野権之進（西海）の屋敷に供をして通い、障子の外で講義を漏れ聴き、夜は彼らの復習の際助言指導をする。先生後年の書簡によれば、「御年十八歳の御時より、身を治めお家を治め終《つい》に国を治むとの次第、種々様々御伝授申し上げ置き候」とある。

宇野氏は当時小田原随一の儒者で、これが一家独立早々の先生を奉公に踏み切らせた動機の一つであろう。事実、直接声をかけられ、『経典余師』なども購入、先生の学力も大いに増進した。

先生の経済上の実力と手腕と信頼性は、服部家の用人、中間《ちゅうげん》、女中たちの間におのずから認められ、これらに対し、立替をしたり、給料を預かって利回ししてやったりすることが多くなった。若様の清太郎も四両二分を借りたことがある。堀之内村の倉蔵（先生の最初の妻きのの兄に当る）のごときは収支一切を先生に預けて借財償還を頼んだ。このようにして取り扱った金が文政四年調べの「諸勘定口別《しょかんじょうくちべつ》控帳《ひかえちょう》」によれば十七口座にも達する。

文化十一年先生二十八歳のころには、藩中の中間若党、下男下女はもちろん、士分の者までも含む「五常講」という組織ができ上がった。人倫五常の道によって積立・貸借をし、「五常講真木《まき》手段金帳」

という帳簿の名が示すように、薪の節約、鍋炭《なべずみ》払い、夜遊びの中止など、卑近な工夫をこらし、連帯して生活を向上するよう、先生が指導されたものであった。

こうして、先生の財政的な才能は服部氏にも認められた。文化十二年、二十九歳で先生はここを辞して家に帰るのであるが、この年、同家の希望により家政復興計画を立案し、「御家政取直趣法帳《とりなおししゅほうちょう》」を作って提出された。これによれば、経費の節約その他により年々五九両の余剰を生じ、同年末一八八両余に達した借財を返済することは容易であった。しかしこの計画は参考とされたにとどまり、実行に移されるには至らなかった。

（2）第一回の仕法

服部家の借財はその後増加してやまず、文化十四年（一八一七）には二一四両に達した。同家は同年末、ついに正式に家政整理を先生に依頼した。先生はこれを承諾して左のごとき整理案を作製し、翌文政元年（一八一八）三月から正式に家政経理の任に当った。仕法案によれば、当時四〇三俵に減じていた俸米のうち、飯米・給与米を差し引いた残りを月々売却し、所要経費を節約して年額約六六両を産み出し、これによって元利の償還にあてるときは、文政六年（一八二三）六月、つまり前後五箇年半で皆済となる計算であった。

ところが実際の経過は、初年度こそ多少の減借を見たが次年度からかえって増加し、三年目の文政三年末には合計三六八両余の大借となった。これは当主十郎兵衛が家老を拝命、初の江戸詰となったため、多額の出費を要したからである。これに対し先生は屋敷地内の増産その他種々の方法を講ぜられたが、結局藩財政から八分の低利資金四五九両余の融資を受けて借財を皆済し、資金の残り八五両余は先生が預かって、有利に回し、将来三〇〇両に達する予定とし、八朱金の償還には、給米四〇三俵の中から年々九〇俵余ずつ十五年間納入してあてることとなった。こうして、ともかくも第一回の仕法は文政四年（一八二一）には一応完了し、以後数年の実績も良好であった。

（3）　第二回の仕法

天保元年（一八三〇）、十郎兵衛は致仕して、清兵衛と改名した。ところが同二年末の調査によれば、三六七両余の借財のほか八朱金未償還分二八六両余、その他に六五両余の借りがあり、合計七二〇両余の大借となっていた。以後服部家は藩士鵜沢《うざわ》氏を通じて度々先生に処置を請い特に報徳金の融通を依頼したが、先生も同家の放漫を遺憾として拒絶していた。ところが天保八年（一八三七）から先生が小田原領の仕法に従事せられた機会に交渉がととのい、四八四両余の報徳金によって先生の手で同額の借財を返済し、報徳金は天保十年（一八三九）から七箇年賦で償還することとなった。これが第二回の仕法である。

（4）　第三回の仕法

しかし、服部氏の放漫な生活心理はなおやまず、報徳金の返済も怠りがちであり、天保十二年（一八四一）には新借四九七両余、報徳金の未償還分二九四両余、掛買金三五両余、総計八二一両余という莫大な負債を生じ、清兵衛は退隠してその責任を波江に転嫁した。鵜沢氏はこの相続人のために整理案を作製した。それによれば当時九〇七俵に増えていた俸米を基礎として年々一三六両余を償還にあて、五箇年間に一般の借財、次に掛買代金、次の二箇年に報徳金を返済し、都合八箇年で完了しようというのであって、そのために報徳金償還の延期を先生に依頼して来た。この仕法は嘉永二年（一八四九）に至って完成し、清兵衛の礼状によれば、「まず当用の処は大小きれいに相成り大悦致し候」とある。

以上を本文の記事と比較してみると、借財の金額においては第二回及び第三回の仕法に近く、その他の事情は、大体第一回の仕法の時にあてはまるであろう。いずれにしても、服部家の仕法は、本人の自覚にもとづく分度の確実な実行がないかぎり、何回整理を繰り返してもついに衰貧に陥ることを教えている。

三、小田原侯、先生に桜町領復興を命ずる

時に大久保公（忠真《ただざね》、天明元年（一七八一）―天保八年（一八三七）。文政元年（一八一八）老中となる。）は、天下の執権職として、流弊を矯《た》め、汚俗を一洗し、善政を布《し》いて万民を安んじようとの忠心をいだき、社会国家のために心力を尽しておられ、世人から賢明をたたえられていた。公は民間に潜竜《せんりゅう》ともいうべき二宮があることを聞かれ、大いに喜んで、これを挙《あ》げ用いて国政を任じ、安民の道を開きたいと考えられ、群臣に意見をきかれた。しかし小田原の藩風は、賢愚によらず禄位《ろくい》の高下をもって厳《きび》しく区別し、高禄の臣は身分の低い臣を召使いのように見なし、位のある家臣は愚か者でも人が敬い、才徳があっても身分が低ければ誰もがこれを軽んずるという有様で、太平の流俗が習い性となってしまっていた。藩士の仲間でさえこの通りであるから、下民に対しては問題にならない。それで群臣のうちに、

「君命ではありますが、土民を挙げて群臣の上に置き、国政を任ぜられますことは、時勢の許さぬところであります。たとい二宮が賢者であっても、群臣が服しないときは必ず国の災いを生ずることを恐れねばなりません。殿には深くこれを御考慮ありますよう。」

と言う者が多かった。公は、人情を無視することができず、賢者挙用の道のにわかに行われ難いことを嘆息し、しきりに登用の道を深慮された。総じて当時の人情は禄位の高下にこだわり、賢者を貴《たか》く用いるしきたりがなかったけれども、他人の功績は認めないわけには行かない

から、功ある者に頭の上がらないことは古今の人情である。とすれば、諸人の力に及ばない事業を二宮に命じたならば、彼は必ずその功を遂げるであろう。その功績をもって群臣の偏狭な心を除き、国政を任せたならば、だれが不平を発し得よう。事は迂遠《うえん》のようではあるが、完全に成功する道は必ずここにある。公はこう考えられた。

ここに旗本宇津某《ぼう》（釩之助《はんのすけ》）というものがあり、大久保侯の分家で、領邑《りょうゆう》は四千石、下野《しもつけ》の国芳賀《はが》郡物井・横田・東沼の三村がそれであった（物井・横田の二村は栃木県芳賀郡二宮町の内、東沼は同県真岡市の内）。土地が至って瘠《や》せて耕土が薄く、五穀は乏しく、人心もまたこれに準じて、ねじけ、わがまま、無頼《ぶらい》遊惰であったから、元禄《げんろく》年中（元禄十三年は一七〇〇）までは戸数四百五十軒（正確には四三三軒）あったのが、連年離散するものが多く、文政年間に至ってはわずかに百四五十軒（文政四年一五六軒）を残すだけとなっていた。住民は互に利を争い、争論訴訟の絶えることがなく、ややもすれば血闘するに至った。ゆえに衰貧は極まり、田畑は荒れ果てて茫々《ぼう〱》たる草原となり、無人の民家はきつね・たぬきの住みかとなるものが多く、収納も昔は四千俵あった（但し元禄十一年、分家の当初から公称四千石よりは少く、享保までの収納平均三一一六俵、金二〇二両余であった。）ところ、わずかに八百俵しか納まらなかった（文化九年から文政四年まで十箇年の平均租入九三四俵、金一三〇両余である。）。宇津家の艱難《かんなん》も極度に達したわけである。大久保公は深くこれを憂い、この民を導いて農業出精に赴《おもむ》かせ、再復のまつりごとを布《し》こうとして厚く心を遣《つか》われ、群臣中から適材と思う者を選んでこの野州桜町興復の事業を任じ、幾千両の経費を下してその成功を促されたが、任命された者も、ひとたび現地に臨めば、あるいは悪賢い者のために欺かれ、あるいはその処置が適正な方法でなかったため、ついに他国へ逃走したり、あるいは住民に逐《お》われて小田原に帰り罪を得たりする者がすでに数人に及んだ。群臣は手をつかねて、もはやこの事業を引き受けようと言う者がなかった。公は大いにこれを残念に思われ、並《なみ》大抵の者のなしうるところでないことを嘆ぜられていたのであった。いまこの土地を二宮に再興させたならば、非凡で傑出した彼がその功を成就するであろうことは、目前に見える。群臣が手をつかねている難場《なんば》に治平再栄の道を立てるときは、不世出の賢者であることが議論の余地なく明らかとなろう。その時に至り、小田原十一万石を挙《あ》げて富国永安のまつりごとを彼に任せるならば、だれ一人服しないものはあるまい。ああそうじゃと独り決心せられ、命令を下して先生にこの事を任ぜしめた。

しかし先生は辞退して、

「私のような卑しい者にどうしてこのような大業をすることができましょう。私は農家に生れ、極貧の中に成長し、みずから農具をとって農事を勤め、祖先の余徳によって廃家を興すことができましただけで、どうして国を興し民を安んずる大道を知りましょうか。君命は重うございますが、身の至らぬことを省みればどうしてもこの御下命に当ることはできません。」

とて受けなかった。使者はやむを得ずこの旨を復命した。公はますます先生の賢明さを察せられ、礼を厚くし言葉を尽して再三命令を下された。先生は固辞して随《したが》わぬこと三年に及んだが（事実は仕法着手の文政五年まで三年）、公は懇命を下してやまなかった。ここにおいて先生は大いに公の仁心を感じ、答えて言った。

「私は数度の御下命にも応じませんでしたが、殿様は御下命を続けられることすでに三年、おことわりのすべを知りません。どうしてもやむを得なければ、かの地に行きまして、土地人民衰廃の根元と、再復が成るか成らぬかの筋道をよく見極め、その後に命令をお受けするかどうかを決めたいと存じます。今あらかじめ御命令に従うことはできません。」

使者はこの言葉を復命した。公は喜んで土地検分を命ぜられた。

時に文政四年（一八二一）某月、先生（三十五歳）は小田原を出発して遠く下野《しもつけ》の国桜町に至り、戸別に巡視してその貧富を見極め、田野に行ってその肥瘠《ひせき》を調査し、人民の勤惰を察し、水利の難易を計り、遠く往古の資料を探り、近く眼前の風俗を観察し、数十日にして風土民情からこの興復ができるかできぬかの原理が、すでに胸中に明了になった。（八月から十二月に至る間に四回往復調査した。）そこで小田原に帰って次のように言上した。

「殿様は私の不才をお察しにならず、宇津家の領邑興復の事業を命ぜられました。その任ではありませんので、固くおことわりしましたが、どうしてもお許しになりません。そこでやむを得ずかの地に参り、土地と民情とを察して再復の事を考えてみましたところ、土地は瘠薄《せきはく》で、人民の無頼怠惰も極度に達しております。けれども、これを振い起すのに仁術をもってし、村民の長年染まった汚俗を革《あらた》め、力を農事に尽させるときは、再興の道がないわけではありません。しかし仁政が行われなければ、たとい年々四千石の租税を免除しても、かの地の貧困は免れることができますまい。たとえば、江戸において、巣鴨《すがも》の土地と日本橋の土地との相違のようなものであります。日本橋の土地は、家賃がいかほど高くても、売買の利益が多いため人は競って居住して富裕を得ておりますが、巣鴨のような土地は、金銀の融通、商売の利益が薄いため家賃がなくても人は居住を望まず、また貧窮を免れません。豊かな国は租税は多くとも、人民は収益が多いために繁栄し、劣った国は租税がなくてさえ土地の生産が少いため艱難《かんなん》を免れがたいもので、これは土地の厚薄のいたすところであります。そうして、このような下国《げこく》をして、上国《じょうこく》と共に栄えしめようと思うならば、必ず仁政によらなければできません。なぜならば、温泉は人力をまたずして年中温かでありますが、風呂《ふろ》は人力をもって焚《た》くからこそ温かなのであり、しばらくでも火を去るときは、たちまち冷水となるのであります。上国は温泉のごとく、下国は風呂のようなものであります。ゆえに仁術を行うときには栄え、仁政がないときは衰えます。いま野州桜町の衰廃を救い、永く民を安んずる道は、ほかでもなく、厚く仁を施し、その艱苦を除いて安栄に導き、大いに恩沢を布《し》いて無頼の人情を改め、もっぱら土地の尊いゆえんを教えて力を田畑に尽させるにあります。そして、この興復の費用は幾千万両になるか、あらかじめその額を定めることはできませんが、前々殿様はかの土地の再復を命ずるのに多額の財を下付せられました。それゆえ成功しなかったのであります。以後これを興復しようとするには必ず一両もお下しになりませぬよう。」

公は言った。

「そちの説くところは至道と言える。しかしながら、廃亡を挙《あ》げ興すために財を用いてしかもなお起きなかった。いま財なくしてこれを挙げ興す道とは、どういうものか。」

先生は答えた。

「殿様が財をお下しになるから、役人、村民ともにこの財に心を奪われ、互に財を手に入れようと願い、下民は役人の私曲を論じ、役人は下民の私曲のみ心配し、互にその非を論じその利をむさぼり、ついに興復の道を失い、いよいよ人情を破り、事業が中廃するに至ったのであります。これが用財をお下しになるための災いであります。」

公は言った。

「実によい言葉じゃ。しかし財なくして廃亡を挙げ興す道とはどういうものか。」

「荒地を開くに荒地の力をもってし、衰貧を救うに衰貧の力をもってするのであります。どうして財を用いる必要がありましょう。」

「荒地を起すに荒地の力をもってするとは、どういうことか。」

先生は答えた。

「荒地一反を開きその産米が一石あるとしますと、五斗を食料とし五斗をもって来年の開田料とし、年々このようにしてやまなければ、他の財を用いずに何億万町の荒地でも開き尽すことができましょう（先生の雛形《ひながた》によれば、六十年間に二十四億五千四十八万二千二百五十三町余歩）。わが神州は往古開闢《かいびゃく》以来幾億万の田が開けましたが、その始め異国の金銀を借りて起したのではなく、必ず一鍬《くわ》ずつからこのように開けたのであります。いま荒地を起そうとして金銀を求めるのは根本を知らぬからであります。いやしくも往古の大道をもって荒地を起すならば、何の困難もございません。そもそも宇津家の所領は四千石とは申せ、実際納まるところの租税はわずか八百俵だけであります。これは全く四千石の虚名《きょめい》があるだけで、実は八百石の禄《ろく》であります。この収納八百俵をもって再復までの分限と定め、それ以上を求めず、艱難に素《そ》して艱難に行うべきであります。桜町のうち、現在生産力のある土地はわが国の開けた地方と同様であり、その他の荒地は未開の蝦夷地《えぞち》と同様でありますから、一両の用財もお下しにならず、荒地を開き領民を安んずるに、その荒地をもって私に任ぜられますならば、十年にして必ず功を奏して御覧に入れます。しかしながら、ここに一つの難問題がございます。これはどうにもいたし方がございません。」

公はたずねた。

「その難問題とはどのようなことか。」

答えて言った。

「かの土地がどのような難場《なんば》でありましょうとも、ただいま申し上げた道によって復興することは困難ではありません。ところが、如何《いかん》せん、その功を奏するに至って二千石の不足を生ずるのであります。荒地のままに捨てておくときは四千石の名前だけはありますが、いま千辛万苦を尽し、幾千万両の財を布《し》き、功を成すに至っては、四千石ではなくして全くの二千石となるのであります。してみれば再復しない方がましであると申せます。」

「再興が成就《じょうじゅ》して二千石減るとはどういうわけか。」

「それは、ほかでもありません、瘠薄《せきはく》の土地だからであります。瘠《や》せ地の一反は必ず二反分の面積がなければ民は飢渇を免れません。しかるにかの地は検地の際縄《なわ》の緩《ゆる》みがなく、一反は正味一反であります。それゆえ、領民衰亡の禍《わざわい》は皆これから起りました。一たんこれを復旧しましても、又数年ならずして亡村となるに決まっております。果してさようであれば、どこに復興の益がありましょう。ゆえに、これを興し、この民を安んじようとするならば、二反をもって一反と見なさなければなりません。すると宇津家は俸禄《ほうろく》の半ばを減じて二千石となり、公私の費用が不足となりますから、必ず領民に命じてその不足を補わせるでありましょう。もしそうすれば、再度の衰廃は立ちどころに来るでありましょう。殿様には、無益の土地に心力を費されるよりは、むしろ四千石の、名実共に完全な土地を宇津家に分け与えられる方が、よろしいかと存じます。」

公は感嘆して、

「そちの言葉、まことにもっともである。そちの計るところは周到至極じゃ。しかし、いま担税力適当の地を分け与えることは難事ではないが、廃衰の地を挙げ興さずして、いよいよ不毛の地に帰せしめることは、余の不本意とするところである。それゆえ、いまそちの言うたところによってかの地再興の業を委任する。内外共にそち一人の考えで処分せよ。そちが気遣《づか》うところの二千石減少の分については、成功の後余が必ずこれを補って四千石としよう。気遣うでない。かの地に行ったならば、身をいたわり、国家のためにいよいよその志を励まし、貧民をいとしんで安住させ、廃亡を挙げ興し、余の苦心をも安んじてくれい。」

と命ぜられた。先生は謹《つつし》んでその命を受けた。ああ、君は君たり、臣は臣たり、実に明君と賢臣との世にも稀《まれ》なる遭遇と言うべきである。

補注　先生が忠真公に認められるには、幾多の縁由があった。

第一は服部《はっとり》家の仕法で、前章に述べたように、その第一回は文政元年（一八一八）から着手され、同三年には八朱金の借入れがあり、四年春には整理は大体において一段落となった。桜町仕法の交渉が始まったのはこのころからである。

第二は先生の表彰である。文政元年十一月十五日、忠真公は領内の孝子節婦奇特者を酒匂《さかわ》河原に召して表彰したが、先生もこの際「その身は勿論《もちろん》、村為《むらだめ》にも相成り」云々《うんぬん》とて賞せられ、その感激は先生の生活観念に一大飛躍を与えて、「自他振替」をなさしめたものであった。時に先生三十二歳である。忠真公はこの時の被表彰者名簿を、終生懐中に秘蔵していたという。

第三には枡《ます》の改正がある。文政三年（一八二〇）九月、忠真公は、広く民間から民政改革に関する有効適切な進言を求めた。先生はここぞとばかり、亡父の熱望であり領民多年の宿願であった貢米用の枡の規格統一を進言した。領内には当時十八種の斗枡があり、容量も四斗一升から二升、三升余まで区々であり、納入に関する慣行も土地により異なっていたので、領民は米の売買貸借はもとより、年貢米《ねんぐまい》納入の数量検査の際、非常な紛乱と苦痛を味うのが常であった。先生はその統一を進言したところ、標準枡の考案を命ぜられたので、米の字に根拠をとって深さ八寸八分縦横一尺三厘三毛とし、これを三杯合わせて四斗一升とする新枡に、「権量を謹《つつし》み法度《ほうど》を審《つまびら》かにす」という古語を附して同年十月献納した。この改正枡は直ちに採用せられ、領中多年の懸案は解決し、貢米額は慣行中の最低たる四斗一升に一定せられ、領民は永く仁政の恵沢を被ったのである。

第四に五常講の活用がある。文化十一年（一八一四）先生が若党として服部家に奉公中、用人・中《ちゅう》間《げん》・若党・女中等の間にこれが結成せられたことは前述の通りであるが、同じく文政三年に至り、先生の献策により、下級藩士の生活共済のため、この方法組織が活用されることになった。当時下級藩士の生活困窮ははなはだしく、借財に苦しみ、筆・ちょうちん・笠等の内職の原料代にも事欠く有様であった。そこで、この組織により、藩財政から三百両の資金の下付を受け、一人三両以内、期間百日以内、百人一組の連帯債務として無利息で貸し付けることとし、これを三組作った。もし延滞したときは、一両ならば連名簿中当人の名前から下へ十人目の者までが分割弁償し、二両ならば上下へ十人ずつ、三両ならば残り全部が負担し、元金百両に満たなければ次の貸付をしないのである。ゆえに仁・義・礼・智・信の五常にもとづき、借用したならばあるいは高利の借財償還にあて、副業内職に勉励し、あるいは大いに倹約を行い、その余財によりすみやかに返済して資金の運転を円滑にし、自他の便益を増大するよう、強調せられた。この教化的共済組織は、自治的仕法の重要な様式であって、後年報徳社として発達することとなるものである。

このようにして二宮先生の非凡な才幹は忠真公の強く印象するところとなり、文政三年中に、桜町仕法の下命となった。先生は文政四年の八月から十二月まで四回にわたる実地調査の結果、翌五年正月、「古今盛衰平均土台帳」という報告書兼復興計画を提出した。それは本文忠真公との問答の趣旨と大体一致する。これによって藩議が決定し、四月には仕法実施の下命があり、先生は同年中約五回現地と往復して、小規模の仕法を開始する一方、諸般の準備に忙殺された。

四、桜町に着任する

先生は小田原侯の委任を受けて以来、よくよく思いをめぐらした。

「桜町領村の衰廃は、ほとんど亡村に等しく、風俗は頽敗《たいはい》し、悪賢い邪曲な民が多い。だから、いかに知略のある者でも容易にこれを感化指導することができない。しかし、むかし支那《しな》の聖王といわれた大禹《たいう》は、有苗《ゆうびょう》という蛮族を平定するのに武略知計をもってせず、ただ至誠によってこれを感化したのであった。私も、誠心《まごころ》一つをもって、わが身命を抛《なげう》ち、この人民を安《あん》撫《ぶ》したならば、どうして再興しないことがあろうか。けれども、ここに憂うべきことが一つある。私は極貧の家に生れ、孤児《みなしご》となってから、一家の廃亡を興し父母祖先の霊を安んじたいと念願し、昼となく夜となく心力を尽し、その始め一俵の米を種としてついに廃家を興し、祖先の田地を回復し、いささか追孝の道を立てることができた。ところが全く思いがけないことに、そ君公の知遇を受け、宇津家の領村を旧復せよとの命令を受けてしまった。いま忠を尽そうとすれば当然この家をつぶし、不孝に陥るであろう。孝を全くしようとすれば君命を無《む》にし忠義を全くすることができない。古今、忠孝を二つながら全くすることの困難を憂えることも、まことにもっともだわい。」

と、胸のあたりを撫《な》でて黙慮すること、やや久しかったが、翻然として悟って言った。

「ああ何を憂い何を惑うことがあろうか。元来忠孝は一つの道であって、二つの道があるのではない。ひとが至孝であるときは忠はおのずからその中にあり、至忠であれば孝もまたその中に存するのだ。君命を受けない前は、一家を興し祖先の祭祀《さいし》を永く続けることを孝行としていた。ひとたび君の知遇を得て衆民を安んずる命令を受けた以上は、この民を安んずることこそ孝行であろう。もし仁君の命令を無にし、かりに億万の財を積み一家を繁栄させて十分の祭祀を尽しても、父祖の霊は必ず不孝の子と見なすであろうこと、明らかである。取るに足らぬ一家を廃し、万民の疾苦を除き、上《かみ》は君の心を安んじ、下《しも》は衆民の生活を安んじたならば、父祖の本懐これにまさるものはあるまい。一家を全くしようとすれば万家が廃する。万家を全くするために一家を廃する。それとこれと、同日の論ではない。よし、決心はきまった。」

そこで、すぐに祖先の墓に参り、合掌してこの旨を報告し、家に帰って妻に向かって言った。

「今、上《かみ》に明君があられて、私の不肖を捨てず、廃村を興し衆民を安んずることを命ぜられた。これを辞退すること三年に及んだが、殿様はお許しにならないので、やむを得ず、その命令をお受けした。このような大業は、世間並《せけんなみ》の行いでは成就することができない。それで、一家を廃し、相続の道を捨て、身命を抛《なげう》って勉励しようと思う。けれども、これは婦女子に容易に理解できることではない。もしお前が私と共に千辛万苦を尽し、君命をはずかしめまいと思うなら、一しょに野州へ行こう。しかし、もし世間並の考えをいだき、艱苦を厭《いと》う気持があるならば、今すぐに離縁しよう。」

妻は言った。

「異《い》なことをおっしゃいます。女というものは一度嫁《とつ》いだ以上二度と帰る道はありません。ですから昔から嫁ぐことを帰ると言うのではありませんか。生家を一歩出るときから、決心しておりました。あなたが水火をお踏みになるなら私も一しょに踏みます。ましてあなたが君命を受けて大業を成就しようとなさることは、私のような卑しいものにとっての幸いではございませんか。身を捨てて艱苦に甘んずることは何でもありません。栄利に走って身の安逸を願うなどは、君命がなくても望まないことです。決して御心配には及びません。どうぞ、ご一しょに野州へ連れて行って下さいませ。」

先生は笑って言った。

「お前の言うのが本当だ。」

ここにおいて、田地家財道具ことごとくを買却して、若干の代価を得た。一子を弥太郎と言い、今年わずかに三歳であった。これを連れて故郷を去り、東海道から江戸に出、道程五十里、数日にして野州芳賀《はが》郡桜町に到着した。時に文政五年（実は六年）のことであった。

始めて着いた日、物井村を去ること一里余のところに谷田貝《やたがい》の宿場（同郡二宮町久下田《くげた》の内）があるが、名主のなにがしなるもの二三人がこの宿場に出迎え、地にひざまずき、声を柔げ、表情も喜ばしげに、先生に言った。

「あなた様が小田原の殿様から御委任の御命令をお受けになり、私どもの村々の住民を安く暮せるようにして下さるため、はるばる当地においでになると承りまして、村民一同の喜びは、赤児《あかご》が父母に会うようなものでございます。そこで私どもは先日からここに出て、あなた様のお着きを待ち兼ねておりました。遠路の御旅行でさぞかしお疲れのことでございましょう。これからはもうひたすら御慈愛をかけていただきますようお願い申し上げますが、今、いささかお疲れを休めていただくため、少しばかり酒肴《しゅこう》を設けてございます。さあどうぞ。」

先生は、にっこり喜んでみせたが、

「お前さんたちの厚意は謝するに余りがある。しかし、君命もだしがたく不肖を顧みずここまでやって来た。早く桜町に着こうとする気持ばかりで、途中で遅れるのが厭《いや》だ。折角だが心配はいらない。」

と言って、すぐに谷田貝を過ぎて桜町に着いた。ある人（勝俣《かつまた》小兵衛か）がこれについてたずねた。

「あの名主たちは、はるばる出迎えてあなたの労を慰めようとしました。まことに懇篤な志と申せます。しかるにあなたが彼らに対してあのように無愛想だったのはどういうわけですか。」

先生は言った。

「およそ機嫌《きげん》をとりに真先にやってくるのは、必ず腹黒い悪人なのです。実直清潔な者は呼んでもたやすくは来ません。あの連中は、上を欺き、下民からはむさぼり、私曲を逞《たくま》しくする悪人です。私の来るのを聞いて、その罪が露顕するのを恐れ、表に誠意を飾って人を欺き、裏では私意を働かせようとのたくらみなのです。君命を受けてこの土地に来た者はすでに数人、皆彼らの悪知恵に欺かれて、これを第一の善人と思いこみ、着いた日から万事彼らと相談しました。それゆえ、事はますます敗れ、善人は恨み、悪人は私曲をもっぱらにしました。これではどうして衰廃を興すことができましょう。私は彼らのうわべの飾りをとらず、その腹の底を察したのです。これからは、あえて彼らを退けようともせぬが、また彼らの術中に陥らず、善悪を明弁して、善行者を表彰し、不能者を哀れむ政を布《し》こうと思います。」

その人は大いに先生の明敏な鑑識に感じた。

補注　先生が、くどいまでに夫人に対してその決意を訊《ただ》したのは、過去の不幸な失敗をくりかえすまいとしたからである。最初の夫人「きの」との結婚は、文化十四年（一八一七）二月、先生三十一歳のときであったが、その年末先生は服部《はっとり》家の仕法を引き受け、翌文政元年からは、ほとんど家を留守にして、無給でこれに当った。きのはこの間、所有地の一部を耕作し、家政を行わねばならなかった。文政二年の正月に一子徳太郎が生れたが、間もなく死亡した。きのはようやく先生に失望し、離別を要求した。先生は、結婚以来何一つ新調もしてやらず、慰めることもできなかった妻に対し、せめて畑に棉をまいて、秋にその棉でほしいものを織って持ち帰れと言われたが、きのは長く居るだけ損であるとして振り切って帰ったと伝えられる。これは同年三月のことである。

服部家ではこれを気の毒がって、翌三年（一八二〇）、女中として雇い入れていた波子を勧めた。飯《いい》泉《ずみ》村岡田峰右衛門の娘で、当時十六歳、先生は三十四歳であるから、その父は年齢の相違を恐れて断ろうとしたが、本人は服部氏も保障する人物であるからとて承諾し、四月二日、結婚式が行われた。これが本章の夫人で、後年歌子夫人として内助の功多大であり、明治四年（一八七一）六十七歳で没せられた。嫡男弥太郎は文政四年九月二十五日誕生した。

さて、夫妻一致の決意に基き、文政六年（一八二三）正月から田畑・屋敷・家財道具一切の処分、貸借関係の整理が、いそがしく行われた。当時先生の所有地は三町八反余であったが、その半ばを七十二両余で村民に売り払い、半ばは個人仕法の継続費のほか、無年貢同様で村民に貸し付けた。家財諸道具の売払い代金は六両余、手取り四両三分余である。このほかに本家再興善種金がある。これは文化二年（一八〇五）、十九歳の先生が、まだ一身の独立も緒につかぬうちに案出したもので、すでに潰《つぶ》れていた総本家跡の稲荷社《いなりしゃ》敷地二畝歩を種とし、先生臨時の収入をしばしば加えて利回りし、一族の加入も得て積み立て、その中からわずかずつを割《さ》いて一族中精勤の青年に対し表彰をしたりした。いま移転にあたって元金三十一両余となっていたが、一族中これを引き継ごうとする者がないので、先生はやむを得ずこれを整理して三十六両余とし、仕法資材の一端として桜町に携行し陰徳積善積小為大を待つこととした。後嘉永七年（一八五四）、五十年間の素願を達して本家を再興した。

こうしていよいよ文政六年三月十二日、故郷に別れを告げて出発した。途中夫人に見物させるためか江の島・鎌倉を回って十五日江戸着、二十六日同役の勝俣《かつまた》小兵衛及びその妻子と共に江戸を出て、二十八日桜町に到着したのであった。

このとき、先生は小田原藩士に登用され、名主役格として高五石二人扶持《ぶち》（米として合計二十俵余）を給与され、現地手当としてほかに年々五十俵を支給されることとなった。同時に宇津家から正式に財務委任の契約書があり、（一）昨文政五年度から十箇年間、租税は米千五俵（文政四年の実収高）と金百四十五両に据え置き、余剰があっても上納に及ばず、仕法資財とすること。（二）知行所経費として年々米二百俵と金五十両を小田原藩から交付されること。（三）十箇年の年限中は一々復命を要せず、小田原へ引き揚げ等を命ぜられないこと。が小田原藩からも保障せられ、領民のための政治の基盤が確立した。

こうして文政六年四月から、いよいよ本格的な復興仕法が開始された。差し当っての仕法資財は、自分の持参金残額、貸付返納金など七十一両三分余であった。すなわち先生前半生の私財一切は、あげてこの事業に投ぜられ、桜町の復興は微々たるこの浄財を種として進展を開始した。時に先生三十七歳である。

五、桜町仕法の初期

文政五年（実は六年）、先生は始めて桜町に正式に着任した。ここに陣屋があった。この地は元来小田原侯の領地であるが、往年この三箇村四千石を宇津家の領邑《りょうゆう》として分けたもので、桜町陣屋は小田原領分の時の陣屋である。屋根は破れ、柱は腐り、壁はくずれ、軒下から草木が生《お》い茂り、きつね、たぬき、いのしし、鹿までが出没するという有様であった。村内もこれに準じ、田地の三分の二は茫々《ぼうぼう》たる荒野となり、わずかに民家の近傍だけ耕田が残っていたが、どの家も惰農であって、百草が上の方にはびこり、作物はその下に伏していた。元禄《げんろく》年間には高四千石、民家は四百四十戸（正確には四三三戸）、租税三千百俵余を納めたのであるが、衰廃が極まり、現在の納税わずかに八百俵（十年平均九三四俵）、戸数百四十軒余（正確には一五六軒）に減少し、家々は極貧で衣食が足らず、身に破れた衣類をまとい、口にかゝすのようなものを食い、耕作の力がなく、いたずらに小利を争い、紛議訴訟のやむ時がなかった。男女とも酒をあおり、賭博《とばく》にふけり、私欲のほかに他念なく、人の善事を憎み人の悪事災難を喜び、他を苦しめ己《おのれ》を利することを工夫し、名主は役威を借りて細民を虐《しいた》げ、細民はこれを憤って互に仇敵《かたき》の思いをし、少しばかりの損益を争ってたちまち闘争するという状況であった。これより先、小田原侯は、群臣中から人を選んでこの地再復の命を下し、行政官として着任する者は四、五人に及んだが、手の下しようがなく、あるいは悪賢い者のために陥れられ、あるいは衆民に逐《お》われて、数箇月もこの地にとどまることができなかった。土地の衰廃、人心の汚悪、民家の貧窮、実に極度と言うべきである。

先生は思い切ってこのような難地に臨み、まず民家に住まって陣屋の草むらを除き、大破をつくろって（これは前年中に行われた）これに移住し、三箇村復旧の企画を立て、明け方から夜に至るまで日々回村し、一戸ごとに巡視して人民の艱難《かんなん》善悪を察し、農事の勤惰を弁別し、田畑の境界を見分け、荒地の広狭を測り、土地の肥瘠《ひせき》、流水の便利を考え、大雨・暴風・炎暑・厳寒のときでも一日も回村をやめず、四千石の領地の、一戸一尺の土地までも胸中に明了にたたみこまれてから、善人を賞し、悪人をさとして善に導き、貧窮者を撫育《ぶいく》し、用水を掘り冷水を抜き、農業出精の道を教え、荒地を開き、諸民の生活を安定する良法を行った。みずからも艱苦《かんく》に処し、衣類は木綿もので身を掩《おお》うに足りるだけとし、使えなくならなければ別のものを作らせず、食事は一汁《じゅう》以外の菜《さい》をとらず、村内に出て食事するときは、冷飯《ひやめし》に水をそそぎ、味噌《みそ》をなめて済ませ、村民が食物をすすめても一切食べなかった。そうして言った。

「お前たちは農事を怠ったため、このような困窮に及んだ。私は千辛万苦を尽して、お前たちを安んじ、お前たちの衣食が足る時が来なければ、私も満足な衣食をしないのだ。」

終日いささかも休まず、夜になって陣屋に帰り、寝ることわずか二時《ふたとき》（四時間）に過ぎないで起き、前日のうちに明くる日なすべきことを考え、万事の処置が少しも滞ることなく、流水の低きに下るようであった。その神速ぶりには、人々は皆常に驚嘆した。

このような艱難丹誠《たんせい》は枚挙することができない。至誠の感ずるところ、天地もこれがために動き、鬼神も感応を下されるであろう。しかるに、古来、凡人の心理の浅ましさ、ただ目前のことだけにとらわれて遠くを見ることができず、眼前の損益を争い人の功をねたみ、善を防ぎ悪に流れるのが小人の常であるから、領内の悪賢く腹黒い連中は、うわべは先生の指揮に従うふりをして内心これを妨げ、何か一つ着手するごとに故障を訴え、あるいは愚民を扇動してその事業を破壊に至らせようと企て、荒地を開こうとすれば、在来の田地だけでさえ耕作の力が足らないのに、どうして開墾地を耕すことができようと言って妨げる。加賀（石川県）・越後（新潟県）両国の移住民を保護し、家を作り田を開き器財・農具・衣食を与えて領民とすれば、「駈落者《かけおちもの》」と言ってこれを軽蔑《けいべつ》し侮辱し、いわれのない難題をもちかけてこれを苦しめ、ついに他国に逃亡させては、「生国《しょうごく》を離れるような無頼《ぶらい》の者をこの村民にした、だから早速また逃げ出したではないか。」と嘲《あざけ》る。田畑の経界を正そうとすれば、古来の水帳《みずちょう》はもうなくなったと言って悪賢い者の家に隠しておき、経界を正すことをできなくさせる。強者は弱者を虐《しいた》げ、良田をわずかの貸金のために奪い、貧者はついに夜逃げをする。荒地となった田畑を開き、勝手にこれを耕し、租税を納めずにそのみのりをわが物とし、租税を出すべき田畑は肥料をやらずに不作とならせ、「土地が悪いためにこの通りです。年貢《ねんぐ》を減らしていただかなければ百姓はみな離散してしまいます。」と訴える。名主は細民の無頼を訴え、細民は名主の私曲を訴える。腹黒い者は、うわべは正直をかざり、ひそかに愚民をたぶらかして種々の訴訟事件を設け、毎日陣屋に出頭して紛議騒動させた。こうすれば先生はこの事に手をふさがれて、領中旧復の本来の仕事に出る暇がなくなるだろうという謀略である。先生は朝未明のうちにこれをさとし、その曲直を正し、また夜に入ってからこれを教え導き、その根元を察して事件を裁き、もっぱら勧善懲悪の道理を説明して、あえて刑罰を用いずについに訴えがなくなるようにさせた。またこれがために少しも本来の用務を中止しなかった。実に偉大なる知者と言わざるを得ない。

小田原侯は、この地再興の事業を先生に任じたけれども、一人の力には限りがあって旧復の用務は限りがないであろうと考えられ、藩士二、三人に命じて野州に出向き、協力をさせた。宇津家からも横山周平を出して協力させた。横山周平は性廉直《れんちょく》で学問があり、先生の道を信ずること厚く、共に一身を抛《なげう》ち力を合わせて旧復の道を行った。けれども生来虚弱、常に多病であって、数年ならずして没した。先生は終身横山を惜しみ、話がこの人に及ぶときは必ず涙を流したのであった。

小田原から派遣した官吏のうち某《ぼう》なる者（豊田正作）は、はなはだ強情な性質で悪賢く、先生の徳行をねたみきらい、その事業を妨げた。先生の処置した事柄は、ことごとく曲論でもって反対し、領中に出れば、

「この件々を二宮が命じたが、わしがそれを許さない。すみやかにやめよ。もしわしの言葉に従わなければ必ずお前らを罰するぞ。」

と言った。領民は恐れて先生の指揮に従わなかった。彼は常に先生の功業を破ることを意図した。ゆえに邪悪な村民はこれにへつらい、共に良法の不成就をもって愉快とした。のみならず彼は、領民を退け、腹黒い者を賞し、三箇村を横行して大酒を飲み、口を極めて先生を嘲《あざけ》った。先生は大いにこれを憂い、あるいは穏かな言葉でさとし、あるいは直言によって導き、仕法の妨げにならぬようにさせようと心を砕いたけれども、少しもこの忠言を用いず、ますます不平をいだき再興の道を妨げた。先生は日夜辛苦艱難して興復の事業を成しとげようとする。彼は日夜肝胆を砕いてこれを破ろうとする。先生は、彼を善に帰せしめようとして力を尽しても、もはや如何《いかん》ともすることができなくなり、嘆息してこう考えた。

「彼は小田原藩が十万石の力をもってしても、どうにも導くことができない男であった。桜町へ出張させて、二宮と仕法をやらせれば必ず善に帰するであろうとて、この地に出された男である。もし身分の上下を考えないで私のところで仕法をやらせるならば、彼を善に導くことは難事でない。しかるに身分を私の上座としたままでここに来させた。それゆえ彼は私を目下に見て事業を妨げ、下民もまたその言葉に従い、共に私の方法を破ろうと企てている。これを矯《た》め直そうとして歳月を送ったならば、私はそのために事業に手がつかなくなる。やむを得ないから彼の好むところによってこれを処置するほかはない。」

そして、ひそかに夫人に命じて言った。

「彼は大いに酒好きの性分だ。朝彼が起きるのを待ち受けて、酒肴《しゅこう》をそろえて彼にこう言うのだ。『あなたはここにおいでになって以来、御領内のためにお骨折りになること、本当に一通りではありません。せめては一杯召し上がって、お疲れをお休め下さい。金次郎が私にこう言いつけて御領内に出掛けました。』と。酒肴が尽きたら、別に用意しておいたのを又出すのだ。一日中酒肴を絶つではない。これもやはり仕法成業の一端なのだ。きっと抜かりのないように。」

夫人は、その言葉に従って美酒佳肴《かこう》を出した。彼は大いに喜び、再三謝意を表して飲食すること終日やまなかった。以来毎日このようにして、一日も酒肴を欠いたことがなかった。彼はいよいよ喜んで、その酒肴を飽食することを楽しみとし、あえて領中に出かけようとせず、奸《かん》民《みん》がしばしばやって来ても、酔いどれて言葉もはっきりしないので、彼らは謀《はか》りごとを示し合わせることができなかった。先生はこの間にもっぱら領中に力を尽し、困窮民を撫育《ぶいく》し、荒地を開き、およそ旧復のための諸事業に、夜を日につぐ丹誠をせられた。数年の後、彼もついにみずから省みみずからを責め、大いに恥じ入って前非を改め、興復の道を勉励するようになった。そうなると彼の役に立つことも少くなかった。実に徳化のしからしめたところで感銘すべきである。

補注 文政六、七年のころは、桜町陣屋の主席は勝俣《かつまた》小兵衛であり、武田才兵衛がこれに属し、先生は仕法の委任を受けて財政経済に関する事項を取り扱った。ゆえに時に政令二途に出て事業の進まないこともあった。

文政九年（一八二六）の五月に先生は郡奉行《こおりぶぎょう》配下の「組抜《くみぬき》の格」に進み、桜町の主席となり、勝俣・武田は引き揚げた。横山周平は文政八年八月、始めてここに派遣されたが、永く滞在することができず、先生は翌年も出府懇請して、同道帰陣、協力を頼んだ。小田原藩からは先生の理解者、小路《こうじ》只助も赴任し、仕法はこの年、一時好調であった。

しかるに藩の勤番はしばしば交代し、文政十年には関正助なる者が大失敗をして召還せられ、その十一月豊田正作が来任するに及んで、事業は根底から支障を生じた。翌十一年一杯が仕法の極度の受難期で、ついに文政十二年始めの成田参籠となるのであるが、豊田はその直後江戸に召還せられ、小路只助が常詰《じょうづめ》となり、横山もしばしば往来して、仕法は順調の一路に向かった。

横山周平は天保四年（一八三三）九月に病没した。協力の始めからは九年たっている。

豊田正作に酒肴を出した内容を、桜町仕法出納帳について見るとそう度々はない。文政十一年正月以来、五月までに豊田の酒代と思われるもの約十回、その年四月十八日に豊田正作・新井又助・円林寺の法印に酒を出している。そうしてその日に岸右衛門と平左衛門との伐木訴訟一件を裁判している。

六、桜町仕法の難関

先生が衰えた桜町の村々を興して復旧させた方法は、天地開闢《かいびゃく》の上古に思いをいたし、金銭の力に期待せず、荒廃の地を開くのに一鍬《くわ》から始め、水田一反歩を起してその産米が一石あるとき、その半額は耕作の費用にあて半額を来年の開田料とし、連年このようにすれば荒地を起すに荒地をもってするわけで、年月を重ね力を尽すときは幾万町の荒地も耕田となり、諸民撫育《ぶいく》の用財もこのうちから生ずるというのである。先生はこの偉大な理法を発明し、そのはじめ小田原侯に言上して侯の出財を止め、宇津家の分度を調べて十年豊凶平均の分度千五俵（これは実は文政四年度の実績）をもって再興途上の分限と定め、生家の田畑家財を残らず売り払って若干の金子を得、これを種として東沼・物井・横田の三村旧復の道を行い、寸時もみずから安んぜず、はかり知れぬ労苦を積んで、一途《ず》に小田原侯の命令を成し遂げ、下《しも》衆民の困苦を除き、永続の道を開こうとした。その誠意のほどは、すべて凡慮の及ぶところではなかった。

たとえば民戸を増加するため移住民を招き、これを撫育《ぶいく》することははなはだ厚かった。ある人がたずねた。

「移住民を保護するにはわが子を育てるようにするのですか。」

先生は言った。

「わが子は骨肉を分けた親しみがあるが、移住者は自然の親しみがあるわけではない。ただ恩義の厚薄によって進退するのである。ことに生国を去って他国に来るものには、往々無頼の民が多い。これをこの土地に永住させるためには、わが子を育てるより倍も手厚く世話をしなければ、居つかないのだ。」

先生の保護助成の手厚かったことは、これによって推察できる。移住者でさえこの通りであるから、在来の住民に対しては言うまでもない。貧困に迫って一家を失おうとする者には、あるいは田を開き租税を免除してこれを作らせ、あるいは負債を償ってやり、あるいは家を作ってやり、農具を与え衣類を与え、一家を保ち生計を立てさせるために、ありとあらゆる手段を尽した。ところが、恵みを加えること厚ければ厚いほど、彼らの困難はいよいよ増し、目をかければかけるほど、彼らに災害が来て、救おうとすればかえって倒れる結果となった。先生は大いにこれを憂い、その理由を考えた。――

「枯れた木には幾度肥しをかけても再び茂らせることはできない。生きた若い木に肥しをやれば、すくすくと生長する。無頼《ぶらい》の民は積悪すでにはなはだしく、まさに滅びようとする時機が来ているのだ。それなのに、なおこれに恩沢を与えるならば、いよいよ恩のために滅亡を促すわけになろう。助けようとしてかえって滅亡を促すことは、仁のようでも実は不仁に当る。してみれば、改心して農業に出精する道を彼らに教えて、長らく染まった汚悪を洗い、彼らが心を改め農業出精の道が立つようになってから恩恵を施すようにすれば、ちょうど若い木を培養するように、災害を免れ、永続の道に達するであろう。もしまた、教えを重ねても彼らが改心することができず、いよいよ無頼に流れ道にそむいてゆくならば、救助の道を施す余地はない。

それが滅びるのを待って、その親族中実直な者を選んでその家を継がせれば、これまた若い木に肥しをやるように、積悪の報いが尽きて再盛するであろうこと、疑いない。ああ、今まで恵んだのは姑息《こそく》な手段であったわい。」

このように深く考慮した上、大いに教化指導を下し、改心の実があがったことを見とどければ厚くこれを恵み、改めない者は困窮が極まって他国に逃げ出すようになっても恵みを与えなかった。

この時に当り、小田原から出張していた二、三の役人は、どうしてこのような深い配慮を理解できよう。

「困窮民が潰《つぶ》れようとするのを見ながら救わない。このようなことで、どうして衰えた村が復興できよう。現にもう家を失って逃亡者となった者がある。仕法の価値は一体どこにあるのか。」

と激論した。先生は前述の趣旨を答えたけれども、深遠の道理をどうして理解できよう。いよいよ不平をいだき、二宮の仕法なるものは、貧村を再復する道ではなくて、これを傾け滅ぼす仕法であると言い放った。下民もまた大いに先生を恨んだ。ここにおいて三人は、ひそかに数箇条の文をつづり、先生の処置はことごとく民を苦しめ虐《しいた》げるものであるとして、これを小田原藩に訴え、はなはだしく讒言《ざんげん》した。大久保公はこれを聞かれて、

「そちどもが訴える通りであれば二宮が間違っているようであるが、一方だけの言によって事の正否を決することはできない。早く二宮を招いてその曲直を糾《ただ》せ。」

と命ぜられた。先生は命に応じて江戸に出た。公はそこでこのことについて尋問された。先生は言った。

「私の不才をお察しなされず、殿には再三の御命令をもってかの地の再興を私に任ぜられました。私はかの地に参りましてから寝食を安んぜず、ただ君命を奉じ領民を安堵《あんど》させようとの一心だけで、余念とてありませんでした。しかるに今その事業が半ばに至らぬうち、このような訴えがありましたことは、私の不幸にとどまらず、またわが君の不幸ではありますまいか。私は己《おのれ》を正当とし、ひとを不当とする意思はございません。何も曲直を弁明しようとは思いません。すみやかに私の任務を解かれ、訴えた者にこれをお任せ下さい。彼らが果してかの地を再興できましたら誠に幸いでありまして、それこそ私の願うところであります。」

公はもとより先生の誠忠であり、訴えた者の私曲であることを察しておられたから、先生積年の労苦をねぎらって、

「いささかもそちを疑うのではない。曲直はもとよりこの問答を待って知ったのではない。そちの深慮は凡庸な者の理解するところではなく、訴訟讒言《ざんげん》は小人の常である。すみやかに彼ら讒言した者の罪を糾《ただ》そう。」

と言われた。先生は答えて言った。

「彼らはもとより何の罪もございません。これは全く讒言ではなく、私の企画を察知せずに、それが領民の災いになってはと恐れただけのことで、その意中はやはり君に忠義を尽さんがためであります。ですから私はこの事件につき正邪を論じません。殿がもし彼らを罰せられますならば、私も必ず野州の任務を辞退いたします。願わくは殿には彼らを慰労し、永《なが》く野州の事業をお命じ下さい。そのうちにはついに、私の意中も彼らみずから理解するようになるでありましょう。」

賢明な公は大いに称嘆し、その言葉にまかすこととされた。そこで訴えた者に申し渡された。

「そちどもは目前しか見えぬ浅はかな知慮によって、どうして二宮の遠大な心を知り得よう。知らずして軽々しく事を訴えた、その罪は軽くない。直ちに処罰するところであるが、二宮がそちどもを哀れみ、一言も正否を言わず、共に任務の終りを全くすることを請うた、その奇特な志によって、いま特にそちどもを許すのである。再びこのようなことを訴えたならば、必ずその罪を許しはせぬぞ。」

三人は案に相違して大いに震えあがり、始めて先生の寛仁と深慮を察し、共に野州に帰って仕法を行ったという。

補注　本文の恩を施すほどかえって風俗が堕落するということは、貧困者は全部救われるから、苦労して立ち直るよりも、堕落して救われた方が利益だという貧困者の心理を物語っている。これに対して新しく移住して来た者の中には、何でも生きようとする精勤者がある。その中から寸平という者が選ばれて村役人になった。そうして地元の岸右衛門などは村役人に当選しなかった。

藩侯に訴えた二、三人というのは、だれをさすのか、はっきりしない。その当時の陣屋詰《じんやづめ》たる豊田正作以下と、以前の桜町関係者で先生に反感を持っている者との合作であったかも知れない。文政十一年（一八二八）は桜町仕法の最難関の年で、四月にも十一月にも横田村の草刈場の境界争いが起り、西隣の寺内村（真岡市寺内）の寺院との間にも問題が生じ、紛議騒動が絶えず、その裏には悪民と結託する豊田以下の詰役の反対行動があった。日記にも「右地論につき豊田正作初め取締り役共、不念至極に存じ候」とある。先生はほとほと頭を悩ました。横田の坂本天神に誓願し、

心だに誠の道にかないなば祈らずとても神や守らん（表）

わが前に千日去らず祈るとも心邪なれば罰を与えん（裏）

との額を奉納したのもこの時であり、不二孝《ふじこう》の小谷《こたに》三志を村民教化の一助に招いたのもこのころである。横田村の動揺はこの年一杯静まらなかった。十一月十六日から、先生は病気と称して引きこもった。豊田正作は十二月に数日間出府したが、あるいはこの時訴えの事実があったのであろう。

翌文政十二年（一八二九）正月四日、いよいよ先生の出府となった。村役人の大多数は先生に満幅の信頼と好意を寄せていたから、彼ら数名を伴って出府し、藩当局に事情を説明して完全な了解を得たこと、本文の通りである。しかし先生の精神的煩悶《はんもん》はこれによって解決せず、引き続き次章の成田山参籠となるのである。

七、成田山に参籠《さんろう》する

ときに某年某月（文政十二年正月ごろ）、先生は嘆息してこう考えた。

「私が主君の委任を受けてこの地に来て以来、心力を尽してこの村々を起し、この民を安んじようとして、旧復の道を行うこと、すでに数年になる。道理においては必ず旧復は疑いなくできるのであるが、住民のうちの腹黒い者がこれを妨げ、その上私と任務を共にするところの役人も、おのおの偏執《へんしつ》や疑惑を生じて、ついに私を讒訴《ざんそ》するまでになった。陣屋の内にはわが事業をそこなう妨害者があり、外には悪だくみの住民がこれと結託してこの事業を破壊する憂いがある。このようにしていたのでは、いつ三箇村を復興できるか見通しがつかない。ああ、私が不可能だとして退くことはたやすいが、君命を無にすることになるのが申し訳ない。これは思うに、私の誠意がまだ至らぬからである。いやしくも誠意がゆきとどいたならば、天下の何事も成就しないことはないはずだ。」

ここにおいて、ひそかに陣屋を出て総州成田山《なりたさん》（千葉県成田市新勝寺）に至り、三七二十一日の断食をし、上は君意を安んじ下は衆民を救うことを祈誓し、日々数度の水垢離《みずごり》をとって一身を清浄にし、祈念すること昼夜怠らず、二十一日の満願の日に至って、至誠感応、志願成就の示現を得たという。けれども先生は終身この事を言われなかったから、だれもその詳細を知ることができなかった。満願となって始めて粥《かゆ》をとり、一日で二十里の道程を歩行して桜町に帰った。人々は驚嘆して言った。

「どんなに剛強壮健な人でも、三七日の断食に疲労した体では、わずか数里を歩くのさえむずかしいだろう。まして二十里とは大変なことだ。これは普通の者には想像もできない。」

これから以後、領民は自然とその徳行に感じ、小田原から出張の役人も私念がくじけて良法の尊さを発見し、内外の妨害は解消して、本来の事業が始めて発展することができたのである。始め、先生がひそかに成田に行かれたとき、だれもそれを知らなかった。江戸へ上ったのか、またどこへ行かれたかと、陣屋の内でも外でも心配して探したが、所在がわからなかった。先生は成田に着いた日、ある宿屋に行って、

「私は心願があって断食祈誓する者だ。」

と言った。宿屋の亭主が出て、その容貌《ようぼう》が尋常でないのをいぶかり、住所氏名をたずねた。先生は「小田原藩の者だ」と答え、懐中から七十両を出して、あずけた。主人はいよいよ怪しんで、「この人の服装から容貌から、はなはだ粗野なのに、この大金を持っているのはどういうわけかわからない、泊りをことわるのが無難だ」と思い、

「今日は手前共には混雑することがございますので、どうか他の宿屋へお泊まり下さい。」

と言った。先生は、

「止宿を断るならば始めから断るがよい。一たん承知しておいて、そういうことを言い出すの

は、なぜだ。私は心願があって祈念する者だ。何を疑うか。」

と強く言った。その声はつりがねのように大きく、眼光は人を射るように鋭かった。亭主は大いに恐れて謝《あやま》り、泊めることにしたが、引きさがってから、いよいよ安心できず、ひそかに使を江戸にやって、小田原侯の屋敷に行き、この事を告げて、どういう人物かをたずねさせた。小田原藩士のある者がこれを聞いて、「二宮が成田に参って祈誓をするとは、必ず深いわけがあるのであろう」と察し、その使に言った。

「二宮は当藩の者であって、常人ではない。決して粗末にするでないぞ。」

当時大久保公は天下の執権（老中）として、威名諸国に鳴り響いていたから、使の者は大いに恐れて成田に帰り、これを報告した。亭主は始めて安心し、それからは待遇をはなはだ親切にした。

桜町では人を四方に走らせて先生の行く先を探し求めたけれどもわからなかった。そのうち一人が江戸に上って竜ノ口《たつのくち》（丸の内）の老中屋敷に至り、先生が成田山に行って断食祈誓中であることを聞き、急ぎ帰ってこれを知らせた。そこで一同、「だれを迎えに行かせようか、もし迎えに行っても先生がもどられなければ、君公は我々の罪とされるであろう」と心配し、一身を省みてすこぶる前非を悔いる面持《おももち》があった。ついに小路《こうじ》只助《ただすけ》という者が成田に至り、先生に会って言った。

「三箇村ともに、はなはだ先生のおられなくなったことを心配し、これからは万事お指図にたがわず勉励することを誓っています。どうか多くの者の心配苦労を哀れんで、はやくお帰り下さい。」

それはちょうど断食祈誓二十一日目の満願の日であった。先生は快然として野州に帰った。

ある人がこの事を聞き、批判して言った。

「先生の高徳をもって三箇村を興し村民を感化しようとされたのであるが、もとより放逸で恥を知らぬ汚俗は一朝一夕にできたものではなく、どのような仁術を行っても、すみやかに感化することができないのは納得できる。けれども、断食などして仏に祈り誓っても何にもならないことは、馬鹿《ばか》でも知っている。それなのに、才知の高い先生がそのようなことをされたのはどういうわけであろうか。これによって見れば、先生のような方でも、仏説に惑わされるところがあったのだろうか。」

門人（高慶自身か）が答えて言った。

「君子の行うところは、その一端だけを見て論ずることはできない。およそ賞罰によって国郡を治めようとするのは世の常論であるが、桜町三箇村のごときは多年の間に風俗が頽廃《たいはい》して、まるで鳥獣が群がり住むような有様であった。善を賞しようとしても善行者はほとんど稀《まれ》であり、悪を罰しようとすれば一々罰しきれないほど多い。そして先生の仕法の行き方は、みずからの実行によって民を導き、至誠をもってこれを教え、ついに多年染まった汚俗を洗って固有の善に帰せしめ、一人の民をも刑せずに三箇村を再興し領民を安んじようとするのであって、これがその事業の困難なゆえんである。この時に当って、特に、腹黒い住民が教えに従わないばかりでなく、共に再復の命を受けて先生と心を協《あわ》せ力を協せるべきところの役人さえも、先生の功績をねたみ、日夜先生の事業を破ろうとし、村民を扇動し、その上架空の讒言《ざんげん》を行うに至った。これら二つの妨害者の間に立って事を成就しようとするからには、その艱苦は、いかばかりであったろう。最初君命を受けたときから、もし再興安民の事業を成し遂げることができないならば、再び故郷に帰って君に面謁しないとの決意であったに相違ない。先生は度量が広く、この民を安んじ教化するためによいと思われる道は、ことごとく試みられた。あるときは漢学者を招いて聖人の経典を講義させ、またあるときは心学者をして村民に教示させ、あるいは僧侶《そうりょ》をして因果応報の理をさとさせた。しかし少しも教化の補いにならなかった。ここにおいて、天を恨みず人をとがめず、ただ一身の誠意の足らないことを責めるのみであり、一身を責めることの窮極は、ついにその身を死地に置いて一心の不動を試みようとされたのである。天地に誓言して恥じず、鬼神に祈っても差しつかえない。どうして仏教だけを避けるという狭い気持になり得ようか。これは、至誠のしからしめるところであって、もとより常人にはなし得ない事柄である。古人は『精神一到何事か成らざらん』と言ったが、その後は果して同職の者は大いに前非を悔悟し、頑迷《がんめい》な民もその誠心《まごころ》に感じて、妨害が消え去り、ついに仕法の功を奏し、その余沢は四方の民を安撫《あんぶ》するようになった。君子の行うところは君子でなければ知ることができない。どうしてそのように軽々しく先生を批判するのか。」

批判者は「私が間違っていた。」と言った。

補注　文政十二年四十三歳を迎えた正月、出府して事情を陳述してから、先生はその二十日、同行の名主たちを帰郷させ、ひとり静思黙禱《もくとう》の場を求めてあるき、川崎大師や、恐らくその他の神社仏閣をも巡拝して、ついに「不動」の信念を試錬すべく成田に落ち着かれたのは三月中旬であった。旅宿さくらや（後の小川屋）の主人は、急使を出して小田原藩に照会して驚き、待遇を厚くしたが、さきに先生に叱《しっ》責《せき》されたのを苦にして、とりなしを新勝寺の和尚照胤《おしょうしょういん》に頼んだ。これが縁となって先生は新勝寺の別寮に移って断食祈誓し、厳格に勤行《ごんぎょう》して怠らなかった。照胤は学識深い名僧であったが、先生の態度が世常の祈願者に似ず、病気・貧困・栄利など私事私欲のために祈るような気色がないので、祈願の動機をたずねた。先生は桜町復興の悲願を告げ、「天地神明がこの誠心《まごころ》を信《まこと》としないならば死んでも食せず、民を救うことができなければ身を猛火に投ずる覚悟です」と語った。和尚は大いに感服して、「それこそ仏祖の誓願に通うもので、その誠心を持して動かれなければ、どのような障害も除かれ、天下に救い得ない民はなくなるはずです」と言い、清談尽きることを知らなかった。この交友による仏教哲学の知識は、先生必死の思索瞑想《めいそう》の中に融合して、報徳の原理の構成ことにその一円相の理の展開に重要な契機となったと考えられる。特に仏説が一切の衆生にことごとく仏性があるという教から、一切の万象にことごとく徳性のあることを知る因縁を生じ、桜町領民の一人残らずその徳を発揮せしめることこそ仕法の根元であることを知る機縁を得たと思われる。

断食は三月十七日に始められ、四月七日に終った。二箇月間、諸方を捜査して気づかっていた桜町には、まず横山が江戸から来てその所在を告げ、二十三日には成田に行った者が帰って実情が明らかにされた。歌子夫人はこれを聞いて立行《たちぎょう》を始められ、先生の帰陣まで続けられた。二十七日には名主の一人が成田に遣《つか》わされ、続いて小路只助も迎えに行った。四月五日には横山以下多くの名主・村役人が土浦まで出迎えに出た。先生は満願の日、二、三杯のかゆをとり、下駄ばきで帰途を急がれ、翌日着陣されたが、その歩行は、わらじがけの迎えの者が随行するに骨折った位、早かったと伝えられる。

豊田正作は三月二十一日に、すでに江戸に召還されていた。先生は帰着の翌日から領内を巡視して先生の不在中豊田が行った無法な処置につき善後策を講じた。すでに陣屋にも村民にも、一名の反対者はなく、仕法は順風に帆をあげた。四月の末には、夫人は二児をつれて下物井村の茶摘みに出掛ける和《なご》やかさとなった。そして大試錬後の先生の思想と仕法上の様式は次第に整い、報徳式生活様式の体現へと展開して行った。

報徳記　巻二

一、開墾人夫を賞する

あるとき物井村の荒地数十町歩を開いたが、この地が荒れ野となっていたこと七八十年で、大木が繁茂して山林のようになっており、領民の力だけでは及ばなかった。そこで他国の者をも雇って、いばらを払い大木をきって開墾し、数箇月で完成した。このとき先生は、朝は人夫がまだ出ないうちから出て、これを待ち受けて指図し、夕方は人夫が帰ったあとから陣屋に帰り、人夫を使うこと、自分の手足を使うように自由自在であった。それゆえ人夫が五十人であれば百人の働きをし、百人ならば二百人の用をした。人々はみなその工事の迅速なことに感心した。それというのも、民衆に先立って艱苦《かんく》を尽し、それぞれの知愚をはかり、才知のある者は大勢の先に立たせ、愚かな者を分に応じて働かせ、力を尽す者は賞し、怠る者は励ましたからで、むかし名将が士卒を指揮した有様もこのようであったろうと、人々は目を見張った。

先生と共にこの場に出て指図する役人が二、三人あった。ときに一人の人夫が、衆に抜き出て力を励まし汗を流し、努力を極めていた。小田原からの役人はこれを見て大いに感心し、「彼は諸人にまさってこのように努力している。実に奇特ではないか。定めし先生はこの男を賞し、必ず大勢の人夫の励みとするだろう。早く賞すればよいのに。」と心待ちにしていたが、先生は二三度この男のところに来てその働きを見たけれども、一言の賞詞もなかった。その役人は、はなはだこれを疑惑に思った。しばらくしてから先生は又そこにやって来て、声を励まして言った。

「お前は私をだまそうとして、そのような働き方をする、実に不届きだ。私がここへ来れば力を極めて、汗を流して、ひとに抜き出た働きをするが、私がこの場を去れば、きっと怠けるだろう。人の力には銘々限りがある。このように働いて一日力を尽したら、お前は一日でたおれてしまうに決まっている。もしそのようにして一日中筋骨が続くというならば、私が一日中ここに居て試してやろう。どうだ、それができるか。」

人夫は大いに驚いて、地に平伏して、答えなかった。先生は言った。

「お前のような不正直者がいれば、みんなが怠りを生ずる本になる。人をだましてうまいことをしようとするような者は、私のところでは使わない。早く立ち去れ。二度と来るではない。」

村の名主二人が進み出て、謝罪をさせた。人夫は大いにその心得違いを謝《あやま》り、お慈悲を請うた。先生はこれを許した。人々は皆、先生の眼識の明確で、一般の者の見方と違うことを驚嘆した。

別に一人の人夫があった。年はもう六十ぐらいで、毎日この場に来て開墾に従ったが、終日木の根株を掘り続け、人が休んでも休まなかった。人が彼に休めと言うと、老人はこう答えた。

「働きざかりの者は、休んでも一日中にはたっぷり働ける。わしはもう年を取って力が衰えている。元気な者と一しょに休んでいたら、何の仕事もできはしない。」

小田原の役人はこれを見て、

「あの老人が毎日木の根ばかりに掛かり切っているのは、開発の骨折りを人並にするのがいやだからだろう。毎日の働きは他の人夫の三分の一にも及ばない。先生はなぜこのような役に立たない老人をやめさせないのだろうか。言わば明知の一失である。」

と、ひそかに嘲《あざけ》っていた。その後数日で開墾が成就した。先生は領民の労苦をねぎらい、他村の人夫を帰郷させた。この時、この老人夫を陣屋に呼んで、先生みずから彼にたずねた。

「お前の生国《しょうごく》はどこだね。」

老人は答えた。

「私は常陸《ひたち》の国笠間《かさま》領（茨城県笠間市笠間一帯、桜町の東方約八里にあたる。）の村の百姓でございます。家は貧乏でございますが、せがれが一人前になっておりますので、うちの野良《のら》仕事はせがれに任せて、少しでも貧乏の足し前にと思って、旦那様《だんなさま》が開墾なさることを聞いて御当地に参りました。旦那様はこの老いぼれをお捨てにならず、血気の者と同じように仕事をあてがって下され、またみんなと同じだけ賃銀を下さいました。ほんとうに勿体《もったい》ないお恵みでございます。」

先生はそこで十五両（およそ現在の六十万円）の金を与えて言った。

「お前は皆の者に抜き出て丹精《たんせい》の働きをしたから、わずかだが褒美《ほうび》としてこれをやる。」

老人は大いに驚き、その金を押しいただいてから謹《つつし》んで返し、顔色を変えて言った。

「身に余るお情でございますが、私にこのような御褒美をいただくわけがございません。前にも申し上げましたように、老いぼれの力なしで一人前の人夫の仕事ができませんのに、同じように賃銀を下さいました。それだけでも、もったいないことだと存じております。その上いま、いただくわけのない大金の御褒美を下さっては、私の身の置きどころがございません。とんでもないことでございます。私は決してお受けいたしません。」

先生は言った。

「遠慮することはない。私はこの土地を再復するために、多くの人夫を使っている。その人々の実際の働きを見定めないで、いい加減に賞《ほ》めたり叱《しか》ったりはしない。お前の数箇月間の働きを見ていると、一度も自分の力を認めてもらおうとせず、大勢の者はみんな起しやすい所を選んで、争って開き方の多い少いを上の者に見せようとするのに、お前ひとりだけ、みんなのいやがる木の根を掘って、力を尽して怠らなかった。人が休んでも休まず、どうしてかと訊《き》かれれば、年とって力が足りぬから休まないのだと言って、一日中骨を折って、少しも見栄《みば》えのしない骨折りをしていた。お前は、だれでもきらう仕事に力を尽し、木の根を掘り起すこと数知れず、普通の所の開墾に比べれば、その働きは何倍にも当った。そのために開田が非常に早くできた。これは全くお前の実直な働きのお陰だ。それを賞めずに、ほかの者と同じようにして置いたのでは、これから先どうして工事の成績を上げることができよう。お前は家が貧乏なため、他国に出てかせぐのだと言った。それだのに目の前に与えた金さえも辞退した、そのきれいな正直な気持は他人の及ぶところではない。今与える金は、天がお前の正直を哀れんでお下しになったものと思い、早く持ち帰って貧苦をのがれ、老後を養う足しにするがよい。そうすれば私も喜ばしいのだ。」

と教えて、再びこれを与えた。ここにおいて老人は先生の言葉に感動し、涙は着物をぬらし、合掌拝伏して、ろくろく謝礼の言葉も出ず、再三金を押しいただいて故郷に帰って行った。小田原の役人も村民たちも、始めて老人が並々の者でなかったことを知り、先生の善人を賞する手厚さと、その心中の明敏さとに驚嘆したという。

二、横田村の名主円蔵をさとす

横田村は衰貧が最もはなはだしく、民家は昔の半分しか残っておらず、昔の田地は荒れ果てて原野のようになり、貧民は今日の暮しのみちも尽き果てていた。先生はこれを恵み愛撫《あいぶ》するにあらゆる方策を講じ、そのすべては至誠であった。名主の円蔵という者は、先祖は由緒《ゆいしょ》のある家筋で、連綿としてこの横田村に相続すること幾百年か知れず、細民と共に衰貧に陥ってはいたが、まだ生計のみちがないほどには至らず、性質も才知があるとは言えないが実直で私曲がなかった。このような旧家であるから、住んでいる家がひどく破損し、その上傾いたので、新しく建て直そうとしたが、貧しいため建てることができず、多年心にかけてようやく材木を求めて建てようとしたところ、二十両足らないので望みを果すことができなかった。そこでこれを先生に頼んだ。先生はさとして言った。

「お前の村は衰廃貧困も極度になっている。名主たるものは、このことを嘆き悲しんで、自分のことなど考える暇がないのが当然である。それを、何の暇があって自分の家を作り楽々と住もうと考えたのか。大間違いだ。およそ名主のつとめは、一村の長となって村民を指導し、よくこれを治め、不正直な者は厚く教えて正直にさせ、邪悪な者は戒めて正しい道にもどらせ、農事に怠る者は励まし、貧しい者は恵み、身に頼りのない者を哀れみ、小前《こまえ》（小農）の者まで法度《はっと》を守り汚俗に流れず、もっぱら農業に出精して年貢《ねんぐ》を納め、一村の憂いのないようにさせる、これが名主のつとめである。お前は祖先以来代々名主となり、一村の盛衰安危は皆お前の一身にかかっている。そうして今、村民は怠惰に流れ衰貧が極まり、あるいは潰《つぶ》れあるいは離散し、土地は荒れ果てて戸数もわずか数十軒となり、それさえ極貧であって永続の道がなく、租税は減少して領主の用が足りない。広い野州の中でもこれほど亡村に等しい村も少かろう。いまお前がこれを取り直そうとしなければ、どうして名主をつとめる資格があるか。一村がよく治まり、土地が開け、小前の者まで豊かになったら、その功績は名主のものである。土地が荒れ果て、小前の者は潰れ、貧困が迫り、人心が乱れるならば、それは名主の罪でなくてだれの過ちであるか。御領主はこの有様を憂えて数年力を尽し、旧復の方法を講ぜられたがその効果がなく、ついに小田原へ嘆願せられ、小田原侯から興復の道を尽されたが、いよいよ衰弊に流れて、引き立つしるしも現われなかった。私が君命を奉じて出張して以来、荒廃を興し民を恵み、昼となく夜となく肝胆を砕いて再復の道を施し、上《かみ》は君命をはずかしめず、下《しも》は村民を安んじようとするほか他事他念のないことはお前もよく知っている通りだ。殿様が下民を哀れまれる御恩はこれほど高いのに、村の名主たるお前がぼんやりそれを知らぬような顔をしているのは、どうした心持なのか。いやしくもお前に誠の心があるならば、上《かみ》殿様の御仁沢をわきまえ、旧来名主として村民を哀れみ撫育《ぶいく》するような行いもなく、亡村にも等しい衰廃におとしいれた過ちを悔いて、おのれの家産をも減じて節倹を尽し、小前の者に先立って貧苦に甘んじ余財を産み出し、それによって荒地を開き小前の者の飢寒をも救い、一村再復の道に力を尽し、殿様の御心労を安んじ名主の使命を達しようと、このようにこそ願うべきであるのに、何事ぞ祖先以来の家をとりこわして新しく家作をし、一身の安住だけを企て、なお不足の金を借りてまで望みを遂げようとするのは、過ちの上の過ちではないか。もし殿様がお前の行いを御覧になれば、どうして忠義の心とせられよう。村民からこれを見れば、だれしも恨みを生じ、だれしもその不心得を誹《そし》るにちがいない。お上から不忠のお咎《とが》めがあり村民一同から誹られては、たといどのように立派な家を建てても、どうしてそこに安住することができよう。いまお前の家が倒壊したというのであれば、住む所がないからやむを得ないが、たとい昔の家で損じ傾いているとは言え、倒れたのではない、住めば住めないことは決してない。小前の者の家を見よ、一日も風雨をささえることができないものさえある。お前の家などと比べものにもならないのだ。

しかし、私に不足の金を借りに来なければ、私もお前の不心得を教える暇がなかったのだが、私に求めに来たから、幸いその過ちをさとすのだ。私の言葉が、もっともだと思ったならば、すぐにそれをやめよ。そして、私から借りずに、仮に二十両借りたものとして、今から五年の間に返金せよ。もし家作をやめた平生の家計で返金がむずかしいくらいならば、多額の費用を使って家を建てたあとでは、返金がいよいよむずかしいに決まっている。返金ができないことを知りながら借りようとするのは、私を欺くものだ。家を建ててもなお返金が容易だというのなら、建てずに返金するのは何でもないことだ。ためしに、借りずに返納だけせよ。そうしているうちには、お前自身では村民を救い荒地を起すことができなくても、私が興してやるから、お前が力を添えて興したということになる。名主たる者は、小前の者に先立って艱難をなめるべきが務であるから、小前の者が安堵《あんど》することができたならば、それからお前の望みもかなえてやろう。そうすれば村民の恨みの生じようがなく、だれもお前の行いを非とするものはないのだ。しかし、もしこの言葉に従わなければ、お前は人望を失い、恨み言《ごと》が起り、一家を保つこともむずかしくなるだろう。」

円蔵は大いに感激し、すぐに建築をやめ、先生の教えに従って金を借りずに毎年返金を納め、さらに業を励んで利息をも納め、のみならず屋敷内の竹木を切り、これを売って代価を納め（すべて仕法の資財とし）た。後年、横田村が全く復興し、零細な者まで恩沢に浴し、一人として安らかに居住できない者がないようになったとき、先生は、領邑《りょうゆう》四千石中最大一の家を建てて円蔵に与えた。経費百有余両、彼は大いに喜び村民も共に喜んでいささかも恨み嫉《ねた》みの心がなかったのは、始め円蔵が借りない借金を返した殊勝の行いによるものである。先生はさらに新しい家を建て、円蔵の子弟二人に与え、分家二軒を立ててやった。円蔵は感嘆すること限りがなかった。実に彼は、ひとたび先生の教えに従って不朽の大幸を得たのである。先生が凡夫を導いて感激憤発せしめ、正道を踏み、過ちを改めるに至って、大いに仁恵を施し、すべての人をしてことごとくその所に安んぜしめるやり方は、往々このようなものがあった。

補注　天保五年（一八三四）に建てられたこの横田宅は現存している。その入口の戸に節穴が一つあいている。これは先生が毎朝回村の折、のぞいて、母親との喧嘩《けんか》の有無をしらべるため特に明けられたものであった。円蔵母子はあるとき気がついてその穴をふさいだ。先生は大いにそれを叱《しか》って再び明けさせたが、それから母子の間は至極円満になったと伝えられる。

三、物井村の岸右衛門を導き善行をさせる

物井村の百姓に岸右衛門という者があった。少し才知があり、吝嗇《りんしょく》で強情な性質であった。先生が桜町陣屋に到着以来、日夜艱難《かんなん》苦行を尽し、衰えた村々を興し民衆を安んじようとするのに、これを嘲《あざけ》り、そしり、村民が先生の徳になつくことを妨げた。そして自分は大きなことを言い、三味線をひき歌をうたい、再復の仕法に反する行いをして年月を過ごすこと、七年に及んだ。先生が寛大を旨としてこれを戒めないのは、彼が自然におのれの非を知り、みずから後悔する時が来るのを待たれたのであろう。しかるに、先生の丹誠活動は月を重ね年がたつにつれていよいよ厚く、功績は次第にあらわれ、良法の良法たる事実が明らかになって来たから、岸右衛門は考えた。──

「以前、小田原からこの地を再復するために出張して来た者は幾人もあったが、一年を待たずにあるいは辞職しあるいは逃走した。二宮氏が命令を受けて来たけれども、きっと前任者の失敗をくりかえすだけで、たといどのような仕法を下しても、この土地の再興が成就すべき道はあるはずがないと思っていた。ところが、もはや七年にも及び、丹誠はますます厚く、功験は日々に著しくなって来た。おれがこのような仕法に刃向ってぐずぐずしていると、三箇村の再興が近年中にできて、罪人の破目《はめ》に陥ることは見え透《す》いている。今のうちに早く前非をあやまり、復興の事業に力を尽し、後々のほまれを取った方がよい。」

そこで人に頼んで、岸右衛門が仕法に感じ、尽力したいと願っていると言わせた。先生は彼の旧悪をとがめず、喜んでその願いを許した。岸右衛門は陣屋にやって来て、「先生の指図に従って丹誠を尽します」と言った。先生はこれに対し、仕法の大意と人倫の大道を教えた。岸右衛門は始めて広大の道理を聞き、大いに感激し、これから毎日村に出て指図に従い、土木工事の先頭に立って、もっぱら力を尽した。けれども村民たちは彼の従来の人となりを卑しんで、その言葉に耳を借さないので、岸右衛門ははなはだこれを憤り、悶《もだ》えた。先生は岸右衛門にさとして言った。

「お前は前非を改めて上《かみ》は君のため、下《しも》は村民のために尽力しているが、一般の者にその本意がわかるはずはない。そこで、およそ人のむずかしいとするところは私欲を去ることである。お前が私欲を去らないかぎり、人はお前を信用しない。」

岸右衛門はたずねた。

「お教えに従って欲を捨てるには、何を先にしたらよいのですか。」

先生は教えて言った。

「それは、お前の貯えておいた金銀・家財道具を差し出して困窮民救助の費用とするのだ。また田畑もことごとく売り払って代金とし、これも差し出すがよい。私欲を去って私財を譲り、村民のために力を尽すとすれば、人間の善行としてこれより大きなものはない。人の人たる道で、おのれを捨てて人を恵むより尊いことはないのだ。ところがお前の従来の行いは、ただ自分が利益しようとするのに余念がなかった。自分が利益しようとして他を顧みないのは鳥獣の道である。およそ人と生れて一生鳥獣に等しい行いをするのは、悲しむべき限りではないか。いま私の言葉に従って鳥獣の行いを去り、人道の至善を行うならば、お前の心は私欲の汚れがこれで清浄に帰り、村民たちもまたこれを見てその行いに感心し、お前を信用するようになること、決して疑いがない。」

岸右衛門は悲喜こもごも至り、決心がつかなかった。一方ではこの良い道を踏みたいと思い、一方では一家がすたれることを心配したからである。先生はさらに教えて、

「お前が決心できないわけは、一家を失い、父母妻子を養う道がなくなることを心配するからではないか。お前が一途《ず》にこの善の道を踏もうとして一家も田畑も抛《なげう》って非常の行いを立てるようになったならば、私として、お前たちが飢渇して死ぬのをどうして見のがしにできようか。お前にはお前の道があり、私には私の道がある。三箇村の興廃は私の一身にかかっている。無頼のものが自業《じごう》自得で一家を失うようになったのさえ、教化撫育《ぶいく》を尽してこれを再復し、安堵《あんど》させる。しかるに今お前が、上《かみ》は君のため、下《しも》は村民のため、旧来の家株《いえかぶ》を抛って撫育の道を行うときに、そのような奇特の者を道ばたで飢え死にさせたのでは、私の三村復興の務が立たぬではないか。私はただ、これだけ言ってもお前が一心の私欲を去ることができず、生涯《しょうがい》鳥

獣と同列にいて、空《むな》しく朽ちてゆくことを嘆くだけだ。」

と、愁然《しゅうぜん》として、いつくしみ哀れむ心が面持《おももち》にあふれた。岸右衛門はこの一言に感じ、意を決して答えて言った。

「先生は私を哀れんで、君子の行いを教えて下さいました。この大きな恩義、たとえようもありません。すぐにお教えに従って、この人道を踏みます。」

そして直ちに家に帰り、この道を父母妻子に説いた。家族は大いに驚いて、なすところを知らず、泣き叫ぶ者まであった。岸右衛門は疑念がわきおこり、「女子供が言うことをききませんので」と、人に頼んで先生に言わせた。先生は嘆いて、

「これは岸右衛門の一心にあるのであって、女子供にあるのではない。岸右衛門の心が目の前の欲に掩《おお》われているからなのだ。ああ、小人はもとより君子の行いを実践することはできない。このような者に教えたのは私の過ちであった。」

と、溜息《ためいき》をつかれた。使いの者は帰って岸右衛門にこれを告げた。岸右衛門は深く心に感じて、

「全くおれの心が定まらないためだ。何も家族の反対のためではない。」

と言い、断乎《だんこ》として田畑を売り払い、家財道具を売却して、百余両を持って陣屋に来て、

「私のような者には到底撫育《ぶいく》の大道を行うことができません。どうぞその代り、これを先生の

撫育助成の資財に加えて、村民を撫育して下さい。」と言った。先生はその志を賞《ほ》め、その願いに応じた。そして岸右衛門に、「お前は今日から全力をあげて荒地を起せ」と命じて開墾に従事させ、先生も人夫を使って開発を手伝わせ、たちまち数町歩の田を開いて、これを岸右衛門に与え、こう教えた。

「この開墾田はお前がこれまで持っていた田地よりまさったものだ。今年からこの田を耕すがよい。もとの田は五公五民であって、産米百俵ならば租税高掛《たかがか》りに五十俵を出さねばならぬ。この開墾田は百俵できれば百俵ともお前のものとなり、七、八年たたなければ租税を出すに及ばない。お前は租税のかかる田地を捨てて困窮民を救助した上、無税の田を得た。これを耕せば一家の生産は以前の倍になるだろう。これこそ両全の道と言うのだ。」

岸右衛門は始めて先生の処置の深遠なことに驚き、大いに喜んで力を尽した。外には村民の信頼を得、内には以前に倍する幸いを得たのは、みな先生の良法によるものである。

補注　岸右衛門は性格の強い面もあったが熱心な不二孝《ふじこう》の仲間で、文政六年（一八二三）仕法着手の時から度々表彰を受け、年末には年貢一年間免除・領主直書の褒賞も得ている。文政十二年、先生行方不明の際は、有志一三名と共に出府して仕法継続を嘆願した。以後仕法世話掛りとして長く活躍、天保五年（一八三四）には一代名主格を申し付けられた。

四、凶年に当り厚く救荒の道を行う

天保四年（一八三三、先生四十七歳）の初夏、気候が不順で、梅雨が長く続いてやまなかった。先生がある時なすを食べると、その味が常と異なり、ちょうど秋のなすのようであった。それで箸《はし》を投じて、嘆いて言った。

「今、時節は初夏だというのに、これがもう秋なすの味をしているのは、ただごとでない。これによって考えれば夏の陽《よう》の気が薄くて、陰《いん》の気がすでに盛んになって来ているのだ。これでは米が豊熟できるはずがない。今のうちに非常の場合に備えておかなければ、民衆は飢渇の災いにかかるかも知れない。」

そこで三箇村の住民に触れを出して言った。

「今年は五穀が熟作できない。今のうちに凶荒の備えをせよ。一戸ごとに畑一反歩ずつ租税を免除するから、すみやかにひえをまき、飢渇を免れる種にせよ。うっかりしていてはならない。」

民衆はこれを聞いて笑い合い、

「いくら先生が知恵があっても、前もって豊年か凶年かわかるわけがない。一軒ごとに一反歩ずつひえを作ったら、三箇村ではおびただしいひえになるだろう。どこにそれを貯えるのだ。それにひえなどいうものは、長年貧苦が迫ってもまだ食ったことがない。今これを作ってみても食えはしない。してみれば無用の物ではないか。たとい人に与えようとしても、だれももらい手がないだろう。つまらないお触れを出したものだな。」

と嘲《あざけ》った。しかし租税を免除して作らせるのであるから、これにそむいたならば必ず命令違反のとがめがあるだろうと、やむを得ずにわかにひえを作り、無益のことをさせるものだと、恨みに思う者さえあるほどであった。

しかるに、真夏になっても降雨が多くて冷気がみなぎり、ついに凶歳となり、関東奥羽の飢民は数を知らなかった。この時に至って、三箇村の民はひえによって食糧不足を補い、一人として飢えに及んだものはなかった。そこで始めて、先生が明察によってあらかじめ凶作を観測し、領民を安んじようとした深い意図を知り、自分たちの知恵の浅はかであったことを悟り、無益のことだと言って命を救うお触れを嘲ったのを後悔して、大いに先生の徳をたたえた。

翌五年になると、先生は再び触れを出し、

「天道の循環には一定の年数があって、飢饉《ききん》となるのは遅くて五六十年、早くて三四十年目には必ず凶荒が来るものである。天明年間（天明四年＝一七八四）以来を考えると、近いうちに飢饉が来るであろう。去年の凶荒はひどくなかったから、勘定に入れるに足りない。必ず今一度大凶荒が来ること、近年中である。お前たちは真剣にこれに備えよ。今年から三年の間、畑の租税を免除すること去年と同様にする。どの家も、よく心を配ってひえを植え、前もって飢饉の憂いを免れるようにせよ。もし怠る者があれば、名主はこれを見届けて私に報告せよ。」と命じた。三箇村は、去年の「先見の明」に驚いているし、飢渇の災いをのがれたことであるから、つつしんで命令に従い、肥培を尽してこれを作った。このようにすること三年、三箇村のひえの準備は数千石に達した。天保七年（一八三六、先生五十歳）になると、五月から八月まで冷気雨天が続き、真夏というのに北風は膚を切るように寒く、常に着物を重ねる有様であって、大飢饉となり、実に天明の凶年よりもはなはだしい所があった。関東八州・奥羽では、飢えるものがおびただしく、餓死者は道路に横たわり、道行く人は悲しみに打たれ、顔を掩《おお》って通り過ぎる有様となった。この時に当って、桜町三箇村の住民だけはこの憂いを免れた。先生は三箇村を戸ごとに回り、無難のもの、中難《ちゅうなん》のもの、極難《ごくなん》のものと三段に分け、老少男女を選ばず一人あて雑穀をまぜて五俵ずつとし、その数に満たぬ者には補い与え、一戸五人ならば二十五俵、十人ならば五十俵、十五人ならば七十五俵を備えるようにさせた。貧者は豊年でもなおこれほど豊かな暮しをしたことはなかった。先生は村民をさとして、

「今年は、飢饉のために飢渇死亡を免れない者が幾万人であって、まことに悲痛の至りに堪えない。それなのにお前たちは、このように処置したがため一人も飢渇の憂いがなく、平年のようにしていられる。これでいい気になり、楽々とすわって食ったりしていては、神仏の冥罰《みょうばつ》が恐ろしいぞ。お前たちは世人の飢渇を思いやり、朝は夜明け前から起きてなわをない、毎日

田畑に力を尽し、来年の肥しの支度《したく》を十分にし、夜は又なわをない、むしろを打ち、このようにして来年十分の作を得たならば、どの家もいよいよ永続の根元となり、天災が変じて大きな幸いとなるであろう。決して怠ってはならない。」

と教えた。三箇村の住民は大いに感動し、もっぱら家業を勤めて、さらに一段の幸福を得たのであった。

補注 天保四年の民間の貯蔵穀類は三、三七六俵余、天保七年には三、七四二俵余であった。

凶作予知に関しては、天保七年六月十六日附で小田原藩士横沢雄蔵へあてられた書簡に次のような見解がある。すなわち、当年の天候と不作の模様は、昨年御出張の節すでに、陰陽の理に基き、円相によってお話ししておいた通り、昨年は、秋から日照りが続き、その上数度の地震、冬の暖気と、陽が三つ重なったから、いずれ今年の夏は雨天冷気と陰が重なるべきは天理の自然で、今さら驚くことはない。当年は大豆・小豆・芋が少々良いだけで、棉・ごま・陸稲などは全滅、水稲も水・肥料・早植えと条件のそろったところのほかは、植えつけたまま、あるいはそれよりも悪くなっており、これから先天候が手で作ったように良くても、ようやく天保四年ぐらいのみのりになれば上々で、それも今までの模様ではむずかしいと思われる。しかしどのような不作になっても桜町領内だけは他領よりもしのぎが立つから安心されたい。という趣旨である。

五、三箇村、十余年で全く興復する

先生が野州へ着任してから、千慮百計をめぐらして復興安民の良法を布《し》き、あるいは荒地を開きあるいは潰《つぶ》れた家を興し、困窮民を救い、家屋を与え、衣食・農具・家財道具を施し、善人を賞するには多額の財を用い、心の正しい者を挙《あ》げ用いて心の曲った者は差し置き、悪人や不正直の者が自然におのれの非を改めて善行を踏むように仕向け、人道を教え、精農に導いた。その処置がそれぞれ至当であったから、ついに戸数は増し農民の力が大いに進み、荒地数百町が開け、むかし四百有余の戸数によって耕作した田畑を、今は民力の勉励により半数に満たぬ戸数によって耕作しながら、なお耕地が少いとこぼすほどになり、長年の困苦を免れて、始めて心を安んじ、生業を楽しむことができるようになった。人心は大いに和《やわ》らぎ、人の憂いを聞けば共に憂い、人の幸いを聞けば共に喜び、思いやりの気分が湧《わ》き起って、すこぶるよく人倫の道をわきまえ、隣家は親しみ、人々は睦《むつ》み和らいだ。始め良法の開始以来、これを破ろうとする妨害が百方に起り、七年の間、一間進めば半間退くといった有様で、いつになったら成功する時が来るだろうかと、心を悩ますこと限りがなかったのであるが、その至誠に感じて、鬼神もこれを助けたのであろう、八年目になって民心は一変し、大いに長年染まった汚俗を洗い落して、淳朴《じゅんぼく》実直の気風に化し、三、四年の間に右のような功業が完成したということである。

ここにおいて先生は、百姓永続の道を図った。むかし盛んなころ四千石の租税として三千余俵を出したが、これは瘠薄《せきはく》の地の租税として度を越えている、そのためにこのような衰廃の極に立ち至ったことを考察し、田地の等級に応じて、その産米の数量を調査し、妥当自然の租税を定め、むかしの七掛けの税率で二千俵を定額とし、それによって宇津家の分度を確立した。これはその始め、小田原侯の命令を受ける時に当って、この土地の自然の税額を予測して申し出た数量である。人々は、先生の明知了然として、始めによく終りを計られたことを驚嘆した。宇津家は衰時の倍量の租税を得て大いに喜び、領民もまた、むかしの税額より千余俵を減ぜられた莫大の仁恵に感動し、ますます耕作に力を尽し、家ごと、人ごとに満足するようになった。積年の先生の丹誠により三箇村は衰廃を免れ、村内にこわれた家はなく、田に草むらの残ったところもなく、五穀は生《お》い茂り、耕地の境界は正しく整理され、道路は砥石《といし》のように平らで、水路の浅深も宜《よろ》しきを得ていた。他国の旅人がこの村に差し掛かれば、輝くような美観に驚き、野州・常州（栃木・茨城両県）にたぐいのない、富裕の良い土地とほめたたえた。功績は四方にとどろき、他国の人民もみなこれを手本とし、また衰邑《すいゆう》再興の仕法を請う者も数を知らず、隣国の諸侯も礼を厚くして領中再興の道を求めた。先生はもとよりその任ではなく、かつ暇もないからとてこれを固辞した。

補注　桜町の第一期仕法は、契約通り天保二年（一八三一）に結了した。これまでに投じた仕法資財は一万二千余両に上り、収納は約二千俵、畑方《はたかた》を合して優に契約以上の成績をあげた。住民の人口増加を見れば、

文政四年（一八二一）	一五六戸	七二二人
文政九年（一八二六）	一五六戸	七六九人

天保三年（一八三二）一六四戸　八二八人
天保八年（一八三七）一七三戸　八五七人
嘉永六年（一八五三）一八八戸　一、一〇三人

となって、仕法の後半期以後から加速度的に増加した跡が見える。宇津家の分度は、先生の指導により天保元年（一八三〇）の始めに確立せられた。収納米千五俵中二百数十俵を飯米とし、三百俵を一家仕法の財源とし、残額に畑方の収納金を合して、約三百五十両をもって一年の分度とした。このため領主や夫人の小遣いを始め、衣食住万端にわたって相当強度の緊縮生活となったが、注目すべきは、用人給が四両から三両（初年度は一両二分）に減じたのに対し、女中は総計三分が二両に、中間《ちゅうげん》は同じく四両が十六両一分に、飛躍的に増給されていることである。この分度は厳守せられ、翌年から年々余剰を生じた。

　第一期仕法の完了当時、田租二千俵、畑方百三十八両に増加し、実力は三千俵とも見なされうるようになっていたが、それでも宇津家は四千石の家格を維持することができない。そこで天保二年から五箇年間、仕法年限を延長し、その間仕法余財の蓄積によって基金をつくり、将来その金利で不足額を補うこととした。これが仕法の第二期である。以後天保四、七年の凶作があって、積立は予想通りに行かなかったが、天保九年（一八三八）宇津家に引き渡したとき、分度外の米八千五百四十三俵、金二百十両に達していた。領主は天保八年から出仕することができるようになり、その後の生活は順調に進展した。

　仕法引継の後も、先生の一族は陣屋内に在住し、宇津家の役人が出府するようなときには、しばしば先生の子息弥太郎が事務をとり、息女の文子が代筆で用を済まし、何事によらず先生に相談が掛けられたから、事実上領内の行政はなお先生の手中にあった形であるが、民情は実に太平無事で、天保十三年（一八四二）の書簡によれば「何一つ願出で等もこれなく、米金小物成《こものなり》御上納の儀も相触れ申さず候えども日限を違えず相進み申し候、農業の儀とても別段出精仕り、」とあり、さらに翌年には「弥太郎一

人にて取扱い、何一つ差支えござなく、まして公事《くじ》訴訟願い事などは御承知の通りござなく」という状況で、当時二十三歳の弥太郎尊行氏が、一人で三箇村の村長から書記に至る用務をとっていたのである。

二宮家と桜町との関係は、先生の真岡・日光への移転等にもかかわらず、先生没後まで続けられ、重要な仕法上の事柄は一々その指導によって決した。宇津家は嘉永五年（一八五二）末、先生に対し三十年間の恩義に酬いるため、永代年々高百石を贈進することを、領主の長文の謝恩状に添えて申し出たのであった。

さて、第一期仕法完了の天保二年（一八三一）正月、先生は大久保忠真公に十年の成果を復命する機会を得た。この時、公は日光参詣に際し、桜町に手芋を求められたが、先生は雪中に六十本を得て、登山献上した。帰途、忠真公が結城《ゆうき》（茨城県結城市）に一泊されたとき、先生は村民代表と共に奉伺し、桜町復興の次第を報告したが、これに対し公はその労をねぎらわれ、「手戻りなき様」戒められると共に、「そちの方法は論語にある『徳をもって徳に報ゆ』という行き方であるな」と言われたと伝えられる。先生の思想用語「報徳」は、これに示唆《しさ》を得て急速に熟成することとなった。

天保五年（一八三四、先生四十八歳）には賞を受け徒士格《かちかく》に進められた。翌年忠真公から「誠は天の道なり、これを誠にするは人の道なり、云々」の句を大書して賜わった。同七年には桜町興復行賞があり、先生もさらし木綿七反を賜わった。

六、無頼の農夫を導く

仕法進行の初期のことであるが、物井村の農夫なにがしなる者は、無頼《ぶらい》の性質で、大酒を好み、ばくちにふけり、利欲に心を奪われ、人と争い家業を怠り、貧困も極まっていた。まことに諭《さと》しようのない悪人であった。あるとき先生は、陣屋で使う下男を、物井村の百姓なにがしの家に使いに出した。下男は途中この男の便所に行った。柱は腐って傾き、こもを垂れて壁代りにし、竹で倒れそうなのをささえてあった。下男がうっかりこの竹に触れたので、たちまち便所がひっくりかえってしまった。なにがしはこれを見て大いに怒り、

「どこのだれだ、おれの便所をこわしたのは。けしからんやつだ。」

と罵《ののし》った。下男はあやまって、

「わしは二宮様の下男で、この村に使いに来たのです。あんたの便所を借りて、粗相して倒しました。勘弁して下さい。」

と言った。彼はますます怒って、

「貴様は二宮の下男なのか。それならなおさら勘弁できぬ。人の便所をぶちこわすとは乱暴狼《ろう》藉《ぜき》というものだ。思い知らせてやるから。」

と、六尺棒をふりあげて打とうとした。下男は驚いて陣屋に走り帰った。彼はそのあとを追い掛け、「逃がすものか」と大声で呼ばわりながら陣屋に来て、

「おれの便所をぶちこわした狼藉者を出せ。」

と罵った。大勢の者が出て来てこれをさとし、下男の過ちをわびたが、いよいよ憤って、だれ彼の区別なく棒をふるって打って掛かった。先生はこの騒ぎを聞き、「どうしたわけか」と

たずねた。ある者が「これこれです」と答えた。先生は、

「その男に私が会おう。ここへ連れて来なさい。」

と言った。そこで彼は先生の前に出た。怒気ますます盛んで、

「おれの便所があんたの下男にこわされたんだ。百姓に便所がなくて一日も農業ができるものか。無道の者に村民の便所を乱暴させるとはどういうわけだ。おれにあいつを渡して下さい。十分に腹いせをしてやるから。」

と言った。先生は落ち付き払って言った。

「お前の便所をこわしたのは下男の不届きだ。しかし何もこわそうと思ってこわしたのではない。もう倒れそうになっていた便所だからこそ、不注意で倒したのだろう。便所だけがそんなのではあるまい。母屋《おもや》も定めし破損があろうと思うがどうかね。」

「もとから貧乏だから、母屋も大変いたんでいるが修繕することができない。こういう貧乏人が便所をこわされたんだから腹がたってたまらないんだ。」

先生は言った。

「私の下男がお前の便所をこわしたのだから、すぐさまそれを普請《ふしん》してやろう。そのついでに、母屋も新しく作ってやろうと思うがどうだ。」

彼は愕然《がくぜん》として驚き、怒気はたちまち消散し、平身低頭して言った。

「あなた様が私のような者を哀れんで、新しい家を建てて下さいますとは、これほどの仕合せはございません。」

先生は、

「ではお前は家に帰ったならば、こわれかけた家をとり除き、地形《じぎょう》の手配りをしなさい。私がすぐにも大工にいいつけて家作してやる。そうすれば下男にも恨みはなかろう。下男がこわしたのが縁でこの幸いが来たのだから、いわば下男も恩人だろう。」

と言って笑った。彼は大いに恥じ入って家に帰った。それから先生は、みずからその場に臨んで指図し、大木良材を使って長さ八間横三間の新しい家を作り、ほかに小屋や便所まで作って彼に与えた。彼は大いに喜び、前非を悔いること骨髄《こつずい》に徹し、その恩を感ずることははなはだ深く、一生の間人々にこの事を物語って涙を流した。そしてみずから大酒を戒め、ばくちをやめ、農業に力を尽し、数年来の窮乏を免れ、富裕の良民と化した。三箇村の住民はこれを見て大いに感じ、先生の寛大で情深いことをたたえ、汚れた気風が一変して農業出精の道が行われるようになった。先生がその人物に応じて恩沢を施し善に導くこと、往々このようなものがあったという。

奥州標葉《しねは》郡（福島県双葉《ふたば》郡の一部）の代官の某《ぼう》なる者がこのことを聞き、大いに嘲《あざけ》って言った。

「二宮の道は大道でなくて小道というべきである。悪人に大恩を与えるならば、どうして勧善懲悪の道が行われよう。これでは一人に対しては行えるが、万人に行うことができない。聖賢の道は万人に対して行うべき大道である。ゆえに、このような小手細工を用いるのは聖人の道を知らないためである。」

ある人はこれを聞いて「高論である」といって大いに感心した。後にこの代官某は、ばくち打ちに金五両を貸してその行いを改めさせ、美名を取ったという。これは表では嘲り、陰では先生の行いをまねたのである。

著者はこう考える。何と融通のない代官の言葉であろう。およそ聖人が民に対して、その旧来の汚れを去って固有の善に帰らせるには、すべて先生のようにするのである。そして、その汚れを去って善に帰すために、臨機応変の手段があってならぬはずはない。なおまた、人を導くにはまずこれを教え、従わなければ次に刑罰を用いる、とせられているが、この刑罰なるものは、聖人は仮に悪を消滅させる手段としてかかげるだけで、刑は刑無きを期するというのが、行刑の最善なるものである。物井村の農夫に至っては、悪賢くてにわかに教えを施しても効のないことを先生は知っておられた。ゆえにまず恩を施してこれをなつけ、感激反省して改心するようにさせ、その一人の悪人を感化することによって三村の民を皆善に帰せしめられた。これが大道でなくて何であろう。かの代官は浅学でもとより先生を知るに足らない。その言葉に感心したある人のごときは論外である。

七、辻・門井二村の名主をさとす

常州真壁《まかべ》郡辻《つじ》村（茨城県真壁郡関城町辻）の名主を源左衛門と言い、同郡門井村（協和町門井）の名主を藤蔵と言った。二村共に旗本斎藤某《ぼう》（鍬太《くわた》）の領邑《りょうゆう》であった。斎藤氏は経済不如意《ふにょい》で負債が多く、領邑に命じて今年のうちに来年分の租税を先納せしめ、その上時々御用金と称して下民の財をしぼり取ること限度がなかった。これがため、二村の住民は困難貧苦に堪えないで他国に逃亡し、戸数は減少し土地は荒れ果て、衰貧の極に達した。名主たちはしばしば哀れみを領主に請うたが許されず、豊年でさえ青息吐息《といき》の有様で、隣近所の村々でもこれを見て同情悲嘆してやまなかった。名主たちは村民大衆を倒して君の求めに応ずるに忍びず、自腹を切ってそれを補ったが、領主の費用はいよいよ不足を生じ、飽くことを知らぬ要求は、やむ時がなかった。源左衛門と藤蔵は大いに君の不仁、無慈悲を恨み、こう語り合った。

「名主というものは村民を安んずることを務としている。それでしばしば貧しい村民のために哀れみを請うて来た。けれども領主は情知らずで、二箇村からしぼり取ること限りがない。衰えた村の、貧しい住民の米と金で、どうして限りのない求めに応じられよう。我々が小前《こまえ》の者と一しょに滅亡してしまう日も遠いことではない。ところが、二宮先生は桜町三箇村の衰廃を興して、住民を撫育《ぶいく》されること、父母が子供を恵むようだという。早く桜町に行って、物井村の村民となれば、ゆくゆくの繁栄は疑いがない。早く苛酷《かこく》な支配の苦しみをのがれて、仁恵深い人の領民となる方がいい。」

そこで二人そろって桜町に来て、無道な領主の下に立つ瀬がないことを嘆き、物井の村民にしていただきたいと願った。先生は深くこれを哀れみ、二人にこう教えた。

「お前たちの今日の不幸は実に哀れむべきであるが、先祖代々居住の地を去ってここの村民になろうと求めるに至っては、大いに道を失っている。今から私が、臣民たるものの道を教えよう。およそ上君《かみ》となり、下臣民《しも》となっている両者は、本来一つのものであって二つのものではない。ちょうど一本の木の幹や根と、枝葉と離れないようなものだ。だから根本が腐れば枝葉だけ無事ではいられず、枝葉が枯れれば、根本も無事ではいられない。お前たちが数百年来君は君となり民は民となって平穏無事に相続して来たのは、一朝一夕のいわれではない。祖先以来の主恩をふりかえってみて、大きいと思うか小さいと思うか。果して大きいならば、お前たち一代の力を尽してそれに報いても、どうして百分の一も報いることができよう。しかるに今恨みの心をいだいているのは、ほかでもない、君は君、民はおのずから民だと思い、利を主として義を忘れ、財だけを見て恩を顧みないからである。だから領主の艱難《かんなん》に当って君の憂いを憂いとせず、ただその要求をのがれようとばかり計っている。どうしてこれが難に当って臣民の義を尽す道といえよう。

また、万物には皆ことごとく盛衰がある。天地間の森羅万象は数限りもないが、一つとして自然の盛衰存亡を免れるものはない。国にも盛衰があり家にも盛衰があり、人にも盛衰がある。それゆえ盛んなものは必ず衰え、有るものは必ず無くなり、生きているものは必ず死ぬ。これが天地自然の道である。してみれば、お前たちの領主の家ばかり、盛衰なしではいられぬ。お前たちの村ばかり盛衰なしではいられぬ。お前たちの家ばかりが盛衰を免れることはできないのだ。お前たちの領主の家も、以前には必ず盛んな時があったろう。だから今衰えるべき時期がめぐって来て費用が足りない。そこでやむを得ず領邑から取って不足を補っているのだ。領主が盛んなときは領邑も盛んであり、領主が衰えるときは村々もまた衰える。君が富めば恩沢は下《しも》に及び、君が困窮するときは下民もその憂いを受けるのは、ちょうど枝葉が枯れ果てて根もまた腐るようなものである。ゆえに忠臣良民は君の艱難に当っては身命を抛《なげう》ってその憂いを除き、先祖代々の高恩に報いようとする。力が及ばなければ死して後已《や》むのである。米麦や家財は言うに足りない。いま、領主が恵み哀れむ心が薄く、強欲でむさぼり取るとはいいながら、領邑以外に求めるところはない。ゆえに領邑の物を取り尽してしまえばその求めも必ずやむだろうことは、薪《たきぎ》が尽きて火が消えるようなものである。お前たちは時の運勢を知らず、また祖先以来受けたところの大恩を顧みてこれに報いようとの心がなく、薪を抱いて火に向い、火の消えるのを求めるようなものである。早く抱いている薪を火の中に投じてしまえば、薪が尽きて火の燃えようがなく、君の要求のやむだろうことは、何の疑いもない。それだから、家財・田畑一物も残さず君に差し出してその不足を補うがよい。けれども君の所行《しょぎょう》を恨む心があって差し出すならば、それは誠心《まごころ》のこもった行いではない。従来の報恩を旨として、君家のためのみを計り、所有の田畑・家屋・器財をことごとく売り払うのだが、その代価が低ければ君の利益が少なく、価が高ければ君の利益が多い。ゆえに心を尽して高価に売り払うのだ。これが君主の家の衰えたときに当り、まさに臣民の行うべき常道である。一家の存亡も必ず自然の命数があってのがれることができない。お前たちの家が滅びる時が来ているのだ。とすれば、たとい道理を知らず、策略によって一たん君の求めを免れたとしても、子孫に無頼《ぶらい》の者が出るに及んで必ず家を失うであろう。子孫の無頼のために失うよりは、君の艱難の一助として、良民報恩の道を行うがよい。いやしくもこのようにすれば、神明もこれに感じ、人もこれを哀れみ、後に必ず廃家再興の時期が来るであろう。これまた自然の道理なのだ。もしこの善行をせずにみずから滅びるのを待つことは、君と財利を争い、家を滅ぼし、恩を知らぬ無道の者となり、君もまた下民を虐《しいた》げるという汚名をあらわすようになる。まことに嘆かわしい限りではないか。

お前たちはこの二途のうち、いずれを正当とし、いずれを不当とするか。もし私のすすめる道が正しいと思ったならば、すみやかに財産を差し出して、それから領主にこう嘆願するのだ。

――『いま、お家の艱難に当りまして、報恩のために力を尽してお台所の不足を補い、御領主の御苦心をも安んじたいと念願いたしましたが、貧民の微力のこととてそれが叶《かな》いません。そこで、いささか報恩の一端に当てるにも足らないのでございますが、私どもの衣類・家財・田地に至るまで残すところなく売り払いまして、なおそれにはわずかなりとも代価を多くして少しでも余計にお台所の足しにいたしたいと存じまして、四方をかけまわって高価に売り払いまして、これを献上いたします。けれども御領主の御難儀は、どうしてこればかりの金で補いがつきましょう。私どもは二箇村の名主として、村民たちに先んじてお家のために家株を廃してこれを差し出しました。村民たちもこれにならって次第に家をつぶして差し出すことは疑いありません。しかし、御領主あっての領民であり、領民があって御領主もまた御安泰なのであります。ゆえに二箇村の民がことごとく退散するようになりましては、田地が荒れ果てて租税の出るところがなく、お家の災いがますます深くなるではありますまいか。これが私どもの悲嘆に堪えない事柄であります。仰ぎ願わくは御領主の賢明をもって行く末繁栄の道をおはかり下され、先君への孝道を全うせられますならば、私どもの大きな喜びは、これに加えるものがございません。そして、今一家を抛《なげう》って君命を奉じました以上、明日から道路に立って乞食《こじき》することも、もとより私どもの甘んずるところでございます。しかし御領主がもし私どもを哀れまれ、御領内に居住することをお許し下さいますならば、有難き仕合せでございます。極窮《ごくきゅう》で飢寒を免れぬ身ではありますが、数百年来代々君恩に浴して相続して参りましたので、いかにも名残惜《なごり》しくて故郷を去るに忍びません。それゆえ村民の家を借り、その余った田地を耕して、永く主君の御領地に居住したいと願うのでございます。』と。

領主がこれを許したならば、その善心がおのずから発動して永安の道も生ずるであろう。そうすればお前たちも村の余った田を耕し、あるいは荒地を開いて、心力を尽して農業をするがよい。必ず天の恵みを得て、もとのように相続する道が開けるだろう。そうしたならば、よく勉め、よく慎んで、いよいよ君恩を忘れてはならない。

しかし、もしそのように嘆願しても領主が許さなかったならば、これはいたし方がない、君民の道が尽きたのである。そこでどうしてもやむを得なければ、妻子とともにこの村へ来なさい。もと十石を所有していたならば、十石持ちの民とし、五十石を持っていたならば、五十石の民とし、百石の所有だったならば、必ず百石分の田地を与え、以前に持っていたところの家財に至るまで、ことごとく整えてやろう。およそ天下の人民がおのおの領主に仕えて田を耕し、租税を納め、一家を経営するのに、その主君がたとい無道であっても下民としてこれを恨むべき道はない。しかるに恨みの心を起して家財を持って逃亡して来た者を受け入れ、この地の住民とするときは、その領主に対して信義の道が立たない。のみならず、衰運に際会し、まさに滅びようとする原因を抱《いだ》いて来る者は、たといどのような幸福を与えても、その原因が尽きず、再び災害がしきりに襲来して、廃亡に及ぶことは、天理自然で疑いがない。だから私は、そのような者を受け入れないのだ。しかし、領主の憂いを憂いとし、報恩のために良民の道を尽し、一家一物も余さず君にささげ、一身を容《い》れる余地がなくなってから来るのであれば、まさに滅びようとする因縁が消滅している。ゆえに新たに幸福を与えるならば必ず再栄すること疑いない。その領主もこのような良民を捨て去り、領内の居住をも許さないほどならば、この地の住民となっても一向差しつかえはあるまい。お前たちはこの道理を了解し、断然私心を去ってこの道を行うがよい。もし私の言葉を疑って実行することができず、主君と家財を争い、君を恨んでおのれを正当とし、わざわいを免れようと企てるならば、数年を待たずに必ず亡びるであろう。決してこれを疑惑するでない。」

二人はこれを聞いて感動し、その教えに従いますと言って帰った。その後源左衛門は私心を去ることができず、領主を恨み、財を出さなかったので、領主に放逐され、ついに家を失って他国に走った。藤蔵はこの教えを尊信して、君命が来たならば、時を移さず残らず家株を差し出そうとしていた。時に、ある者が御用金督促の命を受けて門井村に来たが、藤蔵の誠意を聞いて命令を伝えずに帰り、その後再び来たときも命令を発することができず、藤蔵は一家亡滅の禍《わざわい》を免れ、今に至るまで一家を保全できるようになった。

ある人がこのことについて、

「先生が未然を察して教えを下され、いささかも相違のなかったのは、どうしてですか。」

とたずねると、先生はこう答えた。

「大風が起れば、木に触れて、揺り動かしてやまないが、その木を伐《き》ってしまえば、いくら暴風でもこれに触れることができないのは、自然の道理ではないか。易《えき》に、『同声相応じ同気相求む。水は湿《しめ》れるに流れ、火は燥《かわ》けるに就く』とある。あの領主は強欲でその要求は飽くことを知らなかった。源左衛門は私の言葉を用いず、欲をもってこれに応じた。だから滅亡を免れなかった。藤蔵は欲を伐《き》って少しも私念がなかった。だから、さすがの強欲もこれに触れることができないで、家を保つことができたのだ。自然の道理は、過去と未来とを問わず、おのずから明らかである。どうして間違いがあろうか。」

補注　門井は桜町の南方約二里、辻はさらにその東南一里半の所にある。斎藤鍬太の領地は、この二箇村のほか、附近数里の間に散在する五箇村で、いずれも数戸ないし十数戸の貧弱な村であり、高七四五石、もとの戸数合計六四、それが減少して三八となっていた。領主は多年の財政難のため領民から先納・先々納の名目で取り立て、その不納は債主の訴訟となって名主・村民一同が罰せられ、窮乏はその極に達していた。領主の借財は天保六年（一八三五）、二三〇〇余両の巨額となり、領民の財産全部を売り払っても三〇〇両に足らぬと称せられていた。ここにおいて、桜町・青木村の仁政の効果を聞き伝えた領民は、仕法依頼を領主に懇願した。領主及び他の仕法村の名主等の懇請により、先生は次のような仕法案を立て、領主の承諾を経て、翌七年からこれを実行に移された。

すなわち負債総額二一八八両余のうち、二八一両余は棒引きとし、一〇五二両余は四三四両余に減額して即時返済し、残り八五五両余は年賦償還とするよう債主と協定し、報徳金五三七両余によってこれを遂行する。租税総額は金として二二七両余、このうち約一〇〇両を日常経費とし、残り一二七両により年賦金及び報徳金の償還にあて、六年間にこれを完了し、次の四年間に荒地を開発し、都合十年間で領主領民ともに安泰を得る計画であった。

天保七年は大凶作であったが領内一人の餓死者もなかった。ところが領主はやや安心すると共に奢《おご》りを生じ、ことに仕法及び分度生活の意義を理解していなかったから、翌八年にはさらに約二〇〇両の報徳金を借り、九年にも不足を唱えて先生に要求したが、容《い》れられなかったので、怒って領民に無道な要求をした。最初から仕法の交渉を引き受けていた辻村の源左衛門は、板ばさみになって進退きわまり、ついに逃亡して行方《ゆくえ》不明となった。この時村民は、すでに先生の指導により、自力復興のため、あるいは山林を売り払い、あるいは老若男女とも朝晩なわないをし、零細な報徳金を積み立てること二三両余に達していた。村民はやむを得ず、この金をもって領主の要求に応じたのである。実に暴政は虎よりも残虐である。この件に関し、門井村の藤蔵も罰せられざるを得ない状勢となり、一時先生に身を託して桜町に転住した。本文の記事はこの前後のことであろう。

しかし先生の指導するかぎり、領主の家政整理は進展し、天保六年から十年までの間に、一五〇〇両の減借となった。ゆえに予定の十箇年を待たず完了する状勢であった。ところが領主は分度生活に堪えかね、天保十年にも更に経費増額を要求し、領民を搾取し、乱罰し、その年の末、報徳仕法の打切りを申し出た。先生は斎藤の態度を慨嘆しつつこれに応じた。その後領民の困苦はさらにはなはだしく、斎藤の家計も困難を増した。領主及び領民はしばしば再度の仕法を懇請したが、先生はついに応じられなかった。主たる者の理解と決意がないかぎり、仕法の効果は期することができないのである。

八、青木村の衰廃を興す

常陸《ひたち》の国真壁《まかべ》郡青木村（茨城県真壁郡大和《やまと》村青木）は、高八百五十石余で、幕府の旗本川副某《かわぞえぼう》（勝三郎）の領邑《りょうゆう》であった。往時は幕府直領で、野州芳賀《はが》郡の真岡《もうか》代官所の管轄に属し、元禄《げんろく》年間（一六八八―一七〇三）には民家百三十戸、すこぶる繁栄富饒《ふじょう》であったと称せられる。宝永年間（一七〇四―一七一〇）に至って川副氏の領邑となった。村の西北に桜川という川があった。この川に堰《せき》をして青木・高森両村の用水を取っていた。ところがこの堰の左右両岸も水底も、みな灰のように細かい砂で、少しも岩石がなかったから、木や石を遠い所から運搬して、縦横に大木を用いて築造しても、大雨洪水《こうずい》が来ればたちまち細かい砂と共に流失して、用水は枯渇し、耕作できなくなるのであった。幕府直領の当時は、破壊のたびに人夫三千余人を諸村に課し、経費数百両をもって築造していた。しかし宝永年間以来は、一村の民力ではこれを修築することができず、田地耕作のすべを失い、民心は投げやりとなり、良田も荒れ果て、怠惰賭博《とばく》を常として、家々は窮乏の極、ついに四方に離散するようになり、民家にごく近い田でさえ茫々《ぼうぼう》たる野原と化し、葭《よし》・茅《かや》・荻《おぎ》・萩《はぎ》の類が繁茂して、きつねやうさぎがそこに住む有様であった。天明年間（一七八一―一七八八）には野火が茅を焼いて民家に延焼し、これがため三十一戸が灰燼《かいじん》になった。ここにおいて村はますます困窮し、わずか二十九戸（実は三九戸）が残ったが、これまた貧困で暮しが立たなかった。あるとき遊歴の者がこの村を通り過ぎた際、茅の中から炊事の煙が立つのを見て一句を吟《ぎん》じた。

家ありやすすきの中の夕烟《けむり》

この句によって亡村に等しい衰廃ぶりを推察することができる。租税も僅少《きんしょう》で、川副氏の困窮もはなはだしかった。

村の名主を館野《たての》勘右衛門と言った。廉直・篤実な性質で、村が衰えて廃墟《はいきょ》になろうとするのを大いに憂い、再復の道を考えめぐらしたが、貧村の力ではどうすることもできなかった。しかし、桜町陣屋を去ること（東南方）わずか三里の所であるから、先生の良法や三村再興の事業を聞いていたので、村民を集め、さとして言った。

「この村の衰廃は、もうどん底をついている。これはただ村民の力が足らないためばかりでなく、桜川の堰がこわれて全村の用水を失ったため、水田がことごとく草むらになって、どこの家でも耕作ができない。それで衣食が欠乏して往々身代限りをし、夜逃げをしてゆく者が出て来たのだ。今のうちに衰廃再興の道を計らなければ、八百石の村は滅亡してしまうにきまっている。と言っても、私は知恵もなし、力も貧弱で、何をどうすることもできない。ところが、いつか聞いたことだが、物井村の陣屋においでの二宮先生は、相州小田原侯の命令によって桜町に来られ、数年のうちに三箇村を復興し、領民をかわいがることは父母がその子を育てるようだということで、その事業には、だれでも感動せずにいられない。

そこで、私が物井に行って再興の仕法を嘆願すれば、先生は情深いお方だから、哀れに思って取り計らって下さらぬとも限らない。果して御承知があれば、このこわれた堰もなおせようし、荒地も開かれようし、村民一同の困苦ものがれられるだろう。しかし先生は、まるで鏡のように、ひとが誠意か不誠意かを見抜かれるそうだ。だから懇願に行った者が、ほんとうの真心でなければ、百度嘆願しても断じて承知されない。だからこの願いが叶《かな》えられるかどうかは、先生の気持によるのでなくして、当村一同の一心にあるのだ。みんなの考えはどうか。」

村民は答えて言った。

「もとより望むところです。すぐに嘆願しましょう。」

勘右衛門は言った。

「私らの請願だけでは、相対ずくのようで先生のお許しがあるはずがない。御領主からの依頼がなければいけない。」

そして、すぐに出府してこの件を川副氏に具申した。川副氏は大いに喜び、時の用人《ようにん》並木柳助に命じ、直書《じきしょ》をしたためて依頼させた。柳助と勘右衛門は村民を率いて桜町に至り、一村再興の仕法を請うた。時に天保三年（一八三二）である。先生は暇がないからとて断った。村民はしばしば請うてやまなかった。そこで先生は、

「お前たちの村の衰廃が極まったのは、ただ用水がなくなって農業を勤めることができなくな

ったというだけではない。用水がなければ、どうして従前の田を畑にして、雑穀を沢山とって暮しを立てないのか。人命を養うものは水稲だけではない。百穀はみな命を養うものである。それなのに、用水が乏しいのを口実にして、良田を草むらにして顧みず、ばくちばかりして、他人の金を借りて一時の困窮をしのごうとしている。これが、家々がどん底に陥ってついに離散する原因ではないか。一体ばくちというものは、金持でさえ、先祖伝来の家株を傾け、くつがえすまでになるものだ。まして貧乏人がこのような悪業をするからには、滅亡が余計早められるほかはない。また、用水がないからとて良田を荒らして、衣食がないのを苦にしているが、そもそも田畑は衣食の本である。その根本を捨てておいて、ほかに衣食を求めるのは、ちょうど井戸をふさいで水を求めるようなもので、いつになっても得られる道理はない。耕作に力をこめ、よく肥しをして怠らなければ、畑の有利なことは田にまさるものだ。なぜなら、水田は一作だけだが、畑は二毛作ができるからだ。お前たちも百姓を家業としている以上、もとより畑の有利なことを知らぬのではない。知っていてしかも耕作しないのは、ほかならぬ、その労苦をいとい、怠惰を旨とし、働かずに米や金をむさぼり取ろうとするためである。私の方法は、節倹によってむだな費えをはぶき、余財を産み出して、ひとの艱苦を救い、おのおの家業を勉励し、労苦を刻み、終身善を踏み行って悪業をせず、勤め働いて一家を全うするにある。家々がこのようになれば、貧村も必ず富ますことができ、廃亡の村里でも必ず復興再盛に至るのである。ところがお前たちの村のごときは、私の再興の道と正反対だ。その困苦はまことに哀れであるが、自業《じごう》自得で、よそからどうにもしようがないのだ。お前たちは二度とここへ来るでない。」

と教えさとした。勘右衛門は涙を流して泣き、

「村民の無頼なことはまことに仰せの通りでございました。けれども今、一村再興の大業を請願するに当りましては、旧来の怠惰を改め、無上のお教えを受けて、身を粉にして働き、艱苦に堪えて再興の大業に従事しようと、誓約した上で嘆願に参ったのでございます。どうぞお聞き届け下さいますよう。」

と言った。先生は言った。

「無頼の習慣がすでに久しくついている。今一時の約束をしても、どうして長年その気持が続くものではない。人情として、困苦に迫られれば骨の折れる仕事もいとわないが、少し望むことが叶《かな》って来ると、たちまち怠惰の心を発し、むかしの弊風が再び起るものだ。お前は到底、後日そういう憂いが出ぬとは請け合えまい。一たん再興の大業を起しながら、後になって廃棄するくらいならば、むしろ始めからやめた方がよいのだ。」

村民は、どのような苦行にも堪えますからと言って、嘆願してやまなかった。そこで先生は言った。

「衰えた村を興すということは、実にむずかしいことだ。お前たちが、現在やりやすいことさえやらずにおいて、むずかしいことをやろうというのは、間違いではないか。今そのやりやすい事柄を教えよう。お前たちの村では、目の前の良田さえ荒れ果てて、葭《よし》や茅《かや》が生《お》い茂り、冬になると野火が茅を焼いて、そのために民家が焼け失《う》せること、しばしばだという。たとい田を開いて耕作するほどの力がなくても、この茅を刈るぐらい何のむずかしいことがあろう。それなのにこれを刈らずにおいて家まで灰燼《かいじん》にし、他国にさすらい出るとは、愚の骨頂ではないか。一村再興のことはしばらく差し措《お》いて、まず火災の本である茅を刈るがよい。刈り終ったならば私に使いみちがあるから、相当の代価でそれを買ってやろう。お前たち、それができるかどうか。」

そこで村民は喜んで帰村し、男女老若みな未明から出て、わずかの日数で（三日間）千七百七十八駄を刈り終り、先生に報告した。先生は人を遣《や》ってその数を点検させ、その代価を普通の相場よりも高く払ってやった（総額一四両三分一朱二六文＝現在の米価で換算約五九万三千円）。村民は多額の銭を得て大いに喜び、従来これを刈らずに焼け失せるにまかせ、火災にまでかかったことを後悔した。先生は言った。

「民家の屋根は完全で雨漏りなどしないか。」

村民は答えた。

「どの家も貧乏のどん底で、今日の衣食も満足にありません。どうして屋根をふき替えることができましょう。ですからどの家も破れて漏ることはひどいもので、雨降りの時は昼も夜も落ち落ちいられません。」

「では私が民家の雨漏りをなおしてやろう。村の神社やお堂、お寺はどうか。」

「家々でさえそのような有様ですから、とてもそこまで余力が及ばず、破れて漏ることは特にひどいものです。」

先生は言った。

「神社や堂寺は一村守護の神仏が安置してある所だ。それがそのような有様では、どうして村民の繁栄する道があろう。早速、ふき替えを要する家の数を調べて、くわしく書いて来るがよい。」

村民は二つ返事で引きさがり、家屋の調べを持って来た。先生は物井の名主その他に命じて、青木村に出かけて、すみやかにふき替えをさせた。数日のうちに社寺も民家もことごとく新しくふき終った（社寺七、民家二五、経費一五両三分余、米一五俵余）。近所の村民から往来の者まで、目を驚かすほどになった。青木の名主も村民も、意外の恩恵を喜び、桜町に来てその恩を感謝した。先生は言った。

「村中の社寺も民家も、ことごとくふき替えて雨漏りの憂いがなくなり、また火災の危険も免れて、安住することができるようになった。しかし私の仕法などは、到底お前たちの行いうることではないから、必ずやめるがよい。」

しかし村民は、

「丸つぶれ同様の難村に再興の幸福が得られるようになれば永久の安楽で、これに越したことはありません。御仕法中の艱苦は決して堪えられないことはありません。どうか村中一同の困苦を哀れまれ、再復の御仕法をお施し下さい。」

と懇請してやまなかった。先生は言った。

「村中の田がことごとく荒れている。これを開かなければ衣食を得られるはずがない。お前たちはこれを開拓することができるかどうか。もし全村が憤発して開墾したならば、私も力を尽して難場《なんば》の堰《せき》を堅固に造り、用水を十分にしてやろう。」

そこで名主その他の者は大いに喜び、「開拓などむずかしいことではない、ただ用水がないので困っていたのだ、先生の深いお考えで、あの潰《つぶ》れ堰が完成することになるなら、早速開墾にとりかかろう」と、こおどりして村に帰り、このことを告げた。老幼男女みな歓喜して、ただちに開田に勉励し、数箇月とたたぬうちに長年の荒地を大半開墾してしまった。ここにおいて先生は始めて青木村に行かれ（天保四年三月三日）、家々の勤惰や風俗を観察し、開発の完成したのを見て言った。

「このように早く開拓のできたことは、実に村ぢゅうの憤発によるのだ。先日までの怠惰もお前たちであり、今日の勤勉もお前たちである。人は同じで、勤と惰と、まるで黒と白のように反対になったのは、努力するのと、怠《なま》けるのと、二つの相違から来たのである。善悪も、貧富も、盛衰も、存亡も、みなこれと同様である。だから富の道を行えば必ず富むし、貧の道を行えば必ず貧乏する。ただ村民の行いによって禍福吉凶の差が生じて来るのだ。いま旧来の怠惰を改め、このように力を尽して、末永く勤労を失わなければ、村の再興は決してむずかしいことはない。では先日の約束通り、難場の堰を築いて、十分の用水をこの開田にそそげるようにしてやろう。」

名主も村民も、欣喜《きんき》雀躍《じゃくやく》してその高恩を感謝した。先生は村の水理を熟視し、桜川の水勢を視察し、それから東の山に登って、山の中央を掘って岩石を見いだした。そこでただちに村民や隣村の者を集め、急いで木や石を運搬させた。そして人夫にさとして言った。

「造築を迅速にしなければ、いつ雨が降って水が出るかも知れない。もし途中で出水のために流失してしまえば、それまでの苦労はたちまち水の泡《あわ》になる。だから非常な努力によらなければ成功しない。それで、人夫の賃銀は一日米一升二合、銭二百文（現在の千二百円程度）が相場であるが、今度の工事はふだんと違うから、一日金二朱（五千円程度）を払おう。力が足らない者は半日の働きで一朱やる。もし怠けて働かない者があれば、働く者の妨げだから、即座に立ち退《の》かせる。半日の働きもできないような者は人夫には加えられない。」

人々は喜んで、指揮に従って大いに勉励し、東の山から岩石材木を桜川の両岸に運搬し、日ならずしてこれを終えた。先生はまた命じた。

「川幅一ぱいに屋根を作り、それを茅《かや》で葺《ふ》け。」

人々はなぜかわからず、水の上に屋根を作って堰を作らない、妙なことをするものだと、ひそかに笑う者もあった。水上の屋根ができ上がった。先生は言った。

「だれか屋根の上にのぼって、つないである縄《なわ》を切って水の中に落せ。」

人々はみな驚きおそれて、だれ一人応ずる者がなかった。先生は言った。

「何を遠慮してのぼらないのだ。」

人々は同音に答えた。

「川の上に屋根が縄でつないであるのです。いまこれを断ち切れば、屋根と一しょに川の中に落ちこみ、生きるか死ぬか知れません。」

先生は、むっとして、

「お前たちが危いというなら、私がのぼって切る。」

と言うが早いか屋根にのぼり、なた《ヽヽ》をふるって数箇所の縄をたち切った。その迅速なこと飛ぶようであった。屋根は一揺れして水中に落ちた。人々は愕然《がくぜん》としたが、先生は落ちついて屋

根の上に立ち、

「お前たちはこれが危いという。私がどうしてお前たちに危いことを言いつけるものか。」

と言った。人々はみなその考え違いを詫《わ》び、ますます先生の非凡な知慮の、測り知れぬことを感じた。先生は言った。

「お前たち急いで両岸の木や石を屋根の上に投げよ。」

人々は力をあわせて大石や大木を投げ終った。それから石工に命じてその上に堰を作らせた。大小二つの水門を設け、少しの出水には小門を開き、大水のときには両方とも開いて洪水の憂いがないようにさせた。茅ぶき屋根で両岸と水底の細かい砂を閉塞するから、水は少しも漏洩《ろうえい》しなかった。古来このような堰を見ない。遠近から人が見物に集まって来て、大いにその奇抜な構造と神速な成功を驚嘆し、凡知の及ばないところだとほめたたえた。始め人々はみな、「この工事は五十日しなければ竣工《しゅんこう》できない」と言っていた。しかるに着手してからわずか十日ほどで完成した（三月七日から十七日まで。附属工事が二十四日まで）。ゆえに往年百余両を費さなければ出来なかったものが、その半ばも費さずに出来て（人夫一三〇三人、茅一二四四駄、米一七三俵、金六〇余両）、しかも堅固無比であった。以来数十年（弘化二年に改築するまで十年間）、しばしば洪水《こうずい》があったが、びくともしなかったのである。

ある人が先生にたずねた。

「古今全国の用水堰は、幾千万とも知れぬ数ですが、屋根を作って水を防いだものは聞いたことがありません。一体どういうわけでありますか。」

先生は答えた。

「川底も両岸もみな細かい砂で、もとより木や石では持ちこたえられないわけだ。およそ水を防ごうとして堤防を築いても、蟻《あり》の穴からでさえ破壊するようになる。そこで私は、茅《かや》ぶきの屋根が雨水を防いで漏らさないからには、流れる水も防げぬ道理はない、と考えた。そこでこういう堰を作ったわけだ。」

先生が事に臨んでそれ即応の術を施される神算は、このように窮まりがなかったのである。

はじめこの工事を起したとき、ふんだんに酒と餅《もち》とを用意して、

「酒が好きな者は酒を飲め。酒がきらいな者は餅を食え。但し酒を飲みすぎてはいけない。酒を飲みすぎると仕事ができぬ。半日働いてやめようと思う者は、一朱もらって家に帰って休むがよい。」

と言った。人夫たちは大いに喜んで労苦を忘れた。当時、人はこの工事を呼んで極楽普請《ごくらくぶしん》と言ったのであった。

さて、ここにおいて用水堀をさらえ、新しい堀もつくり、水をそそぎ入れた。水は全村の田に充満し、余りは隣村高森村の田にも及んで、ひでりに夕立があったように、住民は大いに喜

んだ。それから孝悌《こうてい》・篤実・善良な民を選んで投票させ、当選者を賞し、貧民を恵み助け、道を作り橋をかけ、農馬や農具を与え、負債を償却し、人倫の道を教えさとしたから、村民は長年染まった悪風を洗って純厚な気風と化し、奢侈《しゃし》怠惰を改めて、もっぱら勤業節倹を行い、開墾に従事した。そこで百年の荒廃もことごとく開け、産米はおびただしく、家々は多年の窮乏の底からのがれ、租税も従って増倍し、上下ともに富裕となることができた。天保七年（一八三六）の大飢饉には、先生は男女老幼の別なく、一人につき雑穀を合わせて五俵ずつ与え、村民の食糧を平年よりも豊かにさせた。村民は大いに感銘し、ますます家業に励んだ。遠国の流民も集まって来たので、これを保護助成して人口を倍加し、一村全く旧復したという。先生の良法の下るところ、みなこの通りであるが、もとより拙文で詳細を尽すことができず、実にその概略だけを記したのである。

補注　青木村は近隣十箇村と共に旗本川副勝三郎の所領である。その仕法は、他領における最初の報徳仕法として顕著な成績をあげたが、その後、領主の分度が定まらないため、永安の道を確立することはできなかった。

仕法の嘆願は、早く文政十一年（一八二八）から行われたが、天保二年（一八三一）の末、名主勘右衛門以下三七人の連名で願書を出し、一同桜町に出向いて本文のごとく熱誠をこめて嘆願し、その結果茅の刈取り、屋根の修理となり、それが終ったのは天保三年（一八三二）二月である。それから荒地の開発が急速に行われたが、この年の末に至るまで、領主からの依頼がなかったので、先生はやむをえず、その夏、人夫と費用を出して本文にある堰の仮工事を行わせた。

天保四年（一八三三）二月に至り、並木柳助は領主の正式書状を携え、村役人を引き連れて仕法を依頼した。先生は宇津家の例にならい、文政六年から天保三年まで（一八二三―一八三二）の平均収納米八五俵余、金三三両余を租税定額とし、余財は仕法金にあてる契約の下に、仕法を承諾した。初期には先生から多くの報徳金を貸し付け、逐次開発の余財でこれを償った。四年三月の実地検分、堰工事以後、仕法は順調に進行し、天保七年（一八三六）の凶作も安楽にしのぎ、九、十年ごろに第一期の仕法は大体成就した。同十一年（一八四〇）には開発反別約三〇町歩となり、十四年（一八四三）には戸数は六二軒に増加した。

ついで川副氏の懇願により、同領加生野《かよの》村（茨城県新治《にいはり》郡八郷町の内。高七五五石、戸数一四）の借財償還仕法が、天保十年から十二年まで（一八三九―四一）行われた。

仕法完了とともに青木村の美名は一時にあがったが、その後村民は安心感からややむかしの弊風を発し、旧百姓と新百姓の間に紛争を生じ、また日光御社参の費用に悩み、領主や用人の態度も思わしくなかったので、ついに大さわぎとなって、村民大挙して江戸に出訴し、解決せぬこと数年に及んだ。名主勘右衛門も手の下しようがなく、先生も領主の不誠意から仕法打切りを主張されるほどであったが、良民の嘆願により天保十四年（一八四三）村民一同を桜町に招致して説諭を加え、紛議を解消された。しかし訴訟中の浪費のため村民は疲弊し、総計一五五両の借財を生じていた。この借財償還が第二期の仕法であるが、領主が前年に課した先納金、なお弘化三年（一八四六）屋敷類焼による復旧費などを合すれば、負債総額は六〇〇両に達した。仕法は先生の指導に従い、勘右衛門以下の加入金、領主の下附金、桜町からの加入金等を本とし、教化表彰の法によって進められ、荒地の開発、堰の修理なども行われ、弘化五年（一八四八）まで順調に実施せられた。

しかし、領主川副氏の分度が確立していなかったから、青木・加生野両村の租税を定額としたためかえって財政困難となり、仕法の趣旨の無理解と相俟《ま》って、しばしば先生の意図にそむいた。そして嘉永元年（一八四八）先生の多忙のため仕法を領主に引き渡してから、仕法金・冥加金《みょうがきん》の納入も怠りがちとなり、先生は自治的な永安の方途をも考案せられたが、ついに永安法が行われず、有終の美をなすまでには至らなかった。

九、青木村の貧民をさとす

（前章の通り）青木村は衰廃が極まって、再復の仕法を先生に請うた。先生はこれをことわること三年に及んだが懇願はやまず、艱難のためほとんど亡村になろうとするのを悲しんで、やむを得ず再興の仕法を施した。

あるとき、老人子供を連れて他国に逃げ出そうとする者があった。先生はこれを見抜いて、「お前は今この土地を立ち退《の》こうと考えている。しかし、およそ人情として故郷を思わない者はない。しばらく他国に行っても、早く家に帰りたくて夜も昼も落ち付けず、遠路の旅の苦労もいとわずに村に帰って、始めて安眠できるのではないか。その上、この村は幸福自在の土地である。それなのに、先祖代々の家株を捨てて故郷を出ようとするのはどうしてか。」

とたずねた。その男は答えた。

「貧苦には迫られるし、借金を払うことはできず、それにその催促がやかましくてたまらないので、本当に仕方がないからです。何も好きこのんで、家株を捨てて故郷を立ち退くわけではありません。」

先生は言った。

「全く、お前の心持には同情する。で、私は今お前に唐鍬《とうぐわ》をやろう。この鍬によって貧苦を除き、借金を返し、富裕を得るがよい。何もこの土地を去るには及ばない。それに、この村にはお前の屋敷もあり田地もあって、それでもなお一家を保つことができないのに、他国に行けば屋敷があるわけでなく、田地があるわけでない。どうして一日の生活をする道があろう。ただ道ばたで飢えて、倒れ死ぬのを待つばかりだ。」

貧民は言った。

「お言葉ですが、たった一挺《ちょう》の鍬で富を得て借財を返せるくらいなら、何もこのようなどん底に落ちはしません。」

先生はさとして言った。

「お前は富を得る道を知らないために困窮したのだ。およそ天地の運行は一刻も間断がない。それゆえ万物が生々発展してやまない。人がこれを手本として、お天道様の運行のように、間断なく勉め励むならば、困窮を求めても得られないのだ。お前は色々の難儀はあったにしても、つまりは農耕の努力が足らず、怠惰に流れたからこそ、ついに窮乏に及んだのだ。今から私の教えるところに従って、一挺の唐鍬でこれまでの荒地を開墾し、老人子供は起し返した田地の草の根を振るうがよい。そのようにしてこの鍬のこわれるまで力を尽したならば、必ず多数の開田ができる。そこでいよいよ出精してこの開田を耕作すれば、数年たたぬうちに富になれるだろう。なぜならば、今お前が所有している田地を売り払い、その代金で借財を残らず返却すれば、借金は一ぺんで消えてしまう。そして新しく開いた田地を耕せば、これは十年から十五年も無税である。だから、その産米は皆お前のものになる。いったい既耕地の収穫は、半分は年貢《ねんぐ》や高掛《たかがか》り（反別割りのようなもの）になってしまうのだ。その租税のかかる田地を売って借金を償い、租税のかからない田地を耕すならば、求めないでも必ず富を得ること、疑いない。これが、唐鍬一つで富裕を得られるというわけなのだ。このような安心自在の村里に生れながら、これを捨てて他国に走り、安楽な土地を出て危い土地に行こうとは、何と愚の骨頂ではないか。」

貧民はしばらく考えていたが、ややあって大いに悟り、喜んで言った。

「お教えに従って一生懸命やります。」

先生はすぐに唐鍬を与えた。そこで彼は既耕地を売って負債を償い、一家をあげて開墾に尽力し、年々多額の産米をあげ、積年の貧苦を免れて富裕を得た。村民もこれに感心して互に勉励し、これがため一村の開墾もすこぶる早くできた。先生が教諭を下して、怠惰を改めて精業と化し、貧しい者に富を得させるやりかたは、往々このようなものがあったという。

著者が思うに、青木村のごときは、衰頽《すいたい》の極と言うべきであった。先生が深慮遠計によって、適宜の措置を講ぜられなかったならば、どうして窮乏飢餓を免れることができたであろう。そして先生がよくこの村民を純厚にし、その土地を開発せられ得たからには、天下にもとより感化できぬ民も、開墾できぬ土地もあり得ないこと明らかである。名主の勘右衛門がこの村にあったのは、たとえば蓮《はす》が泥中《でいちゅう》にあるようなものであった。もし勘右衛門がいなかったならば、先生もどうして良法を施すことができたろうか。古来事の成否は、要するに当事者の人物に存する。小さな村さえその通り、まして大きな国においては、なおさらのことである。

報徳記　巻三

一、烏山の円応和尚《おしょう》、教えを請う

烏山《からすやま》（栃木県那須《なす》郡烏山町）の城主大久保侯（佐渡守《さどのかみ》）の領地は、民情が遊惰に流れ、賭博《とばく》を好み、村々は衰廃し、戸数人口は減少し、住民ははなはだ困窮し、荒地が多く、納税は大いに減じ、上下の艱難《かんなん》は他領よりはなはだしかった。侯の菩提寺《ぼだいじ》を天性寺《てんしょうじ》と言った。住職の円応はすこぶる博学で、剛邁《ごうまい》な気性であった。百姓の衰貧を嘆いて、みずからこれをさとして田地開発に尽力し、あるいは自財を出して他国の流民を招いて開墾させ、多くの荒地を開いて国の福利を増進しようとしていた。天保七年（一八三六）、天変飢饉《ききん》が来た。領民は飢渇を免れがたく、ことに円応の尽力によってこの地の農民となった者は、まだ実力がなく、衣食に乏しかったから、飢渇は最もはなはだしかった。円応はこれを救おうとしたけれども、一つの寺の力では及びもつかず、さりとてこれを離散させてしまえば積年の苦労が一時にむだになろうと、大いに心配し、自分の思慮では解決できぬことを悲嘆していた。そのとき、ある人が彼に告げた。「ここを去ること（南々西）十余里のところに芳賀《はが》郡物井村があります。小田原侯の末葉の誰《だれ》それという人の領地ですが、土地が荒れ果て、ほとんど亡村になろうとしていました。そこへ小田原侯が二宮なにがしという人を農民中から挙《あ》げ用いて、この村の再興を命じました。以来すでに十年（実は十五年）で、業績は大いにあがり、すこぶるよく復旧したということです。それればかりでなく、凶荒が来ることを予知してその準備をし、三箇村の民を撫育《ぶいく》すること平年よりも豊かだといいます。もしこの人に頼って力を借りたならば、必ず彼らを恵み助ける道が得られるでしょう。」

円応は大いに喜び、時の家老菅谷《すげのや》某（八郎右衛門）と相談して、桜町に行こうとした。菅谷も前からそういうことを聞いていたから、

「もし噂《うわさ》の通りならば、現今の俊傑でしょう。和尚《おしょう》の助成した少数の農民ばかりでなく、領中人民一般の撫育の道が今はないのです。和尚がその道を得られたら早速私に知らせて下さい。」

と言った。そこで円応は、ひとり歩いて桜町に着き、先生に面会を請うた（九月二日）。先生は許さず、取次ぎの者に言わせた。

「僧侶《そうりょ》には僧侶の道がある。私の行うところは、廃邑を興し、民を安んじようとする道である。坊さんに会って話をする暇はない。早く去れ。」

円応は自若《じじゃく》として退かず、

「拙僧は仏に仕える身でありますが、志は民を撫育するにあります。いま烏山の民が飢渇に迫られております。これを見るに忍びず、はるかに先生の高徳を聞いて、道を求め教えを請いに来たのです。先生にこれを許されず、空《むな》しく故郷に帰って、手をつかねて人民の飢渇に倒れるのを見るに忍びましょうか。どうか先生のお哀れみをいただきたい。」

と言った。取次ぎの者はこれを先生に告げた。先生は憤然として、

「その坊主は何を言うか。私には前から預かっている任務があり、烏山の民の安否はその領主の職分にある。私の知ったことではない。しかるに坊主の分際でここに推参し、面会を強請して私の仕事を妨げるとは何事だ。」

と言って会わなかった。円応はこれを聞いて、

「拙僧の進退は烏山の人民の命にかかわるのです。先生がもし会うことを許されなければ、拙僧もここを去らず、人民に先立って飢え死ぬだけのことです。」

と言った。取次ぎはあきれて、このことを先生に伝えなかった。円応は陣屋の門前の芝原《しばはら》に袈裟衣《けさごろも》のままで臥《ね》ころがり、昼夜少しも動かなかった。取次ぎは、もう帰ったろうと門に出て見ると、以前と変わらず臥ている。翌日になって先生にこの由を告げた。先生は声を怒らせて、

「その坊主は理非にかかわらず面会を請い、その上陣屋の門前で飢え死にしようとは、比類のない曲者《くせもの》だ。よし、私が会って戒めて、立ちのかせよう。早く連れて来なさい。」

と大声で命じた。そこで取次ぎはこの由を和尚に告げた。円応は悠然《ゆうぜん》と起き返って、

「案内してもらおう。」

と言った。やがて先生の前に来た。先生は声を励まして言った。

「坊主、何のためにこの陣屋に来て、私の仕事を妨げ、門前に臥ころがって死のうと言うか。

何のいわれがあるのか。」

　円応は答えた。

「ほかの事ではございません。先生の教えを受けて、烏山の飢民を助けようとするだけです。」

「お前さんは坊主のくせに仏の道を知らないのか。」

「拙僧、愚物ではありますが仏門に入って久しいので、決して仏の道がわからないことはありません。」

「仏の道に荒地を開き、民を撫育《ぶいく》し、また民の飢えるのを救おうという道があるのか。」

「事は一見違ったように見えますが、仏の本意は衆生《しゅじょう》を済度するにあります。民を哀れんで飢えを免れさせようとすることは、仏の本願でなくて何でございましょう。」

　先生は言った。

「そんなことで、どうして仏の道を知っていると言えよう。世の中の事は、おのおの職分があって相奪わぬようにできている。領主には領主の道があり臣下には臣下の道があり、僧侶には僧侶の道がある。領主たる者が臣下の道を行えば、人君の道はすたれ、国家を保つことができない。臣として君の道を行えば、身分を越えた逆賊の行いとなって、これより大きな政治の乱れはない。また領主として僧侶の行いをしていたら、どうして国民を治められよう。だから、僧侶として国君の道を行おうとする、それだけが何で道と言えよう。いまお前さんは僧侶でありながら国君の道を奪い、これを行おうとするのか。お前さんのいう、民を治め、荒地を起し、百姓の飢渇を救うことは、これは人君の職務ではないか。人君はこの職務をおいて他に何の職務があろう。しかし烏山の君臣がこれを憂える心がなく、座して国民の飢渇を見ようとするか、あるいはまたこれを救おうとするかは、お前さんの関与すべきことではない。関与すべからざることをおのれの任務と思いこみ、他国まで来て私に談じようとする、実に道を失うことはなはだしいものではないか。

　そもそもお前さんの道とすべき事柄は、凶年がまだ来ないうちに、天地に祈り仏に誓って、国民の平穏を禱《いの》り、五穀が豊かで上下が安泰であるように願い、このような凶年の憂いを免れさせて、国土の平安を祈念する、これこそ僧侶の先務であり、済度の大いなるものであると言える。ところがお前さんは、自分が勤め行うべき事柄を怠っておいて、この凶年に当り、国君の道を私して飢民を救おうという考えを起し、力が足りないで私にその道を求めようとまでする。これは仏道ではなくして、お前さんの我意を立て、名を釣《つ》り、誉れを求める形である。その志は不善から出たものではないけれども、その行いは大いに道を失っている。お前さんが本当に民の飢渇を嘆くならば、どうして領主に進言してこれを救わせないのか。進言しても国君が愚かで救うことができなければ、これまた天命でいたし方がない。せめて仏に祈り、私の門前で飢え死にしようとする行いをお前さんの寺で行ったならば、それでお前さんの職務は仕遂げたと言えるのだ。このような、行うべき道を捨てて、自分の任務でないことをたくらみながら、仏の本意にかなうと言っている。そんなことで、どうして仏の道を知っていると言えるか。どうだ、これでも文句があるなら早く返事をせい。」

と、天地に響く大声で説き示され、円応は慨然《がいぜん》としてみずからその過ちを悟り、頭をたれて黙然としていた。先生は、

「言うことがなければ早く帰れ。私は撫育の道にいそがしくて暇がないのだ。」

と言って座を立った。円応は先生の後姿を三拝して大いに感激し、その過ちを心にわびて、烏山に帰った（九月四日）。これが烏山仕法の発端《ほったん》である。

補注　大久保佐渡守は小田原の大久保侯の一族である。領土は烏山地方四七箇村、公称二万四千余石、相州（神奈川県）厚木地方一万三千余石、合計四万石と称せられた。

二、家老菅谷、藩士を桜町に遣《つか》わす

天性寺の円応は、始めて先生にまみえてその言論を聞き、意表をつかれ、嘆息して、

「ああ今の世にこのような偉大な人物があろうとは思わなかった。わしは幸いにしてこの大人物にまみえることができた。全くわしは人民の飢渇を救おうとする一心で、危く領主を不仁の君におとしいれるところだった。これほど大きな罪はない。先生の教えがなかったならば、ど

うしてこの過ちを知ることができたであろう。」

と、みずから恥じ入り、昼夜兼行で烏山に帰って、菅谷《すげのや》に会い、

「拙僧、桜町に行きましたが先生は面会を許されません。そこで門前に横になって動かずに願い続けました。先生は拙僧の愚誠を哀れんでついに面謁を許され、全くの大理高論で、拙僧の過ちをさとし、国政の大綱を示されました。その次第はこれこれ。」

と物語った。菅谷は大いに感じ、

「二宮という人は何という賢人だろう。拙者も早速行って救助の道を求めたい。しかし、主君の命令によって行かなければ、和尚と同じようなことを言われるだけでしょう。いま一度だれかを遣《や》って、拙者が近日中に行くことを言わせ、それから行こうと思います。和尚はまずお休みなされ。」

と言って、ある家臣を呼び、

「いま凶荒の災禍がすでにはなはだしくなっているが、藩の倉庫は空《から》で、あらゆる手段も尽き果て、民を救うすべがない。ところが桜町の二宮という人は非常な英才であると聞いた。近日拙者が行って道を問いたいと思うが、貴公がまず行って、拙者の来ようとしていることを二宮に告げてもらいたい。これも二宮に敬意を表する一端であるから。」

と言った。その家臣は承知して、ただちに桜町に来てこの件を申し入れた。先生は又も、他

国の家臣に面会する暇がないからとて、これをことわった。使者は大いに心を悩まして、――先生が御家老に会おうとの言葉を聞かずに帰れば、御家老の来られる道がなくなる。せっかく自分がこの地に来ながら、面会を許さぬ理由もはっきり聞かずに引きさがったのでは、来たかいがないというものだ。――と、再三面会を請うてやまなかった。先生はやむをえず彼を呼んで、

「烏山の家老が当地に来ようというのは何のためですか。私は主君の命を受けてこの地の住民を撫育《ぶいく》している身で、もとより寸暇もありません。他国の御家来とのんびり話をする暇がどうしてありましょう。菅谷という人は烏山の家老でしょうが。いったい家老の任務というものは、上《かみ》は君を補佐して仁君の道を踏まれるようにし、下《しも》は国民を安撫してその所を得させ、国を富ませ民を豊かにするのが家老の職務とされている。しかるに今飢饉《ききん》の年に当って、倉庫は空《から》で救荒の道がなく、国民の飢渇を救うことができないで、居ながら民の餓死するのを見ようというのは、平生《へいぜい》のまつりごとが至当を得ていないためです。礼記《らいき》にあるでしょう、『国三年の蓄《たくわ》えなきは国その国にあらず』ということが。三年の貯えがないのでさえ、このように戒めてあります。いま烏山の貯蓄は三年どころの話ではない、一年の飢饉でさえ国民を飢渇におとしいれている。これでどこに仁政がありますか。およそ諸侯の任務は、天の生んだ民を預かって、これを養い、恵み、安んずるにある。いまその預かった天民を飢渇死亡におとしいれたならば、

どこに諸侯の道がありますか。君もこの通り、家老もこれを悟らないで人の上《かみ》に立ち、もっぱら衣食に飽き、安逸をむさぼっていて、それで自分は諸侯や家老の任務を果していると思っているのですか。このような人物が私の門前に来ることとさえおことわりです。まして何のために面会しましょう。あなたは早く帰って、きっと来るのをやめさせなさい。」

と大声でこれを戒め、すぐに座を立って再び姿を見せなかった。使者は背中一ぱいに冷汗《ひやあせ》を流し、茫々然《ぼうぐぜん》として烏山に帰り、菅谷に向かって、

「御家老の仰せに従いまして桜町に出向き、二宮に面会を請うこと再三再四で、ようやく会うことができました。ところが、こういうけしからんことを申すのです。『一年の飢饉にさえ国民を飢えにおとしいれるとは、君も君の道を失い、家老も家老の道を知らないのだ。みずから安逸遊惰で人の上に立って家老の任務が勤まっていると思うのか。凶年になって民を救うことさえ知らないのならば、どうして一日でもその職に安んじていられるか。そのような者に会うことは御免だ。早く帰って、来るのをやめさせよ。』と、雷のような声で散々罵《ののし》るのです。彼はよもや正気ではありますまい。きっと狂人です。御家老には決して行かれますな。」

と、血相を変えて報告した。菅谷はすこぶる文才もあったから、この話を聞いてますます感激して言った。

「果して彼は賢人であった。貴公がこれを暴言というのはどうしてか。まことに、君は君の職

を尽し、拙者は拙者の職務を尽していたならば、何で一年の飢饉に窮して民を飢渇させることがあろうか。実に君臣ともに道を失っていたと言うことができる。しかしながら、今の世の中に、君臣が道を失ったことを公然と教えさとす英傑が、他のどこにあろうか。二宮氏の言葉は率直で、その条理は明白である。この人に道を問わなければ、だれにたずねられよう。」

ここにおいて衣服を改め、君前に出て、

「今年は大飢饉でございまして、領中人民の飢渇は旦夕《たんせき》に迫っております。拙者は百方撫育の道を求めましたが、どうにもその方法が得られません。平年でさえ殿の御用度が足らず、商人の金を借りて補って参ったのでございますが、いま大凶荒に当りまして金銀融通の道も絶えました。如何《いかん》ともいたし方がございません。ところが桜町におります二宮なる者は、始め小田原侯の選抜によってかの地の廃亡を再興することを任ぜられましてから、十年の間に功業歴然とあらわれ、のみならず飢饉の来ることを予知してあらかじめその準備をいたし、三箇村の民を救い恵むこと、平年に倍しておると申すことを耳にしました。そこでまず、なにがしを遣《つか》わしてその人物を試みさせましたところ、その的確な所論、これこれかようでございます。これは非凡の人物で、当今得難き賢才でございましょう。拙者は早速かの地におもむき、救荒の道を求めたいと存じましたが、臣たる者の私意から出ましたのでは、必ず面会すら許さぬに相違ございません。それゆえ殿の賢慮をもって懇切な直書《じきしょ》を二宮に賜わり、拙者がこれを奉じてかの地におもむき、君命の厚い次第を陳述いたしましたならば、民を恵みたもう仁心のかたじけなさに感じて、彼は必ず救荒安民の道を教えるでございましょう。事の成否は殿のお心一つにございます。」

と言上した。烏山侯は大いにこれに感じ、

「そちの言葉はもっともである。余が直書をもって依頼しよう。」

と、筆をとって一書をしたため、直書を出して、菅谷に渡された。菅谷は大いに喜んで君前を退き、ただちに桜町に出向いて君命を述べ、しきりに救荒の道を請うた。先生は嘆息して、

「烏山の民は、もとより私のあずかり知るところではない。今これが飢渇に及んだのは、君臣ともに道を失っていたためである。国政にあずかる者が道を失ったがため国民が餓死に及んでいるものは、諸国を挙《あ》げて数えきれぬくらいある。しかるに今烏山藩は、君臣ともにその過ちを悟り、私にその道を求めて来た。今や烏山の民命の存亡は、私の返事一つできまるのだ。はて、どうしようか。これは救ったほうがいい。ことに烏山侯は小田原侯の親族であるから、これを救助する縁故がないとは言えない。」

と考えた。そこで菅谷に面会して、治乱盛衰の根元、禍福・吉凶・存亡の由《よ》って起る原因、衰廃復興の方途、富国安民の大道をさとすこと、流水のとどまらぬようであった。菅谷はいよいよ驚き、ますます感動した。先生はなお言った。

「烏山侯は厚い仁心から、飢民を救うことを私に求められましたが、私として諸侯の領内の事務にあえてあずかるべきではなく、固辞するほかはありません。けれども、わが主君の縁者に当られることですから、烏山侯から主君へこの件を御依頼なされば、主君から私に下命があるでしょう。また私からも言上するつもりです。君命がない限りは、私の一存で烏山侯の仰せには応じられません。しかし、この順路を踏むには、日数をかけなければなりません。飢えた人民を目の前に置いていただこの順序を追うならば、いわゆる轍魚《てつぎょ》を市《いち》に求める（轍魚は車の通った跡の水にいる鮒《ふな》で、水を手っとり早く与えないと干物になってしまう。危急の迫ったたとえで、「荘子」の中の語。）憂いがないとは言えません。手続きのすむまでの間、まずこれをもって切迫した救荒の費用にお当て下さい。」

と、懐中から金二百両を出して菅谷に与えた。菅谷は先生の寛大仁慈、道を踏み、時を計って適切な処置を講ぜられることに感銘し、三拝厚謝して烏山に帰った。この年、商人からは一両の融通も絶えていたのに、一面識の間に二百両を与えられ、彼は夢のような思いで帰ったという。

補注　烏山侯は当時江戸にあった。菅谷は出府の途中桜町に立ち寄り、九月二十三日、円応の案内で先生に始めて面会し、その未曾有《みぞう》の明法に驚嘆し、先生の指導によれば必ず目的を達成するとの自信を得たので、急ぎ出府、君前に出て本文のごとく説明し、重役の御前会議を経て、仕法依頼を決定した。そこで藩から小田原藩に、先生を借り受けたい旨申し入れたところ、貸すことはできないが相対《あいたい》で依頼することは差しつかえないとの回答を得たから、菅谷は直書を携えて出発、十一月二日桜町に立ち寄り、本文のごとく、正式に仕法を依頼したのであった。先生は藩政の天分調査、分度確立、荒地開発及び借財返済が根本的方策であることを述べ、それを実行する決意があるならば、救急の方途を講じようと承諾せられ、救助米は即座に提供することを約束された。菅谷は大いに喜んで翌日烏山に帰り、早速天性寺に救助施設を準備し、十三日には細部の打合せのため円応と共に桜町・久下田《くげた》に来た。救助米は十一月二十六日の白米五十俵を始めとして、続々と送られた。

三、烏山の飢民を救い、国家再興の基本を立てる

天保七年（一八三六）は大飢饉であった。諸国の民は飢渇に苦しみ、草根木皮をも食ったが、すでに全く食う物が尽きて、四方に離散した。しかしどこへ行っても食物を得る道がなく、道ばたでいくら叫び悲しんでも、人もまた同様であるから、情深い者もこれを救うことができず、ついに飢え死にの死体が、道に累々《るいるい》と重なるに至った。野州烏山領内の民もまた、飢渇に苦しみ、群起して城下市中の金持の家を打ちこわし、騒動することおびただしかった。城中の群臣はこれを聞いて、「万一彼らが城内に乱入することがあるかもわからない。そうなったら是非に及ばぬ、大砲で打ち払うほかはない」と、大砲を備えて待機し、一方代官や郡奉行《こおりぶぎょう》をして群衆をさとし、その動揺を鎮静させるに努めていた。

これより先、菅谷八郎右衛門《すげのや》は二宮先生のもとにおもむいて救荒の道を請い、実情を訴えて小田原侯に懇請し、先生も烏山侯から依頼の趣を言上した。小田原侯は深くこれに同情し、「烏山はわが親族である。これを救う道があれば余に代って撫育せよ」と命ぜられた。ここにおいて先生は総額二千余両（二二三八九両余）の米穀を烏山に送った。十余里の間、輸送の米穀が絡繹《らくえき》と続き、人々は誰しも目を見張って驚いた。そこで菩提寺《ぼだいじ》天性寺《てんしょうじ》の境内に十一棟《むね》（実は十二棟）の小屋を建て、領中の飢民を集めて、かゆをたいてこれを撫育した。これについての処置や規則は皆先生の深慮に基いたものであったから、私曲の憂いもなく、不公平の憂いもなく、昼夜火の元を厳重にし、小屋の不潔を去り、流行病のおそれを防いで、手厚く彼らを養った。円応和尚はさきに先生に面謁してから、今ついに、その志願が遂げられたので、大いに喜んで飢民の安危を計り、昼となく夜となく、救い恵むことに心力を尽した。これがため、必死を免れなかった数千人の飢民が、一人の過ちもなく生命を全うすることができた。先生の仁術によらなければ、どうしてこの大飢饉をしのぐことができたろうかと、上下こぞって感嘆したのであった。

ここにおいて藩は、領中復興の道を依頼しようとし、侯の直書及び家老以下小役人に至るまでの連判の依頼書によって、再び先生に懇請した。先生は、

「これまでは、領民の露命が旦夕《たんせき》に迫って、私が救荒の道を施さなければ数千人の民が罪なく

して死亡に陥ろうとしていたから、これを見るに忍びず、君臣の懇望にまかせ、これを救助して来たのである。国家再興の道に至っては、到底私の知るところではない。」

と固辞して引き受けなかった。しかし烏山の君臣は再三請うてやまなかった。そこで先生は次のように説いた。

「およそ国を興そうとすることは、誠に大業である。天命に安んじ、衰貧の時運に従って、天理自然の分度を守り、艱難に素《そ》して艱難に行い（中庸の文句）、下民の安堵《あんど》を見てのち始めて共に安堵し、民がたとい一人でも困苦を免れぬうちは人君以下一藩の者が皆安堵の思いをせず、民の憂いに先立って憂い、民の楽しみに後《おく》れて楽しみ（天下の憂いに先だって憂い、天下の楽しみに後れて楽しむ―欧陽修）、民を恵むこと子を育てるごとくにするのでなければ、決して衰えた国を興すことはできないのである。ところが、各方《おのおのがた》の願い求めるところはそうではない。君の用度が足りないで、一藩の俸禄《ほうろく》は、その十分の三もお渡し米《まい》を受けることができなくなり、この不足を補おうとしてよそから金を借り、年々君の借財は増し利子は倍加して幾万両となり、どうにも仕方がなくなって、領民から献金させてこれを補おうとし、それでもなお足らずに、今年のうちに来年の租税を命じて出させた。こうして下々《しもじも》の艱難はすでに極まり、ついに凶歳となって、餓死に瀕《ひん》したのではないか。このようにして歳月を送っていたならば、国が滅びるに至るまで止めどがない。

およそ天地間に存在するものは、大小おのおのその分限がある。その分に応じて費用を規制したならば、どうして不足ということがあろうか。ところが分限を破ってむやみに財宝を費し、不足ばかりこぼしていたのでは、たとい百万石を得ても決して足りることはない。五石十石の者でさえ一家を保って永くこの世に存立している。しかるに烏山三万石がありながら費用が足りぬというのはどうしたことであろう。いったい三万石というのは何の意味か。米を三万石出す土地ということではないか。三万石の米の中に居て米や金がないとこぼし、人民の飢渇を憂えるならば、天下に何一つ足りるものはない。たとえば米飯の中にすわって飢えを訴え嘆く者は、すわっているところがことごとく食物であることに気がつかない。いま三万石の中に居て米や金がないことを憂えるのは、どうしてこれと異なろう。それはただ、支出に節度がなく、国の分度を知らないためである。

その本原を明らかに悟り、現在の天分に安んじ、国家再盛の時が来るまではこの艱難を平常事とするという覚悟がなければ、国の衰廃を興すことはできない。その本が立たないのに、ただ私にその不足を補わせようとされるならば、私はどうしてこれに応ずることができよう。なぜならば、旧来の借財を私が棒引きにすることはできず、他領の租税を取って烏山の不足を補うことはできず、いま各方《おの〳〵がた》の求めるところは一つとして私にはなし得ない。私の道によって復興しようと言われるならば、別に道があるわけではなく、この桜町の廃亡を興した道を移すだけのことである。その道とは、ほかならぬ、ただ烏山は烏山の天分を守り、艱難の地に安んじ、国民を恵んでその廃亡を興すことである。しかしこれは各方の欲するところと異なるのであるから、たとい私の方法を授けたところで、決して成功を遂げることはできない。やめた方がましである。」

菅谷をはじめ藩士たちは、この的確な明教に感じて、

「いよいよ上下同心協力してこの道を行いたいと思います。どうか先生お指図だけしていただきたい。」

と請うた。先生はやむをえず、烏山の分度の基礎を定めようとして、

「それならばまず天分の基本を明らかにせねばならぬ。論語にも『故《ふる》きを温《たず》ねて新しきを知る』とある。烏山領中の租税の、豊凶十年間の額を調べ、それを平均して烏山の天命のあるところを察し、今後の分度を定めるのである。各方は、古来の帳簿をここへ持参して、すみやかに調べられよ。私もそれによって至当の数致を示そう。」

と言った。家老以下大いに喜んで、ただちに烏山に帰り、再び桜町に来た。先生は烏山の役人数十名を陣屋に起居させ、飲食衣服に至るまで心を尽して支給し、数箇月にして豊凶十年の調べが出来上がったので、それによって衰時の天命のあるところ、自然の分度を確立し、

「今後君臣ともにこれを守ったならば衰廃が再復すること疑いない。およそ世の中の盛衰・存

亡・興廃、一つとしてこの分度を守るか失うかによって生じないものはない。早く烏山に帰って君に言上し、群臣と協議してこれを決定せられよ。」

と教えた。家老以下烏山に帰ってこれを評議し、数日にして一決した。そこで再三先生に復興の仕法を請うた。先生は再び米や金を出して烏山領村の荒地を起させた。人民は飢渇を免れて大いに感激し、開墾に力を尽し、一両年のうちに旧来の荒地を開くこと二百二十四町歩、その産米二千俵に及んだ。先生は、

「烏山に何万町歩の廃田、何万両の借財があっても、分外の産米年々二千俵を得たならば、復旧の道は困難でない。ただ君臣上下がその分度を守るかどうかにかかっているのだ。」

と言った。人々は先生の仁心と大知とを驚嘆しないものはなかった。

補注　天保七年十一月から翌八年五月までに、烏山に送られた救急米は、米一、二四三俵、ひえ二三四俵、種もみ一七一俵余、代金として二、三八九両余であり、その半額は藩から支払ったが、残りは仕法金として借用された。天性寺の御救小屋《おすくいごや》に収容された人員は、少い日で七、八百人、多いときは千余人、ある日の正確な記録によれば八七九人である。領内の人口は一〇、〇三一人であったから、収容人員はその一割弱に当る。別に、老齢者と、孤独で住居を離れられぬ者に対しても、それぞれ給与せられ、領内一名の餓死又は流亡者を出さなかった。天保七年度の租税未納分は、先生の勧告により、切り捨てられた。

　炊き出しと並行して、開発が行われた。資金三〇〇両、帰発反別二四町歩の予定で、善行精農者を農民中から投票によって選ばせ、一番札に三反歩分、二番札に二反歩分、三番札に一反歩分ずつの開発料

を五箇年賦として貸し付けた。その人員は合計一五〇名となり、当選者以外の者も、この開墾事業の労賃によって潤ったのである。

藩士の桜町住み込みによる天分調査は、その春行われた。過去十箇年の平均は、烏山領の分、米九、三三〇俵余、金三一六両余で、厚木領と合わせると米一一、八一七俵余、金一、九五九両余となった。先生はこれに基いて分度を確立し、開発雛形《ひながた》によって十年間に総計一、一九九町歩の荒地を開発する案を示された。藩議は一決し、領主の直書と、重役の連印状によって正式に仕法が依頼されたのは六月二十日のことであった。

菅谷は早くも正月分から、自分と子供の俸禄を辞退し、さらに所蔵品七五点を売却して仕法金に推譲し（第六章参照）、円応も鮎《あゆ》の売却代を加入して（次章参照）模範を示したから、飢餓を免れて感銘していた領民及び藩士はさらに感激して、仕法金への加入は藩士二四二名、城下及び四九箇村の領民一、二六〇余人、総計金一〇八両余、米二〇〇俵の多数に達した。開発は、天保十一年（一八四〇）までに一一六町歩余となった。

大坂勤務となった領主は、八年十月、菅谷の報告を聞き、非常に喜んで、直書により謝辞かたがた後事を嘱している。

四、円応、先生に鮎《あゆ》を贈る

天性寺《てんしょうじ》の住職円応は、先生の大徳と良法を仰ぎ、菅谷と力を合わせて百姓をさとし、農業出精の道を説き、永安の道は先生の良法以外にないと、心を尽して人を導き、領民の安堵《あんど》を求めて他念がなかった。これに激励されて仕法に尽力する者も、すこぶる多くなったのである。

あるとき、川の流れ（那珂《なか》川である。）に網を張り、みずから川に入って鮎をとっていた。人々はこれを怪しんで、「殺生《せっしょう》は仏の大いに戒めることだ。それなのに菩提寺《ぼだいじ》の和尚《おしょう》でありながら、自分であんな殺生をしているのは、正気《しょうき》の沙汰《さた》ではない。和尚は気が狂ったのか。」と、大いに嘲《あざけ》り笑った。到頭ある人が、

「和尚さん、自分で殺生をなさるとは、どういうわけがあるのですか。」

とたずねた。円応は言った。

「お経文には大いに殺生を禁じ戒めてある。けれども愚僧がしていることは、仏意にかなっているのじゃ。」

「仏の戒めを破っておいて、仏意に合っているとは、何ですか。」

円応は答えた。

「御領主は、こんどの凶年に当って、何千という人民が命を失うことを嘆かれ、二宮先生に救荒の道を求められて、数千人の命が助かった。もし先生のお力がなかったならば、罪もない人民が空《むな》しく命を失ったに相違ない。愚僧はこの方の御労苦を少しでも慰めたいと思ったが、そのすべがない。そこで考えたのは、この鮎をとって先生に贈ったならば、先生は愚僧の微志をめでて召し上り、いささか気力を補われるだろう。あの大人の気力が補われれば、この国の人民が必ず困窮を免れるばかりでなく、御領主以下も心を安んぜられるだろう。してみればその

功徳《くどく》は大したものではないか。この鮎も大人の腹中に入ってその元気を補い、万民の苦を除くことになれば、小さな生き物の身を殺して成仏すること疑いない。そうやってまだ余りがあれば、市場で売って代銭として、窮民撫育の資金に加えるのだ。これまた広大の功徳ではないか。鮎の力ではどうして人の艱苦が救えよう。それがいま愚僧の力によって無量の功徳をして、成仏することができるのだ。釈尊がこれを御覧になったら、きっと手を拍《う》って嘆賞されるだろう。もとよりあんた方俗人の知ったことではない。」

こう言って、ひとが何と言おうと構わず沢山の鮎をとって寺に帰り、下男にこの鮎を荷《にな》わせて、みずから桜町に出掛けた。道でも人々が怪しんで、「あの坊さん、鮎を沢山持って行くが、何という事だ」と誹《そし》ったが、円応は平気で、聞えないかのようだった。そして桜町に着いて鮎を出して言った。

「野僧は先生に差し上げたいと思って、自分でこの鮎をとって持って来ました。先生どうぞお受け下さい。」

先生はその意中を察して、喜んでこれを食べた。

円応は一、二日桜町に滞在し、黙然《もくねん》としていたが、急にあわただしく暇乞《いとまご》いをした。先生は、「和尚、来るには何か大事の用があったに相違ないのに、いま一言も言わずに帰るのはどうしてか。」

とたずねた。円応は謹《つつし》んで答えた。

「はじめ来る時は自分の思慮の当否をおききするつもりでしたが、先生の目の前に二日いる間に、胸中で了然とわかってしまいました。先生を煩わすに足りません。烏山の処置は、もう決めましたから、決して御心配いりません。」

こう言って立ち去った。先生は、

「円応は烏山で国事を憂い、国家の大事をたずねようとしてここへ来た。それを二日の間に、言語を待たず、胸中で了然と解いてしまった。当世あの僧のような人物は多く得難い。」

と嘆賞した。和尚は烏山に帰って、しばしば鮎をとり、残らず市場で売って代金とし、これを安民仕法の入用金に加えた。のちに人々もその意中を悟って、得難い善知識であると感心したという。

五、先生、円応の死を嘆く

あるとき（天保八年＝一八三七、初冬）円応和尚は菅谷《すげのや》と共に桜町に来て先生にこう告げた。

「先生の高徳と良法によりまして、衰廃極まっていた烏山領中の再興の道が備わり、藩士は艱難に甘んじ、節減された扶持《ふち》を天命としておりますし、農民は必死の飢渇を免れて大いに気風が一変し、積年の惰農がすこぶる精農になって参りました。このようにして仕法を守ってゆけば、復興の時期も遠いことではありますまい。

しかるに、相州厚木（神奈川県厚木市ほか）は、烏山の領地で一万石（一万三千余石）であります。奉行《ぶぎょう》や代官に治めさせておりますが、元来土地柄は、野州にくらべれば、はるかに上等の土地で、五穀のみのりが多いのです。それゆえあの地方にはすこぶる富裕の者があります。いま烏山では君臣ともに先生の良法を行っておりますが、まだ厚木の領分に及んでおりません。一体をなす領分でありながら、一方は良法によって復興の道をつとめ、一方はその仕法とはどのようなことかもわきまえずに年月がたちますならば、これは君徳が領内にあまねく行きわたらぬことで、後日の憂いになるでありましょう。そこでいま、私ども両人があちらに参り、奉行代官はもちろん領民一同に対しまして、主君が民を恵む厚いおぼしめしから、先生によって領内村々を安んずるため旧復の道を行われるということをさとしますれば、彼らは喜んで仕法に力を尽すでしょう。そうすれば烏山・厚木共に人気一変して、復興の道がすみやかに進むでしょう。また有志の者どもがこの良法を聞いて感激憤発すれば、窮民を潤し助けるために資財を出すこともあると思います。」

先生は、やや久しく黙然《もくねん》としていたが、

「それはよくない。必ず行くのをおやめなさい。およそ万物には自然の時節があって、その時節でなければ何事もすることができない。たとえば百穀の生《お》い茂ることを望んでも、春が来なければ蒔《ま》くことができない。もし寒中にこれを蒔けば、骨折ってもかいがない。かいがないばかりか、かえってその種を失ってしまうのです。烏山には時節が来たので、いま仕法が行われている。厚木がこれを聞いたならば、必ず烏山に来てその様子をたずねるはずです。しかるに、国君が仁を施し民を安んずる道を行われることを聞きながら、まだその仁を慕って来ないのは、あの地方の起きあがる時期が来ていないからです。あちらから来て道を聞くときは、教えてやるがよいが、こちらから行って説きつけることは自然の道ではない。強《し》いてあちらに行くと後日の憂いになるでしょう。」

と、道理を尽して止めた。二人は聞きいれず、

「先生のお教え、道理はまことに至当でございます。けれども、いかんせん、両人からすでにこの事を主君に言上し、主君の命令で遣《つか》わされることになりましたので、いまさらやめるわけにゆきません。それで、ただあちらに行き、烏山領中で再復の道を行っていることだけを告げて、すぐに帰って参ります。」

と言った。先生は、

「時を待たずに事をしようとすれば、必ず害がある。後悔しても追いつきませんぞ。」

と言ったが、二人は「はいはい」と受け流して引きさがり、ついに厚木に行き、数日その地に滞在して烏山に帰った。ところがその時、厚木領では疫病が流行していて、人民の災いは少

くなかった。円応・菅谷二人ともその病気に感染して、烏山に帰ってから大いにわずらい苦しんだ。菅谷は危篤に陥りながらようやく快方に向かったが、円応和尚はこの病のため、ついに没したのである（十二月二十八日）。

先生はこれを聞いて大いに嘆息し、

「ああ、烏山の仕法もだめになったか。円応がまごころを尽して国家再復の道が起ったのだが、いま私の言葉を用いないで死んでしまった。これは単に一人の不幸だけではなく、烏山一国の不幸である。始め厚木に行こうとするとき、私はしきりに止めた。二人の意図は、厚木の富者に説きさとして仕法金を出させようとするにあった。しかしこれは、彼ら富者が国君の仁政に感じて貧民救助の志を発し、烏山に来てその道を求めるというのならば、時を得たものであるが、まだその時節が来ないうちに、こちらから行って説きさとすということは、決して仕法の仁術とは言えないのだ。私の言葉に従ってかの地に行かなかったならば、恐らくこの災いもなかったであろう。しかるに、烏山復興の時節が到来していないためなのでもあろうか、一人の進退によって大道の興廃が決してしまった。どうにも仕方がない。菅谷がまだ生きているから復興の道が絶えたのではない。けれども円応と菅谷とは車の両輪のようなものであった。いま忽然《こつぜん》としてその一輪が欠けた。どうして仕法が盛んに行われることを望めよう。」

と、愁嘆してやまなかった。

六、烏山仕法の中廃と菅谷の追放

さきに、烏山領中の衰廃、上下の艱難《かんなん》は極まっていた。それが、先生の丹誠と良法とにより、天保七年（一八三六）の大飢饉に当って、飢渇の民を救うこと数千人、ついで百年来の荒廃地を起すこと二百二十四町歩余、分外の米穀を生ずること二千俵に及んだ。二、三年のうちにこのように国益が顕然となったのであるから、一藩の上下が艱難の時節に順応して国家の再興を待ったならば、旧復の道が成就することは十年の内にあった。しかるに天性寺の円応が忽然《こつぜん》として入寂《にゅうじゃく》し、菅谷は片腕を失ったように嘆息したが、仕法の道はこれから衰弱におもむいたのである。

およそ腹黒い人間は、善の道が盛んな時は善人の意図にへつらって、協力するようなふりをするが、少しでも隙《すき》が見えると、これに乗じて善道を破り、忠臣を妨害するために、あらゆる手段を尽すものである。これが和漢古今を通じて、小人の常である。烏山藩のそういう連中は、円応がすでに没し、病後の菅谷一人の指揮で行き届かないところがあるのを見て讒言《ざんげん》を構え、「上《かみ》は君の心を惑わし、下《しも》は国民の目を暗まし、仕法のために一藩が艱難に迫られた」と唱え、藩士を扇動してついに仕法を廃止し、開発田二百二十四町歩の産米二千俵を分内に入れて目前の艱苦《かんく》を補おうと謀り、突然菅谷八郎右衛門を放逐し、分度を破棄し、良法を廃止した（天保十年＝一八三九、十二月）。

烏山仕法の始めにあたり、先生は菅谷を次のようにさとした。

「昔から国のために力を尽す者が、往々その仕事をしとげることができず、中途で讒言者のために廃せられることが多いが、これは決して讒言者だけの罪ではなく、忠臣もその身の処し方が至らないためです。なぜならば、国の衰廃艱難に当って、これを興しこれを安んじようとする者が、普通の者と同様にわが禄を食《は》みわが身を安らかに保って、どうして国を興せる道理がありますか。そうせずに、みずから禄位をなげうってこれを国家再興の経費に加え、その身は国中第一の貧者になって一生苦労を尽し、上下のために千万の勲労を積むならば、一藩の者はこれを見て、わが恩禄を不足に思う卑しい心がたちまち消え失せ、領民はこれを見て飢寒の苦しみも当然であると覚悟し、ただ自分たちが国のため力を尽すことが足りないのを憂いとするようになるでしょう。一国の人情がこのようになったならば、どんな大業でも成就せぬことはない。たといその身の知慮が足りなくて過ちがあったとしても、無禄で万人に先立ち国のために心力を尽している勲労は、讒言者でも無視することができない。これが、その大業を完成し、終りを遂げる根本の道です。惜しいことに、古人でもこの道を踏んだことがなく、それゆえ腹黒い者の讒言を免れ得なかったのです。

いまあなたが国家の興復をしとげようと思われるならば、必ず俸禄を返上して、無位無禄で忠義をお尽しなさい。そうしなければ、賢人でさえできない大業を普通の者が成しとげようとするのですから、成功おぼつかないことはわかりきっています。けれども、御家族もあることだし、にわかに恩禄を辞退したならば飢えを免れますまいから、烏山の出納《すいとう》に関係のない米を私から贈って、あなたの生活を保障しましょう。この道を踏むことができないならば、仕法を始めても何のかいもありませんぞ。」

菅谷は大いに感じて烏山に帰り、祖先以来の禄百五十石を返上した（天保八年正月）。領主はこれを領中再復の費用に加えた。先生はこれを聞いて、その禄の代りの米を送り、菅谷の奉仕の経費にあてさせた。しかし、普通の者にはこのような深い道理はわかるはずがない。わからずに人をそしるのが凡人の常である。ここにおいて人々は菅谷の悪口を言い出し、

「笑止千万ではないか。家老の菅谷は恩禄を辞退して二宮の扶助を受けている。家老というものは一国が仰いでその指揮に従うところの職だ。主君の禄を受ければこそ家老であり、臣下だが、その禄がなければ浪人者と変りはあるまい。いま彼は二宮の扶助を受けて一家を立てている。それなら二宮の家来なのだろう。」

と、あざけった。菅谷はこれを聞いて嘆き、

「自分が恩禄を辞退して興復の道を行えば、人は感心してこれを手本にし、一藩がみな禄を辞することはできないまでも、禄扶持《ろくぶち》の不足をかこつ卑しい心が消え、良法が成し遂げられるだ

ろうと思って、先生の教えに従ったのだ。あに図らんや、人情はこのような有様で、かえってそしり笑って自分を軽侮している。このようなことでは、せっかく禄を辞退しても仕法に益がないばかりか、害が少くない。これはやめたほうがましだ。」

と、先生に相談せずに以前の禄を受け、先生の贈る米をことわった。これこそ菅谷一世の過ちで、烏山仕法の中廃する根元となったのである。

先生は、はるか桜町にあってこの事を聞き、大いに嘆息して、

「ああ、烏山復興の時節がまだ来ないのでもあろうか。円応はすでに没し、いま菅谷が残っている。この人が恩禄辞退の道を全うするならば、復興の道はこの人によって存続するであろう。恩禄辞退の道を行わない以上、人は菅谷の進退を企てるに違いない。どうして大業が遂げられようか。世人の毀誉《きよ》によって心を動かし行いを変ずるような者は、共に道を行うことはできない。」

と言った。果して天保某年（十年＝一八三九、十二月）に至り、藩は仕法を廃止し、分度を破り、開墾撫育《ぶいく》の経費たる二千俵を取り上げて当座の国用に費し、菅谷を放逐して他国に退かせ（天保十一年十二月）、領中に命令して、民衆が桜町に行くことを禁じたのであった。菅谷は妻子を引き連れて他領鴻《こう》の山村（栃木県那須郡南那須町鴻野山《こうのやま》）の名主十郎右衛門なる者の家に移り、ここに仮住いして、讒言者《ざんげんしゃ》の無道を恨んだ。

翌年二月（実は天保十二年＝一八四一、七月）、菅谷はひょっこり桜町に来て、先生に請うて言った。

「拙者は不幸にして追放されました。国家に道がないので、いたし方もありません。忠を尽して讒言者のために追放される者は古今に少くないことで、別に悔いることはありません。拙者の身柄は、鴻の山の名主が旧知の関係で、そこの食客になっておりますから、道路に立って乞《こ》食《じき》をする心配はありません。ただ嘆くべきことには、拙者の弟が盲人で江戸に住んでおり、琴《こと》を教えることを職業にして、生活の心配がなかったのですが、幕府が天下の奢侈《しゃし》を禁制して善政を布《し》かれて以来、琴を学びに来る者が減って生計がにわかに困窮しました。それで拙者が費用を与えて生活させていたのですが、あに図らんや、いま罪なくして放逐せられ、浪々《ろうろう》の身となって、この弟を補助する力がありません。拙者が助けなければ、彼は生活のすべが尽き果てます。そのように困窮したのは、わずか二十両の借金があるためで、この借財さえなければ、技芸の門人は少いとしても、主君から受け取る扶持《ふち》で生活できるのです。何とぞ先生、拙者の弟を哀れまれ、二十両をお貸し下さい。御厚意の御恩は決して忘れません。」

先生はややしばらく黙然としていたが、

「あなたは当然踏むべき道を失っている。私が今からその道を話そうと思うが、道理を聞いてから金を借りたいか、金を借りてから道理を聞きたいか、どちらです。」

と言った。菅谷は答えた。

「拙者、久しく先生の教えを受けております。どうして金を得てから道を求めましょう。どうか教えをお聞かせ下さい。」

そこで先生は次のようにさとした。

「いやはや、あなたは間違っておる。古語（孝経）に、『進んでは忠を尽さんことを思い、退いては過ちを補わんことを思う』とあるが、これが人臣の常道ではありませんか。あなたは重恩のある主君から追放され、自分に過ちはないとしてその過ちを国になすりつけ、少しも反省する様子がない。およそ忠臣の行いとして、国に幸福があればその幸福を共にし、国に憂患があれば、またその憂患を共にし、国家を憂い下民を哀れむことは、決して身の進退によって変るはずがありません。職位にあって国を憂えるとすれば、職を退いたならばその憂いは十倍にもなるのが、忠臣の心である。あなたは烏山の家老となり、その政治をとって、国の憂いを除くことができず、またその民を安んずることもできず、天保七年の大凶荒に及んで、罪なくして死亡を免れぬ飢民が数千人あった。あなたは百計をめぐらしたがこれを救う道を得ず、縁もゆかりもない私に救荒の道を請うて来られたが、私はこれを救うべき職務にいない。それゆえ再三ことわったけれども、あなたは強いて嘆願してやまなかった。それで、本当にあなたが民を哀れみ国を憂えられるのだと思い、私も肺肝を砕いて救荒の道を施した。ついで国家興復の道を求められたから、万苦を尽して興復のまつりごとを示した。これは何のためか。あなたの忠心に感じたからこそ、共に心力を尽したのではなかったか。祖先以来幾百年、君に仕えて臣下となり家老となり、君恩を受けること泰山の高きにも比べられぬほどのあなたの身として、用いられるときは国を憂い、用いられぬときはぼーっとして国事を顧みず、君を非とし、他の家臣を恨み、他国にいて自国の危難を度外視しているくらいならば、何の恩もなくゆかりもない私などが、どうして数千両の金を投げ出して烏山の民を救い、その土地を開いて上下永安の道を施す筋合いがあろうか。恩もなくゆかりもない私には烏山のために心力を尽させておいて、大恩を受け君臣の義理の深いあなたが、身を退いたからとて国家の憂いを顧みないというのは、いったいどういう気ですか。

私は、烏山が不幸にして国家再盛疑いない道を廃止し、あなたを退けたと聞いて以来、烏山の上下君民のために憂慮心労して、安らかに寝食できず、日夜、烏山侯が過ちを悔い、再び国民を哀れみ、衰廃の憂いを除き、上は忠孝を全うし、下は国民を安んぜられるようにと、祈るほか他念がない。そして、思うに、私でさえこのような気持でいる、ましてあなたはどうしておられるだろう。定めしあなたは、退けられてから、国家が道を失ったことを憂い、主君が仁心を遂げられることのできぬのを嘆き、臣下が忠義でないのを悲しみ、人民が困苦を免れないことを哀れみ、上《かみ》を恨まず、人をとがめず、――興復の道が中廃したのは、みなわが一身の誠意が足らず、行いに欠けるところがあったからである。仰いで君恩を報ずることもできず、伏して困民を救うこともできず、誠忠が足らぬため退けられて、一家の祖先に対しても不孝は軽くない。たとい退けられたとはいえ、日夜この過ちを補い、一身こそ退去しても心は寸刻も烏山を離れず、主君がもし再び仁政を布《し》かれる時が来たならば、不忠の罪を謝し身命を抛《なげう》って精忠を尽し、仕法発願の志を遂げ、主君の苦心を安んじてその仁心を拡《ひろ》め、国民の窮苦を除いて仁沢に浴せしめ、永く国家の憂いをなくしよう。——と、起きては肺肝を砕き、臥《ふ》しては思慮を尽し、しばらくも過ちを補う念慮を失っておられぬであろうと、こう想像しておったのに、あに図らんや、今日、ぼーっとして人臣の大義を忘れ、区々たる親族の姑息《こそく》な因縁に迷い、盲の弟を助力せよとの懇請を聞こうとは、実に実に心外である。あなたがこのように浅はかな心であったからこそ、興復の道は中廃し、わが身も退けられるに至ったのである。これは烏山の家臣らの罪ではなく、皆あなたがみずから招いたものではなかったか。

この時に当って、あなたにいやしくも忠義の心があるならば、みずから責め、みずから悔いて、——一身の艱難がまだまだこれでは浅い、自分のような者は道路に立って乞食《こじき》をしても、なお罪を償うに足りないのだ——と考えるはずである。そうすれば、妻子一族も、あなたと一しょに困苦をなめて、——烏山一国上下の貧困を救うことができなかったのだから、自分たちが飢えて道路に倒れても、それは当然のことだ——と覚悟するであろう。そういう心掛けであったならば、その身は退けられながらもその忠心の芳しいことに、だれしも感動し、だれしもその志を哀れむに相違ない。烏山にいま道はないけれども、いつかあなたを退けたことを後悔する時があるかもしれない。また盲の弟さんも、生計の手段がなくとも、あなたの志を聞いたならば、たとい食わずに倒れても、何を求め何を恨みもすまい。倒れながらも烏山再盛の道が生じ、兄の忠義が再び立つことを祈るであろう。どうして自分の補助を流浪《るろう》中の兄に求めたりすることがあろうか。かりに愚かな者でそれを求めて来たとしても、この正しい筋道を厚く教え、共に艱苦を踏ませることこそ、兄たる者の道ではないか。しかるに、国家を憂い、過ちを悔いることは一言もなしに、ただ盲の弟だけを助けようとし、その費用を私に求めるというのは、本末軽重を失い、姑息《こそく》に流れ、人臣の大義を忘れたものでなくて何であろう。

ひと一人の心はまことに僅々《きんきん》たるもののようであるが、その至誠に至っては鬼神もこれがために感じ、大天地もこれがために感動するものである。あの烏山の大飢饉にあたり、国民の餓死の憂いが旦夕《たんせき》に迫っていた。しかも上下の困窮はすでにきわまり、倉庫は空《から》で、千慮百計これを救う道がなかった。あなたは断然として救荒の志を発し、誠心誠意これを求めたから、私がそれに応じて数千人の飢民を救い、続いて荒地を起し、恵民の道を施し、災いを転じて国家の大幸を開いた。これは全くあなたの真心から発したものではなかったか。してみれば、その真心をますますみがき、私の言葉にたがわず恩禄を辞退し、私が贈った米を食って忠勤を怠らなかったならば、主君の信任はいよいよ厚く、功業もまた日々に顕《あら》われ、奸人《かんじん》があってもどこに言葉をさしはさみようもなく、たとい讒言者《ざんげんしゃ》が流言を放っても、だれもそれを信じようとしなかったであろう。これをば行わずに、一たん辞退した禄を食《は》み、身の衣食を豊かにして事を成そうとした過ちから、ついに国家の大幸を失い、上下の大患を生じたのであってみれば、あなたの退けられたことも道理ではないか。それなのに、退けられてもまだその過ちを顧みず、罪を国家になすりつけて、悔いる心もなく、国事を憂える誠もない。このようにして年月を送ったならば、烏山再盛の道がいよいよ絶えること疑いない。あなたが一たん誠を発したときは興国の仁政が行われ、誠を廃したときは再盛の道もまたすたれたのである。烏山の安危があなたの誠意不誠意にあって、他の事由にはないことは、これで分かりましょう。あなたは国の家臣をとがめられるが、彼らに何の罪があろうか。もし彼らが、いま私の言った言葉でもって、あなたを詰《なじ》ったならば、あなたはどういう言葉で弁解しますか。さらにまた、あなたがいささかなりと私の烏山に対する辛労を察したならば、もっぱら過ちを改めて烏山の再興を祈り、その至誠が顕《あら》われて再び道が行われ、積年の労苦が空しくならない時節が来たときこそ、私のところへも来て然《しか》るべきである。さもないうちは私の顔を見るのさえ忍びない気持があるはずである。それなのに、何ぞ図らん、私の苦心も、あなた自身の忠孝も、共に無にしながら、おめおめと来て盲の弟を私に救えと願おうとは、実に心外千万である。たとい姑息《こそく》な同情で弟さんを救ってあげても、どうしてその弟一人が幸福を全うすることができよう。以上が、私の痛嘆するところなのです。」

菅谷は恥じ入って、汗は着物をうるおし、再拝して言った。

「ああ間違っておりました、間違っておりました。拙者は愚かながら、むかし先生から道を聞いておりましたのに、これは何とした心得違い。これほどまで道を失っておったとは思いませんでした。いま先生の至教を得て、姑息《こそく》な迷いがことごとく消散しました。愚か者ではございますが、絶対にお教えを守ります。愚弟が困窮するぐらいは、もとより当然の分です。これを心配する暇など、どうしてありましょう。何とぞ先生、拙者の失言をお許し下さい。」

ここにおいて先生は二十両を出して言った。

「あなたの心得が違っていたから、烏山の道が絶えることを嘆いて、当然あるべき道をお話ししたのです。いまあなたが悟られたことは幸いです。では二十両を持ってお帰りなさい。」

菅谷は驚いて、辞退して言った。

「これはどうしたことでございますか。拙者、愚かなため大義を失っておりました。いま先生の至上のお教えによって過ちを知り、改めようとしているのでございます。どうして過ちを成し遂げることをいたしましょう。」

先生は言った。

「あなたの迷いは散り失《う》せても、弟さんはどうして理解できよう。それに、あなたが私の言葉を聞かぬ前に、弟さんをさとしたのならば、それはいいが、すでに同意し、約束して、私から借りようとして来られた。江戸で毎日これを待っておられることは明らかだ。いまあなたは大義をさとられたが、どうしてにわかに弟さんの迷いまで解くことができよう。迷いが解けないときは、兄弟の約束が変じて恨みの心を生ずるでしょう。これも良くない。さあ、早くこれを弟さんに送りなさい。」

菅谷はやむを得ず、この言葉に従って、金を持って帰った。先生は門下に向かって、

「ああ菅谷の過ちは実に嘆かわしいことだ。いまその迷いは解けたけれども、盲の弟をさとすのに、金を持ち帰って教えるのでなければ、艱難に迫った弟に、何で道理がわかろう。それで私は金を贈ったのだ。しかし菅谷がよく大義をさとすかどうか。あるいは再び姑息《こそく》に流れて、道を失った処置をとらぬとは言い切れない。人々が道を踏むことのむずかしさは、この通りである。お前たちは、これに鑑《かんが》みて、一身の進退を誤らぬようにせよ。一身が過てば一国の憂いとなり、一身が道を踏むときは一国の幸いとなる。一身の進退もまた大きな問題ではないか。」

と言った。先生が人に接するごとに、誠意を尽されること、この通りであった。

烏山では、良法を廃止し菅谷を追放して、はかりごとは成功したと喜び、もっぱら借財によって目前の不足を補おうとした。国民はこれを恨んで、人心はまた大いに衰え、荒地が再び生

じて、租税もまた減少した。上下の困窮はいよいよ迫って、手のつけようがなくなった。ある年に至り（天保十三年＝一八四二）、烏山侯は仕法を廃止し菅谷を追放したことを後悔し、家老大久保某（次郎左衛門）をつかわして、再び先生に仕法を依頼させた。そこで先生はたずねた。

「烏山の仕法は菅谷氏から始まったのですが、いまどこにおりますか。」

大久保は答えた。

「彼は罪があって追放されました。」

先生は、

「御領主はその始め、菅谷氏に命じて私に仕法を依頼されました。私は彼に道を伝えて君意を達しようとしていました。その人に罪があったならば、なぜ私に一言通じてそれから追放なさらぬのですか。道のために力を尽して来たものを、いかに御家来であるからとて、私に告げずに進退せられたことは、本意を得ない処置と言うべきです。そればかりでなく、今また国家の仕法を再興しようとするのに、方法の本末を知らない人に話しても、どうして事を起すことができましょう。まず仕法を再興しようとなさるならば、菅谷氏からお始め下さい。そのほかのことは私は知りません。」

と、大いに戒めた。大久保は、ごもっともとして引きさがり、先生の言葉を主君に言上した。領主は、

「まことにその通りじゃ。すみやかに菅谷を帰参せしめよ。」

と言った。そこで役人たちは、評議して、月俸十人扶持《ぶち》でこれを帰参させることにした。大久保は来て先生に告げた。

「わが君は先生の言葉を聞かれ、すみやかに菅谷を帰参せしめ、十人扶持を与えることにせられました。」

先生は、

「それは私の聞くべき言葉ではない。本当に罪があって菅谷氏を追放されたのならば、もとより帰参の道があるわけはありません。罪なくして放たれたのであれば、いま帰参せしめるのは主君御自身の過ちを改められることではありませんか。主君が過ちを改めて菅谷氏を呼ぼうとするのに、どうして十人扶持をあてがわれるのですか。彼がもと百五十石だったのは、代々の禄高です。天保七年の大凶荒に当って、一身をなげうって私に撫育《ぶいく》の道を求め、飢えた民を救い、以来仕法をもって国益をあげること少くなかった。これらは皆菅谷氏があったればこそで、彼がなければ私は応じはしなかった。してみれば菅谷氏の功績は並大抵のものではない。罪なくして功があるのに、これを追放したのは烏山君臣の過ちです。いまその過ちを悔い、これを呼びもどそうというのであれば、前の功績を賞して別に加俸があって然《しか》るべきです。さもなければ菅谷氏が烏山に帰っても何の益がありましょう。帰参させるのをやめ、仕法の再興をとりやめるほうがましです。」

と説き聞かせた。使者は大いに感じて、この言葉を主君に告げた。ここにおいて菅谷に五十石の禄を加え、旧禄と合わせ二百石で帰参させた。菅谷は国に帰り、再び良法を開こうとした。しかし時に天保十三年、幕命によって先生が登用されたので、公用が繁多で諸侯の国家興復のことに心力を費す暇がなくなった。そのうち弘化某年（実は嘉永五年＝一八五二）菅谷は病気にかかって没し、ついに烏山再興の道は廃絶した。領内の人々は、せっかくの時節を失ったことを嘆いたという。

著者が思うに、人君が政治につとめ、厚く民を恵めば、凶作にあっても民がにわかに餓死流亡の災いに陥ることはない。先生の桜町三箇村においては、凶年飢歳に当って、民の衣食が豊かなこと、平年にまさるものがあった。これはほかでもない、仁政があまねく行きわたって貯蓄が余りあったからである。烏山のごときは、これと異なり、平生でも民の困窮を救うことがなく、一たん凶荒に遇《あ》って窮厄も極度に達した。ここにおいて円応は発憤し、菅谷と相談して桜町に至り、先生に救荒の道を問い、その志を遂げようとする決意は非常に堅かった。先生は民が罪もないのに餓死流亡の災いにかかることを哀れみ、撫育《ぶいく》の方法を授けられた。これによって命を全うしたものは数千人であった。それからさらに、分度を定め、負債を償い、荒地を開き、国の会計の外に分外の財を産み出して、頽廃《たいはい》を復興する仕法が立てられた。しかるに、一たび先生の教えに従わないで円応が命を落とし、二たび先生の教えに従わないで萱谷が退けられた。その後さらに先生の至誠によって、仕法を再興しようとしているうちに萱谷が病没した。ここにおいて良法は廃棄のままとなり、再び開始することができなかったのである。実に古来、国の盛衰存亡は、要するに人に存する。円応・萱谷のごとき人物があれば治績があがり、二人がここに亡《な》くなって、ついにその有終の美をなすことができなかった。まことに天命ではある。

補注　萱谷は大患以来健康がすぐれないままで、天保九年（一八三八）を過ごした。しかしこの年は豊作で、仕法のため土地も開け、分外の収納が多額に上った。これを見て藩内一部の者は、豊富な余財を恵民に用いて、一藩を緊縮窮乏におとしいれるものとして仕法に反対し、ついに江戸の藩議を動かした。そして翌天保十年（一八三九）十二月、突如江戸からの直書《じきしょ》によって仕法廃止が命ぜられ、領民にも申し渡された。仕法賛成者は涙をのんで時節を待つほかなかった。萱谷は早速役目辞退を申しいで、隠居となり、相続人に百石が給与せられた。以来萱谷はしばしば桜町におもむき、また小田原領内にまで出掛けて、先生の教を聞き、仕法の実地を見学していた。藩政は彼が仕法再挙を企てていると疑惑し、ついに天保十一年（一八四〇）十二月、追放の命を下し、領分や江戸屋敷近辺に立ち入ることも禁止した。以後の経過は本文の通りである。

天保十三年（一八四二）十二月、萱谷は二百石の家老として帰参したが、勢望はすでに衰え、藩内の統一も以前のようには行かず、仕法としては弘化元年（一八四四）・同三年の二回、領民中から出精奇特人の表彰を行ったにすぎなかった。先生も幕府登用後、私領の財政の委任経理をすることができなかったから、分度励行の指導ができなかった。以来開発、借財整理等多少の進展があっただけで、大規模な仕法は行われなかった。菅谷は弘化二年（一八四五）、隠居を申し出てから、さらに意気消沈して、回顧録の著作等にふけっていたが、嘉永五年（一八五二）に没した。最初烏山に貸し付けた仕法金の返還は長びき、文久三年（一八六三）ようやく結了した。

七、伊勢原の加藤宗兵衛、先生の教えを受け一家を治める

相州大住《おおすみ》郡伊勢原宿《じゅく》（神奈川県伊勢原市）に（加藤）宗兵衛という者があった。茶を売って渡世とし、田地数町歩（約二〇町歩）を所有してこれを農夫に小作させ、その田徳を得て、家はすこぶる富んでいた。柔和な性質で慈愛心があったから、宿場内でも宗兵衛の言うことは信用せられた。彼は前から心学を好んでいた。心学の友に駿州《すんしゅう》御厨《みくりや》郷竃新田村《ごうかまどしんでん》（静岡県御殿場市竃。国鉄南御殿場駅付近）の（小林）平兵衛という者があった。これも善人で、人の憂いを聞けばその身を顧みず助けに行き、信義を尽すのであった。平兵衛は以前小田原で先生にまみえて指導を受け、大いに感動して、ますます人のために心をつくし、善を行おうと心掛けていた。

あるとき（天保九年＝一八三八）宗兵衛は平兵衛に相談した。

「私には兄弟三人あります。兄を芳助といい、わけがあって他家を継いでいます。弟を為蔵というが、篤実でよく父母に仕え、私に対しても悌《てい》（よく兄に仕えること）というべき行いをしてくれます。老父は非常に彼を可愛がっているので、私は父の意中を察して、弟にこの家を継が

せることを請うたのですが、父はそれを許さないで、分家させて末永く本家分家の親しみを厚くせよと言うのです。それで、この家の家財も金銀も、すっかり半分分けてやり、また田地も均等に分けてやって、新しく家を建てて、分家させようとしているのですが、それでいいでしょうか。」

平兵衛はこれを聞いて、ややしばらく沈思黙考していたが、

「親御さんが可愛がっておられるので、弟さんに家を譲ろうとなさったが、親御さんが許されない、それで一家を半分に割ってその一つを与えようとなさる。これは至当の道のようには思えますが、全く一家の大事ですから、私のような不才の者に良し悪《あ》しはきめられません。あなたはまだ御承知ないかも知れぬが、野州桜町に二宮先生がおられます。この方は、過去を考えて未来のことを悟られ、身には仁義の道を行われ、口には聖賢の大道を説かれ、衰廃再興の道によって旧復安堵《あんど》を得た者が幾千幾万軒あるか知れません。私は以前教えを受けたことがあります。あなたもこの先生について その事の良しあしをたずねられれば、きっと御兄弟共に至上の道を得られるにきまっています。もし私の言うようになさるお積りなら、私と一しょに野州に行ってお教えを受けなさい。」

と言った。宗兵衛はこれを聞いて大いに喜び、父にわけを話して、野州桜町に来た（四月十日）。まず平兵衛が、この旨を先生に伺った。先生は、

「その宗兵衛という者は来ておるのか。」

「参っております。」

そこで宗兵衛は先生にまみえた。先生は次のように教えさとした。

「やれやれ、お前は過っておる。父が末の子を可愛がって、これに財産を分けようとするのは、目の前の愛情だけにとらわれて、後年の憂いを知らないからである。今は親子であり兄弟であるから、一家を譲ろうが家財を分けようが、親子兄弟で何の差しさわりもない。ところが後世子孫の代になると、本家分家とは名前ばかりで、他人の気持そのままになってしまうものだ。世の中には本家分家が小さな利益の争いから悶着《もんちゃく》を起し、互に仇《かたき》同士のような思いをするものが少くない。いま宗兵衛が家財田地を分けてやったとして、その後弟の為蔵の家が貧乏して、分けてもらった物さえ子孫に残すことができないならば、まずまず無事だろう。ところが為蔵の人柄を聞くと篤実で、むだづかいせず、売買の才能はかえって兄よりもまさっているという。そうだとすれば、彼は必ず一家を富ますだろう。もしそのとき宗兵衛の子たる者が、為蔵の働きに及ばないで家計が困窮するようなことがあれば、――うちの財産を分けて分家させたから、この家が衰えたのだ――と、叔父《おじ》を恨む心が生ずるだろう。為蔵の子たる者がこれを聞いたならば、――あの従弟《いとこ》は自分の働きが足らないくせに、こちらを恨みに思うとはけしからん――と憤慨《ふんがい》するだろう。してみれば、後年の憂いと言っても遠いことではない。いったん互に恨みを発することがあれば、子孫代々怨恨《えんこん》の心ばかり増長し、本家分家のよしみを失って、祖先の処置までも悪く思うようになるだろう。これは凡情で、取るに足らないことと言えばそれまでだが、売買の利益を主としておる商家に、どうして代々、互に譲り合う賢人ばかり生れようか。凡夫と生れて凡夫の情に流され、一方が困窮に及んだならば、それから怨恨を互につのらせるようになるだろう。はなはだしい場合は、そのために本家分家共、家をくつがえすまでになるかも知れない。

いまお前の考えの通りにして、決して代々この憂いがないならば幸いだが、もしこのような不幸なことになったならば、今の慈愛は子孫の大害ではないか。だから、子孫の災害を防ごうと思うならば、決して家財を分けてはいけない。為蔵なる者に一両も与えず、独力で一家を興させるとしても、一身の丹誠によってそれをしとげることはむずかしくない。一人の力で家を興したならば、本家分家の間に何も問題の起りようがない。自力でその事のできる為蔵に一家を分け与えて、子孫代々の憂いを残そうとするのは、目前の愛になずんで思慮が足らない過ちである。けれども、いま分家しようとするとき、たとい働きがあっても、為蔵が一両ももらわなければ、商売物の仕入れ代にする金がないに相違ない。それゆえ私が、二十両か三十両を無利息で貸し与えて、一家を興させてやろう。決して一物たりとも生家の財産を分けてはいけない。お前の父が愛情のあまり、財産を分けてやれと言ったならば、私の言った言葉でこれをさとすがよい。きっと安心すること疑いない。」

宗兵衛も平兵衛も大いに感銘し、先生の深慮と、厚い恩恵とを感謝し、家に帰ってくわしく父に告げた。父もまた大いに感動して為蔵に告げた。為蔵は大いに喜び、この道によって一家平安を得たという。

報徳記　巻四

一、大磯の川崎屋孫右衛門を教諭し廃家を興す

ここに東海道大磯宿《おおいそじゅく》（神奈川県中郡大磯町）に川崎屋孫右衛門という者があった。先祖から穀物商売を渡世とし、すこぶる富豪の評判があったが、吝嗇《りんしょく》な性質で仁慈の心が薄く、もっぱら利益ばかりに心をつくしていた。人は彼を呼んで仙台通宝と言った（仙台通宝は粗悪で他領に通用しない）。その行いが自分勝手で他人の言葉を用いず、豊かな財産を持ちながら他人を哀れまないので、世の中に通用しないというたとえなのであろう。

時に天保七年（一八三六）夏、冷気が盛んで、毎日曇天が続き、晴天の日はまれであった。それで五穀はみのらず、大飢饉《ききん》となった。関東と奥州が最もはなはだしかった。諸民は百計をつくして食を求めたが得るところがなく、あるいは離散し、あるいは道路に倒れて死んだ。生ある者の悲嘆、これにまさるものはない。幕府は深く万民の飢渇を哀れんで、多額の米や金を出して江戸の飢民を救った。また諸国有志の者で、おのおのその分に応じて飢民救助をしたものも少くなかった。けれども救いの手を出す者には限りがあり、飢えに苦しむ者はますます多く、月がたつにつれて餓死者はいよいよふえた。平生無頼《ぶらい》の者どもは、民衆を扇動して言った。

「こんなふうに日を送っていたのでは、空《むな》しく飢え死にしてしまうことは、わかりきった話だ。いったい金持ちのやつらは、莫大《ばくだい》な米や金を握って、一家の心配がないものだから、他人が窮迫して死ぬのを哀れむ気持がなく、あぐらをかいて眺めている。憎むべき限りではないか。た

だ死ぬのを待っているよりは、やつらの不人情な家をぶちこわし、握っている米や金を踏み散らして、一時《いっとき》でも愉快を味わって死んだほうがましだぞ。」

もとより死亡に瀕《ひん》している人々が、往々これに雷同して、群起して富豪の家を打ちこわし、その器財米麦を微塵《みじん》に打ち砕くこと、数えきれぬほどであった。

大磯宿は平年でも貧困を免れぬ者が多かったから、この大飢饉ではなおさらであった。町内のある者が孫右衛門の店に来て、

「飢饉の難儀がこれほどになろうとは思いがけなかった。どうか町内の困苦を哀れんで、当今の相場（一両につき四斗三升。平年は約一石）から一斗だけ安く売って下さい。恩に着ます。」

と言った。この当時孫右衛門は江戸に出て米相場を調べ、その高低に従って人々のために安くして売り出そうか、あるいは救助のために米を施そうかと考え、まだ決心がきまらないで、家に帰っていなかった。そこで番頭の伊三郎という者が出て、

「いま主人が江戸にいるので、手前一存できめるわけに行きません。近日中に主人がきっと帰りますから、そうしたらお望みにも応じましょう。」

と答えた。その男は立ち去ったが、別の男がまた来て再三これを要求した。伊三郎は前の通りに答えた。（実は米のあるかぎり一斗安で引き受けると言ったのだが、町内に徹底しなかった。）町内はいよいよ憤怒《ふんぬ》し、

「やつは平生欲張りで、慈悲ということを知らない。いま家にいないで江戸に出ているのは、利益をむさぼるためなのだ。哀れみを請うても何のかいがあるものか。やつをはじめ町内の金持ちを残らずぶちこわして、やつらの肝を冷やしてやろう。いいの悪いの言ってることがあるものか。」

と一人が唱えれば大ぜいが雷同し、数百人が鋤鍬《すきくわ》または鳶口《とびぐち》と称する物を振るって、夜に入って一時に乱入し、口々に怨恨《えんこん》の情を呼ばわり、力を極《きわ》めて家や蔵を破り、家財道具を砕き、米麦金銭を散乱させた。（切りこぼされた米八二俵、大豆二一一俵、大麦六九俵、精麦二七俵、小麦五七〇俵、塩一六六俵。）道路はこれがためにふさがって、往来の者が通行できないほどになった。ありとあらゆる道具は打ち砕かれ、ありとあらゆる物が打ちこわされた。妻女は子供を背負って逃げ、伊三郎も大いに驚いて走り去った。群衆はこわし終ると、またよそに押し掛けて、富豪の家一、二軒（米穀商ばかり六軒）を打ち破り、愉快を叫びながら各自の家に帰って行った（七月二十九日）。

孫右衛門は知らせにより急いで帰宅してみると（八月三日）、家屋はことごとく打ちこわされ、米麦も器財も泥《どろ》の中に散乱している。愕然《がくぜん》としてその無道を怒り、憤慨怨恨は骨髄に徹し、すみやかに官に訴えて乱暴の者を罪にし、この恨みを晴らそうとするほか他念はなかった。すでにこの事件は官（大磯は幕府直領地で、管轄は伊豆韮山《にらやま》の代官所である。）に聞えていた。官では属吏をつかわして（八月四日）町内の者をさとし、あるいは戒めてのち、孫右衛門を（暴民二十人及び他の米穀商と共に）捕えて禁獄し、

「飢饉の災いに遭って町内の者が危亡に瀕《ひん》していたところ、そちは財貨に富み、米麦を積みながら、いまだかつて哀れみの心がなく、ついにこの乱暴を引き起した。そちにいささかなりと慈悲心があったならば、どうしてこの暴動が始まったであろうか。この罪は皆そちの身にある。」

と詰問した。孫右衛門は、

「手前が救助の道を行おうとしておりましたのに、その始まるのを待たず、打ちこわしの乱暴に及んだのでございます。」

と弁解したが、官はますますそのなおざりの罪を責めて、彼を許さなかった。

同じ年の某月（九月五日）、暴風が起り、土砂を巻き上げて一天これがために暗くなった。このとき宿内の失火から、たちまち火は盛んとなり、風も激しく、孫右衛門のこわれた家屋、散乱した米麦器財は、ことごとく焼け失《う》せた。妻子の悲嘆は極度に達した。妻女は嘆き悲しみ、

「ああ、ああ、どうしよう。家は人に打ちこわされるし、夫はそのために罪人になって牢屋《ろうや》で責め苦を受けるし、今また大風に大火事で、残った物も焼けてしまった。災難が後《あと》から後から、どうしてこんなに来るのだろう。二人の子をかかえて、これからどうしてこの子たちを育てよ

う。」

と、大いに涕泣《ていきゅう》した。伊三郎は言葉をつくして慰め、

「御主人は罪がないから今にもお帰りになります。そうしたら万事一しょに相談して、決して御心配のないようにしますから。」

と言ったが、妻女の胸にはわかるはずもなく、心痛のあまり、ついに病床に伏して食も進まず、二人の子は枕《まくら》もとで泣くという有様になった。伊三郎夫妻は、共に心をつくして、医者を招いて療養させたが、ついに回復せず、病むこと数箇月で死んだ。孫右衛門は獄中にあって、これらの災害を聞くごとに憤悶《ふんもん》はなはだしく、ますます町内の者の暴挙を怒り、

「お上《かみ》もお上だ。乱暴者を捕えずに、打ちこわしの災難を受けた者を牢屋に入れるとは、何で公平の処置といえよう。今におれがこの牢屋を出たならば、身を粉に砕いても恨みを町内のやつらに返してやらずにおくものか。」

と、日夜憤怒の涙を流して歯ぎしりする様は、ほとんど狂人のようであった。官ではいよいよこれを許さず、入獄三年に及んだ。

伊勢原宿《じゅく》の（加藤）宗兵衛は、さきに先生の至教を得てその家を全うした者で、孫右衛門の妹をめとって妻としていた。宗兵衛は温柔な性格で、慈愛心があった。孫右衛門の家が打ちこわされ、入獄三年に及び、重ね重ね災禍におそわれたことを嘆き、百計をめぐらしてこれを救

おうとしたけれども、方法がなかった。そこで、はるばる野州桜町に来て、困難の事情を申し述べ、涙をながして教えを請うた（天保九年＝一八三八、四月十日、前章の記事と同じ時）。先生も嘆息して、

「これはどうして一朝一夕の原因ではなく、その禍根は実に遠くから来ている。世上、富裕な家が滅亡するときは、往々そうしたことになる。到底、人力でこれを存続させることはできないのだ。私は孫右衛門一家の経歴を知らないが、その富をつくるのに必ず自然の道を失ったことがあるのだろう。凶荒の年に打ちこわしの禍《わざわい》に遇《あ》う者は往々あるけれども、これほどまで災難が重なり合うのは稀《まれ》である。このことから考えると、その禍の根元も、必ず深いところにあるのだ。彼の家は代々米穀商売を渡世としていたという。してみれば、天明四年（一七八四）と七年の凶荒に当って、多量の米麦を高価に売りつけ、大利を得て家を富まし、謀りごとが図に当ったと考えて、積善の行いがなかったのでもあろうか。人が災難に遇うときは、これを哀れみ助ける行いに出るのを人道とする。人に憂いがあるときに自分ひとり利をむさぼる者は、天が助けてはおかぬところだ。鳥や獣でも同類の悲鳴を聞けばこれを哀れむ心がある。まして人間はなおさらでなければならぬ。果していま言った通りならば、孫右衛門の家はすみやかに滅びたはずである。それが、およそ六十年を保って、この凶年に至って始めて廃《すた》れるというのは、むしろ長続きしたと言える。その長続きしたのも由来があるので、祖先に必ず陰徳を積ん

だ者があろう。それによって保って来たのだ。いまその陰徳がすでに尽き、天明年間にひとの難儀を哀れまず、おのれひとりの利益を得た禍根がこの時に発して、家産はことごとくひとのために破られ、その上火災や病難がそろって来たのだ。こうなっても孫右衛門はまだその身の罪を知らず、人を恨み身を滅ぼす道に走って、一家の人も物も、ことごとく廃れ滅びなければ、やみそうにない。これはひとり孫右衛門だけの罪ではない。その禍福吉凶は必ず根元があって生じて来たのだ。何の疑いがあろうか。

孫右衛門はみずから責める道を知らず、もっぱら自分を善とし、打ちこわした町内の者を恨んでいる。官がその罪を悟らせようとしてこれを戒めている、その仁心をも察せずに、偏頗《へんぱ》の処置だとしてそれさえ恨みに思う心がある。そういう気持でなければ滅亡に至らないのだから仕方がないのだ。およそ天地間の万物は一理であって、瓜《うり》をまけば必ず瓜がなる。どうして瓜をまいてなすびがなることがあろうか。五穀もそれぞれ人がまいた種にしたがってみのる。大昔このかた草一本でも違った種から生えたことを聞かない。どうして孫右衛門ひとり、善をまいて悪のみのりがあろう。必ず一家廃亡の種をまいて、今そのみのりを得たのではないか。お前が親族のよしみでこれを救おうと思うのは当然の人情であるけれども、このような災禍に乗じてどのように救助をつくそうとしても、決してこれを救うことはできない。実に哀れむべき限りではあるが、どうにもいたし方がないのだ。」

と諭《さと》した。宗兵衛は大いにこの至教に感じ、また禍福・吉凶・存亡の原因結果が歴然たることに驚き、ためいきをついて、

「先生はどうして過去のことをこれほどはっきりお説きになれるのでしょうか。孫右衛門の家は仰せの通り、天明の凶荒の時から興って富を保って来たのでございます。そのような原因から廃亡を免れないことは、よくわかりますが、いまこれを救う道がないと仰せになるのは、私の真心が足りないからではございませんか。いつかお教えを受けたとき、すたれた家を興し、禍を福に転ずるものは、ただ至誠一つであって、知謀術計の及ぶところでないと承りました。いま彼を救う道がありますならば、一身の力をつくして厭《いと》いません。先生どうか愚かな者の悲嘆を哀れまれて、一つの教えをお示し下さい。」

と再三請うてやまなかった。先生はその痛嘆の情がはなはだ切なのを哀れんで、再び教えた。

「お前が一身に換えて彼を救おうとすることは殊勝であるが、非常な災害を除こうとするのに微力で当るのは、大石を動かそうとして細びきを使うようなものだ。けれども再三哀願するのを私も見るに忍びない。いまここに一つだけ道があるが、お前は実行できるか。」

宗兵衛は答えた。

「きっと実行いたします。」

「お前の妻は孫右衛門の妹だ。親族としてこれより近いものはない。兄の捕われたことを悲し

み、生家の運命が危いのを嘆いているかどうか。」

「私の倍も悲痛しております。」

「それでは、身には粗末なものを着、口には粗末なものを食っているか。」

「別段そのようにはしておりません。」

「まことに悲しむ者は、うまい食物ものどを通らず、立派な着物も着るに忍びず、寝ても眠ることができないものだ。いま実の兄が獄中で苦しみ、生家の滅亡は旦夕《たんせき》に迫っている。それなのに、憂える心が薄いのはどういうわけだ。」

宗兵衛は答えることができなかった。先生は言葉を継いで、

「たとい憂慮の心が切でも、一女子に至当の道理がわかるわけはない。お前は妻にこう教えるがよい。――お前の実家の滅亡が迫っている。これを救うために、お前も艱苦《かんく》を共にするつもりかどうか。骨肉の兄があのような艱難に遭《あ》っているのだ。たとい救助ができるかどうかは分らぬにしても、いまここでお前も艱苦を共にするがいい。兄は寒くても寒さをしのぐことができず、腹がへっても満足に食うことができない。お前も今から口に粗末なものを食い、身には粗末なものを着け、実家から持って来た衣類も道具も、すっかり売り払って、実家再復の一助にするがいい。その代金はわずかでも、お前が兄と共に艱苦をつくし、実家を安らかにしようという真心がここに立つならば、そこからして兄の禍を免れるべき道が生ずるだろう。――と

さとすのだ。もしお前の妻がこれを聞いて、早速その行いを立てるならば、彼を助けるための種になるだろう。わずか一粒の種でも、これをまけば年を経て大木になる。人のまごころが一たび感発してやまないときは、至誠天を感ぜしめるものだ。女一人のまごころで、どうして兄を救う道がないと言えよう。お前が妻にこの道を示し、誠を立てさせることができぬくらいなら、そのほかの事は言ってもむだだ。これは、お前の天分力量の及ぶ範囲で話したのだ。早速実行するがよい。」

と教えた。宗兵衛は再拝して大いに喜び、早速家に帰ってこの事を行わせようとした。帰るときになって先生はまた、

「お前の妻がよくこの事を実行したならば、すぐに人をやって、孫右衛門に、彼女が実兄の災禍を嘆いて寝食を安んぜず、このような行いをして、再び兄が安堵《あんど》できるようにと心願するほか余念がない旨を告げさせるがよい。」

と言った。宗兵衛は三拝して家に帰り、妻に先生の教えを告げた。妻はもとより貞順な女であったから、ひとたびこの道を聞いて大いに感じ、また喜んで、

「私の一身の行いから、ゆくゆく兄が禍をのがれられる道があるのでしたら、一命を投げ出しても何でもありません。ましてそんなことなら。」

と言って、すぐに衣類諸道具を一物も余さず売り払って代金とした（女物五七点、代金五四両余、

宗兵衛の男物九一点、代金四九両余、合計一〇三両二分）。ここにおいて宗兵衛の兄芳助《よしすけ》なる者に、（伊豆韮山《にらやま》の）官の獄舎まで行かせ、ひそかに孫右衛門に、先生の至教と妹の所行とを告げさせた。恨み、憤り、怒りたけっていた孫右衛門は、これを聞いて慚愧《ざんき》の心が始めて生じ、みずから悔い、みずからわが身の罪を知り、知らず知らず涙が袖をうるおした。これこそ、禍根が転じて良善に帰する始めであった。それから後は、日々にその身を省みて、官を恨み町内の者を憤る心が消え、朝夕時々わが身を責める言葉を発するようになった。官はこれを聞いて、「孫右衛門はすでにおのれの非を悟った。罪を免じて家に帰らせても後難はあるまい。」とし、なお厚く教諭を下してその罪を許した。ここにおいて孫右衛門は入獄以来三年で始めて家に帰ることができた（五月十七日、満一年九箇月、足かけ三年である）。先生の深慮と仁慈は、まことに遠大というべきである。

さて孫右衛門は、家に帰って見れば、二人の子は亡《な》き母を慕って泣いているし、伊三郎は嘆息して火災以来の艱難を報告する。孫右衛門は一たん先非を悔いたけれども、目前にこの有様を見るに及んで怒気が再び胸を焦がし、――ええい、おれがこのような災いにかかったのはだれのためだ。町内のやつらは、無道にもおれの家をこわし、おれをこのどん底につき落しておきながら、楽々とあぐらをかいていやがる。このまま手を束《つか》ねてすませるものか。どうにでもして、この恨みを晴らし、家を再盛させて恥辱をすすがなければ、何の面目があって世間に立てよう。――と、憤怒に堪えなかった。

孫右衛門の妻は相州三浦郡浦賀（横須賀市内）の宮原屋（前田）与右衛門の娘であった。この宮原屋も富豪であって、浦賀で一、二と言われていた。与右衛門の縁者の宮原屋清兵衛（瀛《えい》州《しゅう》と号する。）という者は、すこぶる才知があった。二人は共に大磯に来て、孫右衛門に協力して恨みを返し家を興そうと相談した。宗兵衛はこの相談を聞いて心中大いに悲しみ、妻のまごころも無に帰することを嘆いたが、一人では力不足で彼らをさとすことができぬと知り、一計を設けて孫右衛門と宮原屋の二人にこう言った。

「宿《しゅく》の連中に恨みを返し、大破の家を再盛しようとするのは、中々尋常のことではない。どうやってこの大事をなし遂げるか、我々のような者には見当がつかない。ところで、野州の二宮先生は、凡庸な者のかれこれ論議できるようなお人柄ではないけれども、いまおおよそのことを言ってみれば、小田原の御領主が賢明なお方で、先生の徳行をお聞きになり、民間から抜擢《ばってき》して、遠縁の宇津という旗本の領地の、衰廃再興の仕法を任された。先生は命を受けて野州に行かれて以来、身命を顧みず日夜力をつくして百姓を撫育《ぶいく》し、その荒地を開き、十年余りの丹誠によってその土地が残らず復旧した。隣国の諸侯もこれを聞いて領中の再興を依頼している。先生は情深いお方で、思いやりがあり、自他の差別なくわが子のように人を恵み、それればかりでなく、良法があって、どのような廃家亡村でも、厚く仁術を請うならば、その艱難を見るに忍びず多額の無利息金を貸し与えて、再復の道を立てられたこと、これまでに数千軒かわからない。まことに比類のない仁者と言うべきです。いまあちらに行ってこの艱難を申し述べ、再復の道をお願いすれば、先生は深く仁慈の心を発して、請いに応じて必ず道を教えられ、再興資金を千両も貸して下さるだろう。そうしたら、その無利息金を元手として、何の商売でもできるし、必ず家を復興できること、疑いがない。このような名人があることを知らないで、世間なみの計画でこの廃屋を再盛させようとするのは、私には合点がゆかない。もし皆さんが先生に道を求めようと思うならば、私は以前教えを受けて師弟の縁があるから、先に立って嘆願しよう。」

孫右衛門はこれを聞いて笑って言った。

「世間でおのれの利益を計る者でも、私のどん底をついた困窮を見れば、高利の金さえ貸すはずがない。それなのに、無利息の金で人を救うような人間があるものか。果してあるとすれば、きっと別にどこかで利益をとろうとしているのだ。あんたの言葉に従って、そのような危い所に近づいてなるものか。」

浦賀の二人も大いに先生を疑って、決心がつかなかった。宗兵衛は重ねて言った。

「先生は非凡の大人で、世間なみのことで疑うわけに行かない。もし皆さんが推察するような人だったら、早速やめにするだけの話、もしお願いして先生のお許しがあり、千両も借りて家を興すことができれば、大した幸いではないか。まだその人に会わないうちから疑ってみても始まらない。皆さん私にたぶらかされたと思って、ためしに行って頼んでごらんなさい。行って来るだけの骨を惜しんで、大幸をのがしてはならない。」

孫右衛門はなお疑って決心しなかった。浦賀の二人はよかろうと答えた。しかしまだ決行しなかった。

時に某年（同じ天保九年＝一八三八）、小田原侯の命によって先生は相州足柄上郡竹松村（神奈川県南足柄市竹松）に至り、貧村再復の仕法を行っておられた。大磯宿から道程十余里（実は約五里）である。宗兵衛はこのことを聞いて、時機到来したと喜び、再び孫右衛門のところに行って、教えを受けることを勧めた。浦賀の二人もそれを勧めた。孫右衛門は、――一度行って無利息金を借りることができれば、たちまち家を興して宿の連中の目を驚かし、彼らの無道に返報する道がつくだろう。先生がどんな人でも、無縁の者に大金を貸そうとは思いもよらないが、しかし縁者たちの言葉も捨てにくい。ともかく行って、ためしてみるが勝ちだ。――と、始めてこれに同意し、三人と共に竹松村に出掛けた（八月はじめ）。

村の名主を（河野）幸内《こうない》と言った。先生はこの家に滞在して仕法を行っていた。日はすでに西日に迫り、先生は風呂《ふろ》場で入浴中であった。この時、孫右衛門が縁者と共に到着し、「艱難に陥って、やむを得ず一家再復の良法をお願いするために参りました」と言った。名主は応対して、「いま先生は入浴しておいでなので、後ほどお手すきになったらその事を申し上げましょう」と言った。先生は風呂場にいてこれを聞いて、――孫右衛門という男は容易に道に入るような者ではない。どうして彼をすぐに来させたのか。定めし宗兵衛が凡情に漂って前後の見さかいもなく連れて来たのだろう。――と、心中ははなはだ不満に思い、こっそり風呂場から外に抜け出して、独り歩いて、（東南方）二里余を隔てた下新田村（小田原市下新田、東海道線鴨宮《かものみや》駅附近）の（早野）小八という者の家に行った。もはや夜もふけていた。小八は大いに驚いて先生を迎え、

「夜中にお一人でここへおいでになるとは、どうしたことでございますか。」

とたずねた。先生は、

「大磯の孫右衛門という者が縁者と一しょに来た。この男ははなはだ難物で、私は会いたくない。それでここへ来たのだ。」

と言って、ついに小八の家に泊った。竹松村の幸内は、先生の入浴が長すぎるのをいぶかって、行ってみると先生は風呂場におらない。びっくりして近傍を探したけれども見当らない。そのとき村民も大勢幸内の家に来ていたので、みな驚いて村中をかけまわって探したが、先生の所在はわからなかった。幸内は言った。

「この村の衰貧を救おうとして先生は日夜骨折っておられる。いま急に、わけもなく出て行か

れる道理はない。これは、孫右衛門が来たのを察して、よそへ行かれたに違いない。夜中に探してもむだだろう。明日《あす》ほかの村に行って尋ねてみよう。」

宗兵衛も孫右衛門も浦賀の縁者も愕然《がくぜん》として、――我々は先生を試そうとして、うわべに誠実を飾って来た。早くも先生は、我々の実意がないことを見抜かれて、出てしまわれたものだろうか。恐ろしい明知だ。――と心に思い、そこで「先生はどういうふうにしてこの村を導いておいでですか」とたずねた。名主は答えて言った。

「村内の善人は賞し、困窮者は恵み育て、あるいは家を造り、あるいは屋根をふき、田畑を開き、道を作り、橋をかけ、用水を便利にし、悪水を排出し、およそ村民の難儀する事がらはすべて除かれ、村民が安息できるような事がらはすべて起されます。朝は星をいただいて出られ、夕方は星を見て帰られ、村中を安んずる道を行って少しも骨折りをいとわれません。それゆえ村民は父母のように仰ぎ慕っています。これがまず大体の話です。」

孫右衛門はこれを聞いて再び驚き、いよいよ慚愧《ざんき》の念を発した。夜が明けてから、名主は人を隣村あるいは遠村にまで走らせ、先生のありかを求めさせた。その内の一人がもどって、「先生は下新田村にお泊りです」と言った。幸内はこれを聞いて、すぐ小八の家に出向いた。孫右衛門・宗兵衛・与右衛門・清兵衛もひそかに来た。幸内はしきりに竹松村にもどられるように願ったが、先生は許さなかった。ここに泊りこむこと数日、小八と幸内はおもむろに孫右衛門の嘆願を先生にとりついだが、先生はなお面会を許さなかった。また数日たって（八月十六日）、その願いのいよいよ切なことを察し、やむを得ず宗兵衛・孫右衛門・与右衛門・清兵衛を呼んで、

「お前たちは何のためにやって来て、私が衰村を興すのを邪魔するのか。私は自分勝手にこの事をやっているのではない。小田原侯の御命令でやらずにおれぬからだ。お前たちの願いなど、もとより私の知ったことではない。早く帰れ。」

と言った。その声は大鐘《おおがね》をつくようで、はたで聞いている者も耳を驚かせた。四人はちぢみあがって、言葉も口に出なかった。ややあって宗兵衛が、

「孫右衛門に災害が相ついで来て、入獄三年、いつ出られるかもわかりませんでしたところ、さきに先生は私の悲嘆の願いをお捨てにならず、無上の道をお教え下さいました。私はお教えに従い、ついに孫右衛門の入獄が免ぜられました。お願いでございますから、いま一度明教をお示し下され、彼の一家を復興する道をお教え下さい。」

と、しきりに請うてやまなかった。先生は声を励まして、

「孫右衛門は自分の罪深いことを知らず、なお他人を恨み、おのれを正しいとする様子がある。お前（宗兵衛）の妻は、私の一言を聞いてすぐさま兄のために艱苦をつくした。しかるにその本人たる孫右衛門は、一婦人にさえ及ばず、我意を張り、他人の力によっておのれの廃家を興

し、恨みに報ゆるに恨みをもってしようとしている。それではいよいよ一家が永く断絶し、その身まで失わなければやむわけはない。どうして私に道を求めに来る気持があるものか。私は身を捨てて人々の憂いを除こうとしている。お前は自分の非を飾ってひとを苦しめようとしている。することが正反対だ。早く引きさがって、お前はお前の滅亡の道を行うがよい。何で私が国民を安んずる道を汚すのだ。」

と言った。孫右衛門は冷汗に着物がびっしょりなことも気づかず、宗兵衛と共に仁慈の教えをくりかえし請うた。先生は少し顔色をやわらげて、

「まったく、積善・不積善によって禍福吉凶を生ずることは、聖人の断言した通り、少しも疑いがない。いま、やむをえず一言教えよう。たといわからずやでも、心があるなら、私欲の念を去って聞くがよい。

いったい孫右衛門の家は、天明年間の飢饉にあたって、命を失う者が幾万人か知れなかったとき、家財に富みながらかえって救助の心がなく、高価に米を売りつけて利益を独占し、ますます富をつくった。天もこれを憎み、神明もこれを見捨てるしわざである。一家の廃絶は、この時に始まっているのだ。天運が循環して、ついにお前の代になって飢饉に当った。お前にもし仁慈の心があるならば、家産をつくして人命を救助し、一人でも助命の多いことを願うのが当然である。たといその気持があっても、すみやかにそのことを行わず、江戸でぐずぐずして

いるとは何事だ。お前の心が救助にあると誰が思うものか。町内の者も、何もわざわざお前の家をこわし、国法を犯して罪に陥ることを好んだわけではないが、餓死が旦夕《たんせき》に迫ったあげく、情知らずを恨む暴行を発したのだ。その悪事をしたのは彼らであるが、これを生じた根本はお前にある。なぜならば、お前が救助の行いを立てていたならば、彼らは決してこの乱暴を発するはずがない。いまお前はそれを行わないで災害を招いた。書物にも『禍福門なし、ただ人の招くところなり。』（春秋左氏伝）とある。してみれば、このような災害もお前の一心から起ったのだ。そのように考えるならば、お前はわが身を責めるにいとまがないはずだ。どこに町の人々を恨むわけがあろう。町の者に罪はない。天が町の者の手を使って打ちこわしをさせ、また火の力を借りてお前の余財を焼かせたのだ。事は別々のようだが、不仁を罪する道であることは一つだ。

お前はこれを察しないで、おのれを善とし、ひとを悪とし、大いに憤怒してその仇《あだ》を返そうと思っているが、お前は一人の力であり、打ちこわした者は大ぜいだ。寡《か》をもって衆をやっつけようとしても、どうしてできるものか。たとい官の力を借りてこの恨みを返し得たとしても、大ぜいの者の子孫がまた時節を待ってお前の子孫をやっつけ、その仕返しをするだろう。いつになったら安堵《あんど》の道が得られると思うのか。官は明らかにこの道理を悟らせようとしてお前を捕え投獄して、みずから罪を反省させようとした。これは、お前を滅亡の憂いからのがれさせ、町内の者と共に平和に帰せしめようとの仁恵である。してみればお前の身にとって絶大の高恩ではないか。これさえ察せずに、宮の処置が偏頗《へんぱ》だとして恨む心がある。自分で瓜をまいて瓜がなったのを怒る。実に浅ましいではないか。お前はいま家の再復を求めているが、家の再復はお前の心にあって、ほかにあるのではない。もしおのれの非を知って大いに天を恐れ、一身を艱難の場に置いて他人の困苦を除こうとする行いを立てるならば、禍《わざわい》はたちまち変じて福となり、一家再興の道も自然とその中に生ずるのだ。」

と教えた。孫右衛門ほか三人は大いに感じ、憤怒の心が消え去って、もっぱら教えに従いたいと請うた。先生は言った。

「では、お前の家はこわされて、なお余財も焼け失《う》せたとは言え、元来長年の富商である。残ったものがないわけではあるまい。これを集めればどれくらいの値段になるか。」

「すっかり集めれば五百両（約二千万円）もございましょうか。」

「それを家に置いては、一物でも、お前の家の禍を残したことになる。およそ一家がこわされたとき、その場にあった物は皆ことごとく禍の物であって、お前の身に害があるものだ。なぜならば、そういう物があったからこそ、この大災難に及んだのだ。これをわが物だとして、残ったのを喜ぶ気持がある限り、それは災害の根を残して、再び家を滅ぼすものだ。これをことごとく除き去らなければ安全にはなれない。お前の余財はお前の家の病毒である。すみやかにこれを取り去るがよい。このことができなければ、お前の家は亡びるだろう。」

四人は感心もし、驚きもし、互に顔を見合わせて答えなかった。なぜならば、その余財でさえ不足として、無利息の金銀を借りて一時に家を富まそうと計り、先生にその道を求めようとして来たのに、いま余財をことごとく去らなければ立つことができないという言葉を聞いて、心中大いに惑ったからである。ただ宗兵衛だけは心中大いに喜んだ。なぜならば、始めから孫右衛門を先生の教導によって善に帰せしめようとするほか他事はなかったのだが、言うことをきかないので、無利息金を借りて志願を達せよと利をもって誘い、先生のもとに連れて来たのだからである。先生はまた言った。

「私が教えたことは君子の踏み行うこと、小人の忌みきらうことである。お前たちは、もとより目前の損益得失にばかり心を奪われているから、どうして君子の道を行うことができよう。早く引きさがって、お前たちの思うようにするがよい。」

孫右衛門は言った。

「いま先生は愚かな私を哀れまれて、このように尊い教えをお示しになりました。どうしてお教えに従わないことがございましょう。余財を除き去れとおっしゃいますが、どこに取り去ったらよろしいのですか。」

先生は次のように教示した。

「何も海や川に投げこめというのではない。お前の家をこわした町の人々は、仇《あだ》ではなくして、お前の欲心を砕き、祖先以来の悪因を破り、お前に善心を起させて、永く家を相続させるために、身の罪科をも顧みず、一身をなげうってお前の家を打ちこわしてくれたのだ。これを恩人と言わないでよかろうか。けれども、彼らは心にこの道理を知ってやったのではなく、一たんの渇命に迫られたからなのではあるが、心眼を開いてこの事件を見れば、自然の道理はこの通りだ。お前の家は町の者がこわさなければ、これに幾倍する災害が必ず来るだろう。その時に至ったならば、天意のあるところ、決して人力で救うことができるものではなく、何を恨み、だれをとがめようもない。しかるに町の者が打ちこわしてくれたがために、お前が大きな善業を行い、子孫繁栄の善種をまくことができるとすれば、町の者のなした禍は全くお前にとって得難い幸いである。だから、すみやかに一心を改めて、この道理をはっきりわきまえ、五百両の余財を町内に出して、こう言うがよい。――今年（先年）、非常な凶年に当って、互に艱難を助け合うべき時が来たのに、私が愚か者でその時期を誤り、皆さんに大そう苦労をかけたのは、みな私一人の過ちです。先非を悔いても仕方がないので、打ちこわしの余財で火事にも焼け残ったものを集めたところ、わずか五百両だけ出来ました。これを一物も残さず町内の貧苦の助成のために差し出しますから、その処置は皆さんの御随意にして下さい。ほんのわずかの物で、あまり補いにもなりますまいが、余財がないので仕方がありません。これを分配して困窮の一助とするか、または別に潤助の方法があるか、皆さんでよろしくお計らい下さい。これは私が先非を悔い、過ちを改めるためです。皆さんが、愚かな私の志を哀れんでこの望みをかなえて下されば、はなはだ幸いです――こう言って差し出すのだ。一文もこれを惜しむ気持があってはならない。また他人を恨む念慮を一切生じてはならない。このようにして、平和に治まらないことは大昔以来あったことがないのだ。

そして、お前が衣食がなく、命を保つことができないとすれば、お前は平常船を持って江戸に通船し、その運賃を得ていたそうだが、これは打ちこわしの災難とは関係がなかったようだ。だからこれによって今日の露命をつなぐがよい。いまの時節に当っては、大いに身を屈して艱難をつくすのが、お前の福の種になるのだ。もしも私の言葉に従ってこの道を行い、それでも町の者がますます不平を生じ、お前の家もいよいよ危くなるようなことがあれば、私が早速五百両を与えよう。決して心配することはない。」

四人は大いに驚き、始めて夢がさめたように感じ、すこぶる喜んで無上の教えに三拝し、「早速この事を行います」と言って大磯に帰ったが、さて四人で談合してみると、先生の前で教えを受けるときは卑しい心が消え去って大道がはっきりわかったような気持がしたのに、いま家に帰って考えてみれば、再び凡情の迷惑が生ぜざるをえない。そこで浦賀の二人は、「まず家に帰って縁者ともこの事を相談し、これから決めよう」と言って、浦賀に向けて帰途についた。

途中鎌倉まで来ると、もう日が暮れた。しかも雨降りで、道は一尺先もわからない。ある寺（円覚寺）の淡海和尚《おしょう》は当時の名僧と唱えられ、博学多識で、遠近からその徳を称せられていた。宮原屋一族はこれに師事すること久しかった。そこで、この寺に宿って明日帰ろうと相談し、二人はそこへ行った。和尚が出て来て、

「お前さん方、日暮れになってここへ来るとはどうしたのじゃ。」

とたずねた。二人は、

「大磯宿の孫右衛門一家の再復の道を二宮先生にたずねに行ったのです。先生の教えられたことはこれこれこのようで。」

と、つぶさに淡海に物語った。和尚は大いに感嘆することややしばし、

「まことに尊い教えで、その理法は実に無量じゃ。お前さん方は、何と決心された。」

と聞いた。二人が、

「まだきまりません。家に帰って親族と相談し、それからきめようと思います。」

と言い終らぬうちに、和尚は声を励まして言った。

「わしはお前さん方を教えて長いことになるが、いま、それほどの至教を受けながら、その深い道理が了解できぬとは、何たる愚か者じゃ。偉大な善道を聞いて、すぐにその道に進むこと

ができず、家に帰って相談しようとは何事じゃ。お前さん方でさえその大理がわからぬくらいなら、ほかの俗人どもにどうしてわかるものか。いや当世にこのような大道理をもって人を教え、至善を行わせる大徳の人があろうとは思わなんだわい。ここへ泊って行けと言えばお前さん方の心にかなうだろうが、わしは、宿を許さない。早く家に帰って事をきめ、寸刻も争って大磯に行って、その道を行うがよい。わしは多年のよしみで、今夜の止宿をことわる。これはお前さん方を道に至らせたいと願うからじゃ。」

二人は大いにかしこまり、雨中の夜行で、艱難しながら家に帰った。

さすが名高い淡海和尚の一言によって、二人はいよいよ意を決し、早速親族に話をして、再び大磯に至り、和尚の教えを孫右衛門に告げた。ここにおいて一同決心がきまり、残っていた器財を一物も余さず売り払って五百両を得た。そこで宿場の長たるものに、先生の示された通りに告げてこれを差し出した。長はこれを聞いて大いに驚き、どうしてよいかわからず、とりあえず預かって、人々と相談した。人々も皆慚愧《ざんき》して、むかしの憤怒は消散し、

「わしらはばかで人の道を知らず、飢えに苦しんで乱暴をやって、その罪を償うすべもない。孫右衛門にどんなに恨まれても言いわけする言葉がないくらいだ。それだのに、いまその余財をすっかり出して、わしらの困苦を除く足しにしてくれという。せっかくの彼のまごころだが、わしらとしては面目なくて、どうにもこの金を受けることはできない。」

と言い合った。宿場の長は言った。

「皆さんの言うことはもっともだが、孫右衛門は非常の決心でこの金を出した。こちらで受けないと言っても、決して引っこめはすまい。これは、彼の信義の志にまかせて、処分したほうがよい。わしが思うには、町のために出した金であるから、面々が分け前を受け取ってむだに費しては、いよいよ彼の誠意を失うことになる。そこで、これを無利息年賦として貸し渡し、貧窮の者が一家を安定する費用にあてよう。そうすれば何年かたつうちに町内の艱苦は免れ、どの家も無事にやってゆけるようになるだろう。そうしてから孫右衛門に恩返しをすることもむずかしくないと思うが、どうだろう。」

一同はこれを聞いて大いに喜び、その言葉に従った。これからというものは、積年の恨み憤りは氷解し、町内の者が孫右衛門を信頼すること父母のごとく、争いの心が消えて一家がむつみ合うような有様となった。孫右衛門も大いに喜んで、いよいよ艱難に安んじ、節倹を守り、分に応じて商売をし、再びすこぶる多くの余財を生じたのであった。

のち代官所から、大磯宿引き立ての方策があれば、町内の者一人ごとに封書で申し出よと命令があった（天保十一年＝一八四〇、一月）。先生はこれを聞いて言った。

「孫右衛門の禍が転じて福となる時が来た。すみやかに再び余財を出して、町内を引き立てようと願い出るがよい。この時機を失ってはならない。」

孫右衛門は喜んで、再び多額の金（五百両）を出して、官に申し出た。官は大いに感心し、孫右衛門を呼んで賞詞を下した（同年二月、代官江川太郎左衛門大磯通過の折、直接に、賞詞と白銀二枚を与えた）。これから彼の美名は遠近に響いて、その名を聞きその人を慕わぬ者はなかった。これはみな、先生の高徳風化のいたしたところで、まことにこの上ないことである。

しかし、のち数年を経て、孫右衛門は次第に倦怠《けんたい》の気分を生じ、教えを無視して我意に流れ、ついに昔差し出した金を自分の家業の用として、すみやかに家を興そうと計った。先生は人をやってこれを再び教えたが、従わず、ついに多大の金銀を失って極貧に至ったのであった。

実に、先生の教えに従うときは、いかなる紛擾《ふんじょう》争乱も、たちまち安穏《あんのん》平和となり、いかなる災害も幸福に転ずるが、ひとたびその教えにそむくときは、またたちまち積年の功も一時にすたれるのである。この事件は、小さい事のようではあるが、深遠な大道がその中に存している。これを悟らなければならない。

著者はこう考える。およそ商売を業とする者は、常に利益を求めるに汲々《きゅうきゅう》として、善を積んで長久の計をすることなど少しも知らない。災害が重ねて襲来すれば、いたずらに天を恨み人をとがめるばかりで、到底敗亡を免れることができない。孫右衛門のごときはそれであった。先生がその困窮を救われるに当っては、既往を明らかにして将来を察し、滅亡を変じて存続とし、禍を転じて福とせられた。その深謀遠慮は、ただ至仁の人にのみ期待できることで、凡人の及ぶところではない。けだし先生が一戸一村の廃頽《はいたい》を復興せられるに際し、このような事例は前後枚挙にいとまがない。いまかりに一、二を記して、その社会を利し事物を救済されるに、細大となく、ことごとく至誠から出たことを示したのである。

補注　最初の余財整理の結果は、男物四〇点、女物一〇二点、計一二二両余、ほかに現金を合わせて七五〇両余であった。再度先生の指示を仰いで、その内五〇〇両を町内へ差し出し、残り二五〇両余は商売の資本とし、伊三郎を支配人として一切をまかなわせ、孫右衛門は野州・小田原に往来して修業することになった。

二度目の推譲は、天保十一年（一八四〇）始めのことで、大磯宿の疲弊がはなはだしく、公用の借財八～九〇〇両にも及んだので、代官所はその立て直し方につき意見書を求めた（一月）。先生の勧めにより孫右衛門は財産を整理し、現金一一一両余、米麦等三六六両余、貸付金二八一両余、合計七五九両余のうち、貸金を除いた五〇〇両を差し出し、十箇年賦として償還の後は、くりかえし貸し継いで宿内永久の助成にしたいと申し出たのである（二月）。孫右衛門は代官直接の表彰を受けたほか、韮山《にらやま》の御用商人多田弥次右衛門の納金に六～七〇〇両の助成をして再び賞せられ、今後何事によらず意見を直接具申せよと申し渡された。

右のように、二回にわたり十両の推譲をしたが、先生からはそれ以上の額すなわち一、一一三両余の報徳金を半ばは無利置据、半ばは無利十箇年賦として貸し付けられたので、孫右衛門は不浄の財を出して浄財を得、これによって一家立直しをすることができたのである。

以来彼は美名遠近に聞え、報徳連中の往来、報徳金送達の中継が盛んとなり、家業も繁栄し、大磯・小磯一円に報徳仕法が伝播《でんぱ》する契機をつくった。しかし、嘉永五年（一八五二）に至って、先生は、川崎屋も仕法以来十五年、最近は音信がないが定めし家産も傾いたであろうと言われたので、宗兵衛は孫右衛門にこれを告げた。果して営業は放漫となっていた。彼は後悔し、再び先生の教えと報徳金の貸付を請うたが、翌六年類焼にかかって困難を増した。安政三年（一八五六）報徳金二五〇両を借用して家政再建に着手、一子惣次郎に相続・襲名させて隠居し、卯兵衛と称している。

浦賀の宮原屋一族は、川崎屋仕法の因縁から先生の指導を仰ぐことになり、本家の相続人の更生も先生に依頼し、浦賀・三崎一円の報徳仕法に相当の貢献をした。この一族にあてた「大学料理」の書簡は有名である。

二、中村玄順、先生に面会の発端《ほったん》

野州芳賀《はが》郡中里村（栃木県真岡市「中《なか》」の内、桜町の西方二里）の玄順（元順が正しい。）という者は、代々の農民であったが、すこぶる世才があって、口前が達者であった。農事を好まず、医術を学んだり、あるいは撃剣を学んだりして、世に出ようという志があった。けれどもその医業も未熟であったので、人は信用しなかった。あるとき妻に向かってこう言った。

「こんな辺鄙《へんぴ》なところに身を置いたのでは、学芸技術があっても名を揚げるに足らない。およそ名を揚げ、幸福を得ようとするには、場所を選ぶのが大切だ。それゆえわしは江戸に出て、医術をもって名をあらわそうと思う。お前は一しょに行くか。」

妻はこの言葉のあてにならないこととはわかっていたが、夫の言うことで、やむをえず「行きましょう」と言った。

玄順はそこで田地を村民にあずけて、妻子と共に江戸にのぼり、下谷《したや》の御成街道《おなりかいどう》（上野広小路辺か）に住いを定めて、黒川玄順と門札を掛け、医業を渡世とした（文政三年＝一八二〇、二十七歳の時）。しかし、もとよりその医術は下手《へた》であったから、人が信用せず、年月がたつにつれて貧困が極まり、すでにその日の煙を立てかねるまでになった。玄順は生計の道に百方手段をつくしたが、いわれなく金の出来る道はないから、妻子の衣類を質に入れて、その日の食に当てるようになった。妻は嘆息して玄順に向かい、

「あなたの医術はもとより下手で、野州の片いなかでさえ商売になりません。ましてこの大江戸で、良医や博学の者が軒を並べたところへ出て来て、幸運を求めようとなさる。私は始めからだめなことがわかっていました。けれども夫の命令に従わなければ婦道が立ちませんから、やむをえず、一しょにここへ来ましたが、果して貧窮になってどうすることもできません。この上このようにして年月を送っていたら、一しょに飢え死にするばかりです。お願いですから私にお暇を下さい。女の子二人のうち一人は私が連れて故郷に帰って、人の田を借りて耕してでも二人ぐらいの口は養います。」

と、恨みを含んで離縁状を請うた。玄順は愕然《がくぜん》としてこれをなだめたが、きかず、やむをえずにその要求に応じた。妻は一人の女の子を連れて故郷に帰り、玄順はそれからいよいよ貧苦に堪えなくなった。

玄順は細川侯（長門守《ながとのかみ》）の藩医中村某（周圭《しゅうけい》）なる者と懇意にしていた。そこで彼をたずねて同情を請うた。中村は言った。

「あんたは借金が多くて貧窮がはなはだしい。わしの微力では救い切れない。それで、早く家財を借金にあてて一家を引き払い、わしの所へ来るがいい。わしが養ってあげよう。ほかに仕方があるまい。」

玄順はその言葉に従って家を引き払い、中村の長屋に来て居候《いそうろう》となり、薬種を刻んだり代診をしたりして、何年かたった。ところが中村某はにわかに病気にかかって死んだが、子供がなく、家が断絶に及ぼうとした。細川侯はこれを哀れんで、数年中村が懇意にしていた玄順であるからとて、これを養子にして家を継がせた。ここにおいて中村の不幸は玄順の幸福となり、君侯の扶持《ふち》で生活ができるようになった。しかし、もとよりその腕はつたなかったから、利を得ることは少く、金を費すことは多いため、たちまち借財が二十五両にもなり、（実は四、五十両）これを償おうとしてもその方法が得られなかった。

そこへある人（物井村の岸右衛門で、玄順と近親関係があった。）が、

「野州桜町の陣屋で廃村再興の道を行っておいでの、二宮先生という方があります。いつも無利息金を貸して人の艱難を救われるので評判です。現在西久保《にしのくぼ》（港区虎ノ門五丁目11）の宇津家の邸内におられますが、あなたはこの人に頼んで無利息金を借り、借財を返すようにしたら、

大した仕合せでしょう。」

と告げた。玄順は大いに喜んで、すぐに西久保に行き、横山周平（平太）に会って、先生に面会を請うた。横山はこれを先生に取りついだ。先生は、

「私には大切な仕事がある。医者に会って閑談する暇などはない。」

と言って許さなかった。玄順は一応引きとったが、再三来て嘆願してやまなかった。横山は彼の貧しいのを哀れみ、先生に請うことはなはだ切であった。先生は横山のために、やむをえず玄順に面会した。これが細川侯の仕法の発端である。

三、先生、玄順に忠義の道をさとす

時に天保某年（三年＝一八三二）某月、中村玄順は西久保で先生にまみえ、二十五両の恩借を請うた。先生は言った。

「現今負債のために苦心しているものは、決してあなただけではない。あなたの主君の政治は正しく行われ、国は富み、民は豊かですか。」

中村は答えた。

「決してそうではありません。領村は大いに衰廃し、土地は荒れはて、人民は困窮しています。それがため租税も三分の二も減少しました。主君の艱難はもちろん、藩中へ給与も行き届かず、

これほどの貧窮は、広い天下の諸侯中でも一番でございましょう。私の扶持《ふち》若干も名前だけでその実はありません。それゆえこのように困窮しました。どうか先生私の窮乏をお哀れみ下さい。」

先生は顔色を正して言った。

「はてさて、あなたは間違っておる。およそ人臣たる道に、武士と医者との区別があろうか。みな、おのれの身を顧みず、君家のために忠義をつくす以外にない。いま主君は艱難に迫られて公務も勤められず、国民撫育《ぶいく》の道を失って、進退窮まっておられるのではないか。人臣たるものとして、身をなげうち、命を捨てて君の艱苦を除き、その憂慮を安んじ、国民をして困苦を免れさせ、仁政に浴せしめようと、心力をつくすことが、臣たるものの本意ではないか。しかるに君民上下の大患を度外視して、ただ一身の貧苦を免れ安心せんがために、私のところへ来て、そのような事を求める。何でこれが忠といえよう、どうしてこれを義といえようか。

私は小田原侯の命を受けて、それまで二十年間万苦をつくして祖先以来の廃屋を再復した、その財産を残らず売り払い、これを種として野州の領村の廃亡を興し、その民を安んじようとして日夜心力をつくしておる。それでもなお行いが足らず、いまだに君の心を安んじ民を救うことができないのを戦々兢々《きょうきょう》と恐れている。しかるに、あなたがたびたび来て面会を求めるのは、君家上下の艱難を憂い、その道をたずねんがためであろうと思った。私には私の勤務があって寸暇もなく、ほかの諸侯の事を談じている余裕など全くない。そこで再三あなたの請いを許さなかった。しかし横山周平氏がしきりに一度だけ会ってやってくれと求めてやまない。いまあなたに会ったのは、あなたの請いに応じたのではなく、横山氏の求めを無視できないため面会したのだ。しかるに、あに図らんや、人臣として君家の憂いを顧みず、自己一身の安心を求める言を聞こうとは、実に心外である。あなたの要求はごくわずかな金額ではあるが、その心構えが私の心に反している。決してその求めに応ずることはできない。早く帰られよ。二度と来ないでもらいたい。」

玄順は大いに恥じ入った。みずから大義をわきまえずに、いま先生の教戒を聞き、撫然《ぶぜん》として自失したように、茫然《ぼうぜん》として酔ったように、沈黙やや久しくしていたが、やがて

「ああ間違っておりました。私も不肖の身ではございますが、いささかは道を聞いたこともございます。君家の艱難を憂えぬわけではありませんが、不肖な身の及ばぬところとして、自己一身の哀れみを請いに参りましたのは、まことに浅ましいと申しましょうか愚かと申しましょうか、いま先生の至教を伺いまして、慚愧《ざんき》と後悔で身の置きどころもございません。愚かな私ではありますが、今から卑しい心を洗って、いささかなりと上下のために心力を尽そうと存じます。先生どうか私の失言を見のがされ、今後御教導下さいますよう。」

と陳謝して、再拝した。先生は笑って、

「あなたの心構えが人臣の道にそむいていたから一言したまでのことで、何もあなたを教える道などは知らない。」

と言った。中村はいよいよ恥じ、後日の再会を請うて、柳原（千代田区神田須田町一丁目）の藩邸に帰った。

四、細川侯、玄順をして領政再興を依頼させる

細川侯はすでに七十歳を越えたのに男子がなかったから、有馬侯の次男辰十郎（又は喜十郎、興建）君を養子とした。当時辰十郎君はまだ家督を継がなかったが、この人はすこぶる英才があって、国家の衰弱、上下の艱難を憂い、いつか経国済民の道を行って再興したいものと、心をつくされていたが、その方法が得られなかった。あるとき玄順が君前にあって、古今を問わず、人物によって国家の盛衰することを談じた。辰十郎君は感慨深げに沈黙してこの話を聞いていたが、近習《きんじゅう》の者を引きさがらせて、ひそかに玄順に向かい、

「余は有馬の家に生長して、艱難の経験がない。この家の養子となってから、上下の困窮が比類ないことを知った。このようにして年月を送ったならば、負債は山のごとく積んで、ついに亡国同様となるであろう。余はひとたび家政を改革して一家を再興し、養父の心を安んじ、領民の困苦をも除きたいと思っているが、不幸にしてその方途を得ない。そちにもし思慮すると

ころがあるならば、国家のためにことごとく申すがよい。余はひそかに参考にするであろう。」とたずねられた。玄順はかねてから、先生の良法のことを言上し、君家を興し功業を立てて、一身の栄利をも取ろうと図り、その時機をうかがっていたが、いまこのような下問を得て心中大いに喜び、時至れりと平伏して、

「まことにわが君の御憂慮の通り、連年このようにして年月を経ましたならば、いかんとも手の施しようがなくなるでございましょう。私は医をもって仕えておりまして、国家のまつりごとに関与する者ではございません。しかるにわが君が群臣にはお問いにならず、私にのみ御下問になりましたのは、私がかねてより、その職にはございませんが国事を憂えております、その微忠をお察しになったからでございましょう。この上は意中を残らず言上しなければ必ず不忠の罪を免れません。そこで言上つかまつるべき一事がございます。

国家の衰廃を興そうということは、非常な俊傑でなければ不可能でございます。まして私のごとき愚かな者が、どうして国家に有益な道を存じましょう。ここに希代の英才がございます。名を二宮金次郎と申します。もと相州小田原の民間に人となり、非常の行いを立てまして、その知略徳行は万人にまさっておりました。小田原侯はこれを挙げ用いて、分家宇津家の領地の衰廃再興を任ぜられましたところ、数年にして功業成就し、三箇村の民は危急の艱苦を脱して平安の地を得、貢税は往時の倍額に増加し、宇津家積年の艱難はこれがために免れました。小

田原侯はその功を賞讃なされ、十一万石の領地再盛の事を任じようと考えておられます。その事業徳行の詳細については、到底一言で申し尽せません。実に世にまれな人傑でございます。

私は故あって二宮に一度面会することを得、その高論を聞きましたところ、滔々《とう〱》として大河のごとく、治乱・盛衰・存亡・吉凶の生ずるところの根元を語り、滾々として尽きるところを知りませんでした。わが君がもしこの人に国家再興の道を委任せられ、その指揮に応じて家政を改革し仁術を施されますならば、十年をいでぬうちに上下の艱難を免れ、大いに国家の大幸を開くべきこと、疑いもございません。その良法を行われますならば、私も愚かながら二宮の教示を受け、上下のために一身をなげうって、再興の事業に心力をつくしたいと存じます。わが君は興復の事の大体をお守りになり、私がその実地の業務に力をつくしましたならば、どうして成就しないことがございましょう。」

と、弁舌をふるって言上したから、辰十郎君は大いに喜び、

「まことにそちの言う通りならば、無双の英傑というべきである。二宮の力を借りてその指揮に従い、そちと心を合わせて勉励したならば、志願は必ず成就するであろう。ただし、ここに一つの難事がある。それは、群臣が数年の困苦に迫られてすこぶる仁義の気風を失い、みずから功を立てることを好み、人の功を妬げ他の善行を忌む心が盛んであって、国家のために私心を去って忠をつくそうとする者がはなはだ少い。いま大業をそちと共に起そうとするならば、

これを聞き、その是非を論ぜずに、いたずらにこれを拒むであろうこと、必然である。余はまだ部屋住《へやず》みの身であって、命令を専決することができない。この事を公然と開始したならば必ず成就できないであろう。それゆえ、そちはひそかに行って、余が苦心するゆえんと、二宮の道を行って国家を再興しようとする意中とをつぶさに二宮に告げ、当面の処置をたずねてくれい。二宮が余の苦心を察したならば必ず哀れんで、大知をもって適宜の処置を示してくれるであろう。そうすればまたこれに応じてなすべき道が得られよう。必ず誤りのないよう運んでくれい。」

と命ぜられた。玄順は喜んで、

「わが君にはどうぞ御心配なさいますな。私が宰我・子貢（共に孔子の門人中の雄弁家）のごとき弁舌をふるって君意を貫徹し、二宮の良策を得て再び言上つかまつります。」

と言って引きさがり、再び先生のもとにおもむいた。

五、玄順、細川侯の内命をもって桜町に至る

時に天保某年（五年＝一八三四、冬）、中村玄順は主君の内命によって西久保に先生を訪れた。横山が出て（実は横山周平は前年九月に病没した。横山の子息平太であろう。）、

「先生はすでに野州に帰られた。拙者も近日中にかの地へ行きます。」

と言った。中村は大いに失望し、柳原に帰ってこの旨を言上した。辰十郎君はこれを聞いて、

「それならばそちはすみやかに野州に行って余の意思を達してくれい。このことは父君にもひそかに申し上げたところ、父君は大いにお喜びになり、『群臣に漏らさず、穏便に事を整えよ。』と仰せになった。さて、もしそちを野州に行かせたならば、諸臣は必ずこれを疑い、そこから事の破綻《はたん》を生ずるであろう。そちが野州に行っても人が疑わぬような方法を案出せい。」

と言った。玄順は答えた。

「その方法は私すでに考えております。いまわが君の奥方は懐妊あそばされて、はや五箇月になっておられ、これは群臣がみな知っておることでございます。ところで野州桜町を去ること数里（北方約四里）のところ（栃木県芳賀《はが》郡芳賀町下延生《しものぶ》）に地蔵がありまして、延生《のぶ》の地蔵と称しております。これは安産を守ると申し、貴賤《きせん》にかかわらずこれに安産を祈るのでございます。いま家老以下をお召しになりまして、——野州の延生《のぶ》の地蔵に祈るときは安産疑いないと聞く。しかしながら国を隔てて諸臣の内から遣《つか》わし、人の耳目に触れてもいかがかと思う。玄順は医者であるから、いずれの国に行っても人は怪しまない。よって彼にこの事を命じ、かの地に至って平産を祈らしめよ。——と御下命なさいませ。群臣はこれを聞いて、決してその事を疑いますまい。」

辰十郎君は言った。

「それは妙策である。」

ここにおいて、この由を下命した。家老はその命を受け、玄順を呼んでこれを命じた。玄順は喜んでただちに野州桜町に至り、先生にまみえて、

「先般、私は不肖のため、国の大事を差しおいて自己一人の細事をお願いいたしました。先生は私を哀れまれ、大義をもってお教え下さいました。以来私はみずから悔いて志を立て、君に忠義をつくそうとしておりました。ところが、『内に誠あれば外に形《あら》わる』（大学）という古言はまことに至言でございます。主君は早くも私の志願を察して、国事について尋問せられました。私はこれこれこのように答えました。主君は大いに先生の高徳を慕われ、お力を仰いですみやかに国事をゆだね、興復のまつりごとを任せたいとお望みになりました。しかしながら、一藩の人心は放縦《ほうしょう》となり、士風を失っておりまして、公事を後にして私曲を先にし、たまたま忠義を志す者があれば、すぐさまこれを退け、日々に他財を借りて目前の費用にあてようとするばかり、君家の借財はすでに十万両をこえ（約十三万両）、領地の租税は年々に減少しております。本家の細川家は、本家分家の由緒《ゆいしょ》により連年出財してこれを補助せられ、その金額はすでに八万両にのぼっていると申します。しかも貧困は年ごとに迫って参り、本家もこれを救うすべはないとて、『柳原の大どぶ』と唱えております。その意味は何万両を投じても、少しもかいがないことをどぶにたとえたものだと申します。人情は次第に軽薄に陥り、人の善事を

妨げて人の悪事を喜びます。いま弊政を改め国家を再盛する大業を発しようとしますれば、群臣は異議を囂々《ごうごう》と唱えてその道を疑い、諸人の心を惑わしてこれを妨げること必定《ひつじょう》であります。御当主はすでに老年となられ、御養子はすこぶる仁心があり才知に富んでおられますがまだ家を継がれず、政令をお一人で出すことができません。そして突然にこの大業を発したならば群臣の不服のために失敗に及ぶ憂いがあります。そこでこの憂いを生ぜず、自然と諸臣の心を承服させ、この道を開くことのできる良策を、先生の所に行ってお願いせよと命ぜられました。先生には主人の心労を明察せられ、一言教えを施して下さいますならば、主家上下の大幸は何事もこれに及ばぬものでございます。」

と、弁舌をふるって申し述べた。先生は細川侯の憂慮を察し、その艱難の事情を哀れんで、玄順に向かって次のように教えた。

「私は小田原の臣として、ほかの諸侯の政事を談ずることはできない。まして何のいわれがあってその委任を引き受けられよう。けれども、君主が賢明で仁心があり、しかも人民はその恩沢を被ることができず、ついに上下の極窮に至ったことは、実に嘆ぜざるをえない。是非にということであれば、一言を呈しよう。

およそ国が衰乱に瀕《ひん》するのは、その国の分度が明らかでなく、収納をむさぼり、支出に制限がなく、用費に節度がないため多額の不足を生ずる。それでもみずから省みて節倹を守ることができず、他人の財を借りたり、あるいは領民を搾《しぼ》り、先納の名義で奪い取ってその不足をみたす。連年このようにしてますます困窮し、国民はその君の不足を恨んで、あるいは離散し、あるいは農事を捨てて末利に走り、国土はこれがために荒地となり、租税はいよいよ減じて、上下の艱難は極度に達する。ここにおいて公儀奉仕の道を失い、一藩を扶助する米財すらなく、士風は卑陋《ひろう》薄情に流れ、わずかばかりの利を争って、ついぞ忠義の何ものたるかを知らぬようになり、上下の危いこと、累卵のごとき有様となるのである。この禍《わざわい》は何によって生ずるか。ただ国に分度が立たない過ちである。国に分度がないときは、幾万の財を入れても破れ桶《おけ》に水を入れるように、一滴も保つことができない。

いまあなたの君家は極難であるが、明らかに分度を立てて節度を守り、仁術を行うならば、国の復興は困難でない。わが日本が神代のむかし豊葦原《とよあしはら》であった時、どこに開田用の米麦があったろうか。どこに金銀財宝があったろうか。天祖の御丹誠によって、この豊葦原をお開きになって以来、海内《かいだい》はこのように豊饒《ほうじょう》繁栄の国となったのである。してみれば、この大道によって国の衰廃を興すに、どうして開闢《かいびゃく》以来葦原をお開きになったような困難があろうか。いま四海富み豊かな時に生れて、いにしえの艱難を顧みず、もっぱら奢侈《しゃし》に流れ節倹の道を捨てて、安逸を事としているからこそ、衰弊が立ちどころに至るのである。この弊風を改めて本源の道に立ち帰らないかぎり、百計をつくしても決して国の衰亡を補うに足らず、かえってその廃亡を促すだけである。私がこの土地を興復したのは、すなわちこの大道によったのである。あなたの藩の君臣が心をここに用いて力をつくしたならば、どうして廃国の興らぬことがあり得ようか。

それから、諸臣下の妨害があろうと憂えるのも、これまたその道が明らかでないためである。いま国家再復永安の道を明確に調べ、この通りにすれば国は盛んに、民は安らかとなり、この通りにしなければ国はますます困窮して滅亡に至るであろうと、この二途を明らかに群臣に示し、いずれの道に随《したが》うかと問うときは、いかなる佞臣《ねいしん》邪曲の者があっても、居ながら国家の滅亡を待とうと言う者はあるはずがない。必ず一同、再盛安堵《あんど》の道によろうと言うであろう。その時に当って群臣の言葉にまかせ改革して仁術を行うならば、その本は君意から出たものではあるが、実行の決定は群臣の望みに応じたのであるから、内心仁政を忌む連中があっても、一たんこの道を行おうと言いながらすぐに妨害をしたのでは、いたずらにその身の刑罰を招くだけであり、至愚の者でも決してそのようなことはしないのである。これこそ、君意から出たのでは事を成しがたいとき、その君意を群臣の希望に帰着させて事を成就する道である。どうして心配することがあろうか。」

玄順は大いに感服し、「この道を行います」と言った。先生はなお、

「国の根本たる分度を定め、盛衰存亡を明らかにするのは、あなたにできることではない。国

の貢税の古帳簿を、過去十年分持って来なさい。私がその道を明らかにしてあなたに教えてあげよう。これが国家再興の本体になるのだ。」

と言った。

玄順は大いに喜んで江戸に帰り、つぶさに先生の深慮良法を言上した。両君は大いに喜び、豊凶十年間の租税簿を持って再び玄順を野州桜町におもむかせた。

補注　玄順が二月十日出発帰府してみると、不幸にも藩邸は数日前の火災で類焼していた。玄順はその混雑の中で両侯に復命した。藩は、折よく出府せられた先生の周旋によって、小田原藩所有の本所割下水の屋敷を譲り受け、四月、ここに移転した。このような因縁から、細川家の上下とも先生を徳とし、仕法依頼の気運が進み、六月、玄順を桜町につかわした。先生は仕法の実行が容易ならぬ決意と忍耐とを要すること、医者たる玄順ではなく、当路者の職責において遂行すべきものであること、公式の依頼がなければ交渉に応じ難いことなどを答えられた。玄順は再び復命し、上下の決意と理解とを進め、いよいよ正式に依頼と決したので、九月、資料一切を携えて桜町におもむいた。

報徳記　巻五

一、細川侯の分度を定め本家分家の道理を説く

中村玄順は、租税の帳簿を持って桜町に出向き、両君が大喜びである旨を申し述べた（天保五年＝一八三四、九月）。ここにおいて先生は、筆算者（及び領地の役人）を集め、夜を日に継いで既往の租税を調べ、豊凶平均の額を算出し、多からず少からずその中《ちゅう》を執って（「中を執る」は書経の言葉。）国家衰時の天分を明らかにし、その上、盛衰存亡の理をはっきり握り、度外の財を産み出して荒地を開き人民を安んじ、上下の艱難を除いて永安をもたらす方法を、円相の図によって解明して、国家の安危を一目了然とわかるようにされた。数十日かかって数巻の書類が完成した（十月）。そこで玄順に対して次のように教えた。

「国家興復の道はこの通りである。あなたはこの書物によって主君の惑いを解き、明らかに群臣に示して可否を決せられるがよい。いま新旧の負債を計算すると十二万両を越え、領村谷田《やた》部《べ》（茨城県つくば市谷田部、その附近四二箇村）・茂木《もてぎ》（栃木県芳賀《はが》郡茂木町、その附近二七箇村）の租税を全部あててもその利息を償うに足りない。このようにして国を保とうとは、実に危い話ではないか。けれども、分度を守り、仁政を布《し》くならば、多大の米麦を生じ、幾十万両の借財でも皆済し、何千の困窮民でも安んずることができる。ただ憂慮するのは、君臣上下がこの分度を守り切れず、目前の利に迷って、ついに仁術の実行を仕遂げられぬようになることだけである。ところで、本家の細川侯は代々仁心があって、あなたの君家を補助されること八万余両、

実に信義憐恕《れんじょ》の道至れり尽せりと言うべきである。あなたは主君に言上して、改革復興を行おうとすることを、つぶさに本家に申し入れて、この書類を差し出すようにするがよい。これで本家年来の憂慮を安んずる一端ともなり、ますます仁恕《じんじょ》の道も生ずるであろう。手落ちのないように。」

すると玄順は顔色を変えて言った。

「いや、本家分家とは名前ばかりで、実際は親和の情がありません。数年来音信も途絶えて、家来の往来もない有様です。どうして今このことを本家に通ずる道がありましょう。」

先生は怪しんでたずねた。

「本家分家の親しみがないならば、どうして八万両も助力したのか。」

玄順は答えた。

「本家では極力わが君家を親しませようとして、そうしたのです。けれども当方では、二百余年以来本家を恨む原因があって、その働きかけに応ぜず、八万両の助力は受けても謝礼のあいさつもしませんので、近年本家もついに手の施しようがないことを察して助力することをやめ、往来の道が絶えたのであります。

そもそも怨恨《えんこん》の根元というのは、細川三斎（熊本細川侯の先祖）君は、わが主家の先祖興元《おきもと》君の実兄でありました。興元君は、幼少のころから剛邁不羈《ごうまいふき》、そして猛勇で、父や兄の注意をきかないので、父や兄はこれを怒って比叡《ひえい》山に登らせて僧としました。ところが大坂の戦陣の時に至り、ひとりで山を降りて大坂城中に忍び入り、敵を討ち取ってその武具を着け、さらに進んで奮戦し、敵の首を携えて家康公の本陣に至り、事実を言上しました。家康公は大いにその武勇を賞し、一方の将となさいました　その後もしばしば軍功がありました。天下が太平に帰して、群臣の功績を賞せられたとき、興元君の功を賞して十万石を与えようと仰せられました。ところが三斎君はこれを聞いて言上し、――彼は私の弟ではありますが、父は彼の所行を怒って一たん僧としたものであります。子を見ること父にしかず、仏門に入りながら再び武士の道を慕い、父の命にそむいて勝手に戦場に出て、一たんの功はありましても、道をば失っていると申すべく、賞すべきものではございません。もしこれに大禄を与えられますならば、後難は予測できません。決して恩賜をお加え下さいますな。――と諫言《かんげん》しました。そこで家康公は一万六千石を与えてこれを賞せられました。わが方の君臣共にこのことを聞いて、三斎君を恨みに思い、以来代々の君臣はこのことを憤って、――本家のために軍賞を妨げられ、わずかの禄で封ぜられた――と、もっぱら怨恨不平の心が絶えることなく、今に至るまで音信せず、数万両の助成があっても当然のこととして感謝する気持がないのであります。本家の一言のもとに十万石を失ったという恨みは、いつの世までも解けることはありますまい。このように、一朝一夕の因縁ではありませんので、到底私がこの書類を本家に差し出す道は得られません。」

先生は嘆息して言った。

「はてさて、何とはなはだしい心得違いであろう。三斎君の大仁大慈の大恩を察せずに、ただひたすら禄の減少を恨みに思うとは、恩に報いるに恨みをもってするものではないか。」

中村は言った。

「十万石を失って、どこに大恩があるのですか。」

先生は大きく嘆息をして、次のように教えた。

「あなたにはわかるまい。いったい細川三斎君は天下の英俊であって、その上寛仁・謹敬であった。天下大乱の時に当って、敵に当るには軍略をつくし、臣下を愛することは子のごとく、国民はその仁沢を被り、士卒がその命令に従うこと、父母に従うごとくであった。大国を領してついに他国の侮りを受けず、家康公を補佐して天下の乱れを治め、太平を開かれた。これを傑出の明将と言わないで何としよう。そして、その志は天下万世の太平にあって、親族の狭い愛着の道にはなかった。それゆえ子弟がまことに賢明で天下のためとなる人物であれば、骨肉の親族だからとて遠慮はせず、これを推薦して国家の補佐としたであろう。またもしその心に穏かでない点があって、天下のためにならないことを知ったならば、たとい弟でもこれを当然退けたであろう。その間にどうして親疎《しんそ》の情を用いようか。心が公事のみにあって私事にないのは、忠の大なるものではないか。

興元君の賢否はもとよりよくわからないけれども、幼少のころから父兄に従わず、僧となってその道を遂げなかったことは、父や兄の心にそむいており、孝の道が万全であったとは言い難いであろう。そして、僧の身として、命令を受けたわけでもないのに、みずから大坂数十万騎の敵城に、さながら無人の地に入るように進み入り、敵を討って悠然《ゆうぜん》としてその武具を奪って身につけ、奮戦して城を出て家康公の前に至ったが、城中これをささえる者がなかったというのは、世にも稀《まれ》な大勇者と言うべきであろうか。これほどの勇猛さがあれば、恐るべき何物もあるまい。もしその上に謹慎・仁恕《じんじょ》の徳があったならば、実に世に稀な明君であろう。しかしその進退を見ると、驍勇《ぎょうゆう》ではあるが仁者の行為ではない。三斎君の度量によってこれを観察するとき、はなはだ危険と見られたのももっともではないか。それに、この君に一度の軍功により十万石を賜うことは、賞としてすこぶる行き過ぎのように思われる。家康公がその賞の多過ぎることを御存知なかったはずはない。それは三斎君の実弟であればこそ、功に過ぎる賞を与えようとされたのであって、これも三斎君への報賞の意味ではなかったか。

しかし、もしも恩賞が功績に過ぎるときは、三河の国以来の忠臣義士として、家康公七十二度の危戦に従い、粉骨の労をつくした諸侯の恩賞を、施す余地がなくなり、また賞の不公平なため人心に不平を生じたならば天下の一大事ではないか。それにまた、賞が功績に過ぎるときはその君は必ず驕慢《きょうまん》の心を生ずる。一たん驕慢心を生じたならば、必ず家を滅ぼすような禍《わざわい》が起こるであろう。してみれば、賞の多いのは幸いではなくてその人の不幸ではないか。ゆえに三斎君は、第一には天下のためを思い、第二には興元君が終りを全うできるようにと配慮されて、過大の賞を辞退して相当の恩賞を受けさせたのである。その遠大な考慮は衆人の及ぶところではなく、深意のほどは測り知れぬくらいである。そこで本家分家ともに今にいたるまで連綿として栄えているのは、実に三斎君の深慮の大恩によるのではないか。

しかるに後年に至って、このような深慮を知らず、いたずらに禄の減少を恨むとは何事であるか。一時の手柄によって一万石余を賜わることさえ、過ぎたものではないか。興元君がどうしてこの道理を解せずに恨んだりしたであろう。これは全く後世の凡情によって怨恨不平の念を生じたものである。本家の大恩を察せずにかえってこれを恨むような人情に陥ったからこそ、自然このような衰廃の憂いも生じたのに違いない。後年に至れば祖先の時代をかえりみず、ついに疎遠の人情に流れるが、その本をかえりみれば父子であり兄弟であり、実に骨肉同胞ではないか。広い天下にも本家分家の縁より親しいものはない。これをも顧みずに、喜ぶべきことを恨み、本家を疎遠にし、大恩を忘れて音信不通の憂いをきたしたとは、国の禍としてこれより大きいものがあろうか。これをば改めずに、ただ国家を再興しようとしても、根本を忘れて枝葉を盛んにしようとするようなもので、何事が成就できようか。父子兄弟は天然の親しみであって、人倫の大道もこれを第一としている。しかるにその人倫の道が立たないで、そのほかの何を論ずることができよう。

それゆえ、すみやかに祖先の時の父子兄弟の親しみに立ちもどり、三斎君の大仁を顧みて二百年来の過ちを改め、本来の道を正しくしてその本家を重んじ、多年疎遠にしていた非礼をわびられたならば、もとより八万両の助力をせられる寛厚の宗家であるから、御当主の志を大いに賞《ほ》められ、従来の疎意はたちまち氷解して、祖先が父子兄弟であった時そのままの親睦《しんぼく》に至ること、必定《ひつじょう》である。これこそ本家分家共に万代不朽の大幸ではないか。もしもこの道理を具陳して積年の過ちをわび、恩義に報いることができないのであれば、ただ毎月本家に行って目礼だけをせられるがよい。家老以下も打ち連れて行って目礼をすべきである。これだけでも、心に前非を悔悟し尊敬の道を怠らないならば、たちまち親睦に至ることは疑いない。本末親しみの道が立って、その上での仕法である。もしこの大義を無視してほかの道を行おうとするならば、それは私の知ったことではない。あなたは早速帰って、つぶさにこれを両君に言上し、大義をお開きなさい。」

玄順は愕然《がくぜん》として先生の深遠な知慮に感銘し、「早速言上しましょう。」と言って江戸に帰り、先生が日夜の丹誠によって国家再盛の基本を立て為政鑑《いせいかん》と題せられた数巻の書類を両君に奉呈し、盛衰興廃の理がみなこの書に具備していることを、先生の教えの通りに説明した。両君はこの書類を熟覧して大いに嘆賞し、喜ばれた。ここにおいて玄順は、本末和順の大義について、先生の深慮から出た説を言上した。両君は悚然《しょうぜん》として先生の大才敏達、古今に貫徹した確言に感服し、祖先以来二百余年の疑惑怨恨が一夕の夢のように解消して、すみやかに前非を改め、本家に対して旧恩の多大なことを感謝し、厚く信義を通じようと考えられた。そして玄順の労をねぎらい、日を選んで群臣を呼び集めて申し渡された。

「我らは不肖にして家政に適宜の処置を失い、年ごとに艱難がはなはだしくなり、群臣は困窮し領民も飢寒を免れがたい。これらはみな、我らの不徳のいたすところである。いま借財は十万両を越え、領分は年々荒廃してゆく。このようにして歳月を送ったならば、恐らく亡国に瀕《ひん》するであろう。我らが安んじて寝食をなしえぬゆえんである。それゆえ、ひとたび弊政を改革して、藩内一同に正当の扶助を得させ、領民に安堵《あんど》の地を踏ませようとて心を悩ましておったが、このような困窮であって、いかなる方法によればその望みが達せられるか知れなかった。

しかるに、小田原の藩士二宮なにがしという人物が、国家再興の道を行い、その成功顕然たることを告げる者があった。その人格は篤実至誠であって、徳行は古聖賢も及びがたいという。我らははなはだこれを慕い、その道を問いたく思ったが、遠隔の地であって問うことができなかった。しかるに玄順をして野州延生《のぶ》の地蔵へ代参せしめたついでに、二宮のもとに至らしめ、我らの苦心の実情を述べて改政の道をたずねさせたところ、彼は深く艱難の事情を察して再興安堵の基本を立て、数巻の書類を贈りきたった。まことに、まつりごとをなすに的確の良法であって、感ずるに余りがある。しかしながら、この大業を行うことは、家臣一同の力によらなければ、不可能である。そちどもがこれを閲覧して、可とするならば、実行しよう。不可とするならばやめるほかはない。またこのほかに国家再盛の良策があるならば、すみやかに我らに告げよ。」

群臣は始めてこの事を聞き、かつは驚き、かつは疑い、数巻の書類を熟覧したところ、国家再興の道が了然としている。ここにおいて同音に、

「わが君には国事を憂いたまうこと深く、ついにこの良法を得られましたことは、実に一国上下の大幸でございます。すみやかにこれを実施せられますよう。」

と言上した。両君は、

「そちどもの申すことは我らの心にかなった。しからば異議はないか。退いてのちにとやかく申しては相ならぬぞ。」

と戒められた。群臣一同誓約をして退下した。

ここにおいて主君は本家におもむき、旧来の恩義を謝して親睦《しんぼく》の道をつくし、なお家老以下に先生の至教を示して、本家に行って懇切の情を表わさしめ、玄順をして改政の書類を本家へ出して、つぶさにその意味を説明させた。本家の細川侯は大いに喜ばれ、

「分家が代々の疎意《そい》を悔いて信義を通じ、さらに非常の改革良法を行って上下の憂いを除こう

としておる。無上の幸いである。二宮なる者は縁故のある身でなくして、なおかくのごとく分家のために誠意をつくしておる。いわんや本末の親しみのある当方として、その義をつくさずにおかれようか。良法を行おうとすれば必ず多額の用財がなくてはかなうまい。余がこれを補助しよう。」

と言われた。ここにおいて積年の恨みは一時に散じ、大いに親睦の道が開け、両君並びに一藩の歓喜は限りがなかった。人々は先生の知慮の深さと、感化の偉大なことを感嘆したのであった。

著者が考えるに、先生が父子兄弟の道を論ぜられること、まことに偉大ではないか。先生の一言によって、本家分家二百有余年の憤怨が物の見事に氷解し、互に親睦《しんぼく》すること、往昔の同族兄弟にもまさるようになった。けだしその言葉が正大で、深く人倫の義に徹しているので、これを聞いて誰しも感嘆し服膺《ふくよう》せざるを得ないのである。後世いやしくもこれに鑑《かんが》みるならば、父子兄弟の愛はますます厚くなり、利を見て親しみを忘れる禍はなくなるであろう。実に、一言にして天下の兄弟たる者の道が定まった。至賢の人でなくて、どうしてそのようなことができたであろうか。しかしながら、筆者は親しくこの言葉を聞いたのではなく、要略を伝え聞いただけであるから、恐らくはその趣旨を十分尽していない点があるであろう。

補注　先生の作製せられた為政鑑及び借財取調帳によると、細川領は谷田部・茂木《もてぎ》の両領分を合わせて公称一六、三一九石、実禄二七、四八四石であるが、文政十二年～天保四年（一八二九～三三）の五箇年平均収納は米が三、〇六三石余、金が一、五六六両余、合計金五、一六七両余に減少していた。これに対し、明和九年（安永元年＝一七七二）から天保五年（一八三四）までの間に五回も類焼に遭い、凶作の打撃も受けたため、天保四年には借財総額一二七、四四七両余に達していた。年一割の利息を払うとすれば年収はその半ばに満たず、もし収納全部をあげて元金のみの償還にあてても、二十四年半を要するわけである。

これに対する先生の方策は――年収五、一六七両余を衰時の天分として固定し、極度の緊縮によって経常費を一割六分八厘減の三、三八一両余にとどめ、残額一、七八五両を借財償還用にあてる。皆済には七十一年を要するわけであるが、借財中には幕府及び本家からの借入金のように、急がぬものがあり、民間の債主にも誠意をつくし、この仕法案を示して、切捨て、繰延べ、利下げ等を交渉すれば相当の減額となり、整理の見込みがつく。次に荒地開発、領民撫育の費用は、最初は桜町の報徳金を融通するが、以後は分外の収納をもってこれにあて、年々くりかえして増倍し、民力を培養する。こうして十年以内には、君民ともかなり復旧の実を見ることができるであろう。――これが先生の立案の骨子であった。

玄順はこの仕法案を携えて帰藩、復命した。君臣とも非常に困難な道であるのに驚いたが、他に良法がないので、これを断行することに一決し、十月十七日玄順を桜町に引き返させた。藩政は来年二月以降秋の収納までの経常費にも事欠き、領民撫育の準備もできない有様であったので、玄順は種々懇願した結果、来年二・三・四月分の経常費、米四七〇俵・金二八一両余は先生の手もとから貸し付け、五・八・九・十月分は両領分の御用商人に調達させ、六・七月分は夏の収納をもってあて、別に開発資金として報徳金千両の融通を予定し、とりあえず、そのうち八十両を領地の役人に交付されることとなった。さらに先生は領主父子の窮迫を思いやられ、非常用意金として百両を交付されたので、玄順は大いに喜んで出発し、十一月二十四日帰府復命し、本家との親和を説き、藩臣に理解を徹底させたこと、本文の通りである。

二、細川領の再復と負債の償還

細川侯は、本家分家の多年の不和怨恨が、先生の教えによって一時に解消し、はじめて親族のよしみを厚くすることができたので、心意快然として、いよいよ先生の高徳を信じ、懇切な直書《じきしょ》をしたためて、領民を撫育し、上下の艱難を除き、富国安民を実現する仕法を先生に依頼した（天保五年十二月四日）。次いで中村玄順は（翌年二月）君命を奉じて桜町に至り、主君の直書（前とは別のもの）を持参して、その懇切な希望を陳述した。先生がそ（れら）の直書を閲読してみると、「忠孝の二つを全うせんがためにこの大業を依頼したい云々《うんぬん》」との誠意が、文面に明らかに表われている。先生は、――領主がこの志を立てた以上、何事も成就しないことはない。けれども、諸侯の領内を興復するというのは尋常一様のことではない。ことにわが主君の命令がなければ、他藩の請求に応ずべき筋道はない。――と考え、玄順に向かってこう言った。

「あなたの主君は、いよいよ安民の大業を行おうとしてそれを私に依頼して来られたが、私はどうして諸侯の領内再興の道に関与することができよう。ただ固辞するほかはなく、まったく御依頼をお受けする筋合いはない。けれども、あなたの主君が今まさに仁政を行われ、民衆がその恩沢を被ろうとしているときに、私がこれを固辞するならば、その仁沢を拡充することができなくなる。私の主君は仁心があって、現在天下の執権であり、天下の民を安んずることに心をいためておられる。どうして自藩と他藩の区別をなさろう。このことをお聞きになったならば、一諸侯でもその国民を安んじようとしておられるのを、必ずお喜びになるに相違ない。私が家臣の身として、君命を受けずひそかに諸侯の依託を受けることは、どうして人臣の道であろうか。あなたの主君は何でこのことを私の主君に請われず、直接私に求められるのか。」

玄順は驚いて答えた。

「いや間違っておりました。事を急いだあまり、この筋道を忘れていました。早速主君に申し上げて、小田原侯に嘆願いたしましょう。」

先生は、

「是非そうせよと言うのではない。ただ順序を失っていることをお話ししただけだ。私からもこの依頼があったことを言上しよう。」

と言った。玄順は江戸に帰ってこのことを主君に告げた。主君も、

「まことにその通りである。余の気持が領中再興の発業に急なあまり、ついこの道を失っておった。」

と言われた。そこで家老なにがしに命じて小田原藩に至り、詳細にその趣旨を述べさせた。

小田原侯はその志に感じ、その請いを許容し、とりつぎの者を通じて、

「領村再興の道を二宮に依頼されることは、余において異存はない。けれども二宮には宇津家の領分再復の事を命じてあるので、この上ほかの諸侯の領内を再興せよと当方からは命じにくい。彼は当家の家来ではあるが、非凡の人物であって、その筋道にかなわなければ、領主の命令でも承服しないのである。もし誠意をもって再三依頼の信義をつくされるならば、彼はそのまごころに感じて請いに応ずることもあるであろう。」

と答えられた。先生からも人を通じてこのことを主君に言上した。侯は、

「天下の民を安んずるに、自藩他藩の区別があるべきでない。二宮がもし事業の寸暇を見て、これを救助することができるならば、余の喜びはこれに加えるものがない。」

と仰せられた。使いの者は野州に帰って主君の言葉を先生に告げた。

玄順は再び桜町に至って、小田原侯の厚意を述べ、もっぱら再復の道を請うてやまなかった。ここにおいて先生は、やむをえず桜町撫育の余財数千両を贈り、数年随身して修行していた大島某（勇助）という者に命じて、人夫数十人を率いて常州谷田部《やたべ》・野州茂木《もてぎ》の両所に行かせ、荒廃地を起し、用水路を掘り、冷水堀をうがち、乾燥地を低くし湿地を高くし、その土地の条件に従ってあるいは水田としあるいは畑とし、大いに仁術を布《し》いて窮民を恵み、善人を賞し、悪人を導いて善に帰せしめ、精農を賞誉し惰農を奮い立たせ、村民の借財を償い、大破の住宅

を修復し、あるいは新しい家を与え衣食を与え、農具や種穀を与え、およそ民を安んずる方策をつくして再興の道を行った。領民は大いに喜んでその仁沢に感じ、多年の汚俗を改めて大いに精農におもむき、数百町歩を開田し、興復の用財たる分度外の米穀千五百俵を産み出した。これによっていよいよ開発撫育《ぶいく》の道を行い、積年の負債を償還すること数万両、隣国もその仁政を嘆賞するに至った。

両侯は歓喜してますます先生の徳を仰がれた。そして中村玄順を召して、

「余の数年来の志願が、二宮の良法によって成就すべきこと疑いない。そしてその始めはその忠義から起ったのである。しかし医者として国家再興の道を勧めることは、職務上適当でない。今から医業を廃して中村勧農衛《かのえ》と名を改め、この道を励むがよい。いまそちの勤労を賞して禄百石を与え、用人職を命ずるものである。」

と仰せられた。玄順は大いに喜んでその君恩を謝し、ただちに帰俗して衣服を改め、細川家の用人となって威権を握り、その勢力は家老をしのぐほどになった。

補注　玄順の改名任用は、実はこれより早く、天保六年（一八三五）二月、侯の再度の依頼書と共に直書により先生に告げられた。

領内の仕法は、二月から茂木、四月から谷田部で開始された。大島勇助らに作製させた「無尽蔵米金取調帳」を基準とし、分度外の米金を「無尽蔵」と称する特別会計で先生の責任の下に取り扱い、開発撫育を進めるのである。天保六年～十三年（一八三五～四二）の八年間に、それは総計七、〇二八俵余、

金一、〇〇三両余に達した。この間には天保七年の大凶作があり、十年・十一年は領主の大坂勤務で十二年から仕法再開となったわけであるのに、このような成績をあげ得たのである。これに対し投ぜられた開発料は五、四五〇両、そのうちには桜町の報徳金も多く、天保五年以来の支出額は藩邸への援助も含め、米二九一石余、麦八六石余、金一、六五二両余、合計金として二、三三五両に上っていた。

借財償還は領内仕法と併行して進められた。すなわち、

借財総額		一二九、四四九両余（調査以後の増加分を含む）
天保五年（一八三四）	返金	五、九五八両余
〃　六年（一八三五）	返金	六、四一三両余
〃　七年（一八三六）	返金	二、九四九両余
〃　八年（一八三七）	返金	六五、七三六両余
差引残額		四八、三九五両余

このような好成績は、債主の了解による切捨てのためでもあって、うち民間のものは一三、六七五両余であり、本家細川家は、天保八年に至って貸付金六〇、九二八両、米一五〇俵を免除し、さらに分度経常費の不足額助成と、幕府貸付金の利払いとを引き受けて協力を示したのであった。

三、細川侯の大坂勤務とその道の説示

細川侯は先生の良法によって二箇所の領地の荒地を起し、仁術を布《し》き、民心は感動して惰風が一変した。先生は再び（実は仕法開始に先立ち）沈思黙慮して十二万余両の負債償却の方法を立て、この仕法を行うこと数年（天保六年から九年まで四年間）にして借財の減少は半ばを過ぎ

（およそ三分の一となり）、非常の艱難《かんなん》を免れて永安の道に至ろうとし、遠近となくその善政をほめたたえた。

時に天保某年（九年＝一八三八）、幕府は細川侯に大番頭《おおばんがしら》（大坂城警備隊長）を命じた。細川侯は家政困難のために奉仕の道を欠くこと殆十年で、今この命令を受け大いに本意を遂げたわけではあるが、登坂の費用や一藩の手当を捻出《ねんしゅつ》する道がなく、勤めようとすれば領内興復の事業を達成することができず、さりとて勤務しなければ公務を怠るという罪になるので、大いに心を悩まし、中村を呼んで両全の道をたずねた。中村は、

「公儀の命令はお断りすることはできませんし、領村再興の道も諸侯の職分でありまして、廃止すべきことではありません。やむをえませんから、両方とも生かして、登坂の費用を省き、万事質素を旨としてお勤めになったらよろしいでしょう。私はなおこの件を二宮に相談し、良案を得ましたならば言上いたします。」

と答え、先生のもとに至って両全の道をたずね、かつ、節倹をつくして勤務と領分再興の道とを併存させようとする意図を申し述べた。すると先生は顔色を正して言った。

「中村氏、あなたの過ちは実に大きい。ほとんど大事を誤って、主君を不義に陥らせるところであった。いやはや危いことだ。」

中村は言った。

「拙者は両道を全うしようとしているのです。しかるに危道を踏み、わが君を不義に陥らせるとおっしゃるのは、どういうわけですか。」

先生は愁然として、次のように説明した。

「あなたはまだ君臣の大義がわからないのか。およそ臣として君に仕えるのに身命をなげうつことは、古今を通ずる道である。まして一家の興廃などは、もとより顧みるべきことではない。家政困難のために役儀の命令が下されず、多年奉仕の道を欠いて済まされたのは、幕府の寛大な処置によるのではないか。しかしあなたの藩としては、君臣ともに本意を失うこと、これに過ぎるものはないはずである。いま主君が仁政を領中に下され、負債の半ばは償われ、累年の艱難を免れる日も近い。この時に当って幕命を受けられたことは、君臣の本意であって、心力をつくしてその命令を奉じ、忠義をつくそうと考えるのが当然である。しかるに領中再復のことを顧慮して、公務の用財を減じようと計るとは、私事のために公務を軽んずるものでなくて何であろう。この命令を受けないうちは、領中興復の道を行い、天の民を安んずるのを諸侯の道というべきであるが、一たん幕府がその職務を任命せられた以上は、天下に何ものかこれより重いものがあろう。この時に至っては、国民撫育・領分再興のことは私事である。すみやかに仕法をやめ、百姓撫育の用財をもって勤務の用にあて、足らなければ領民に命じて御用金を出させるがよい。なお足らなければ、平生《へいぜい》一家の艱難のためにさえ他人の財を借りたのである。

公務のために借財してどうしていけないことがあろう。このようにして登坂の用具は一物も欠いてはならない。用金も節約してはならない。諸侯としてその職を勤めるとき、武備が完全でないのは忠義ではない。たとい領村が、このために衰弊しようとも、顧みるでない。平生仁政を行い、下民を安んじ、節倹をつくしてその分度を守るのも、天下の命令があれば身を捨て家を捨て、百万の敵たりとも一歩も退かずこれに当って奮戦をつくし、忠孝の大道を踏まんがためではないか。太平の世の奉仕と乱世の奉仕と、事は違うようではあるが、忠義の心においては髪一すじの差別もあるはずはない。大番頭《おおばんがしら》は諸旗本の長である。登坂は何のためか、大坂の城を守って、万一事変があれば京都を警衛し奉り、非常の奉仕をなさんがためである。しかるに今その用財を減じて家政の一助を立てようとするならば、大義を失って私事のために公務を欠くという大過に陥るであろう。どうしてこれを忠と言い義と言うことができようか。あなたは大義を知らないで、ほとんど君を不義の立場に陥らせようとした。いやはや危いことだ。」

中村は憮然《ぶぜん》として自失し、深い嘆息をして言った。

「不肖の拙者、危く大事を誤ろうとしていました。先生のお教えがなければ、どうしてこの大義を知ることができたでしょう。」

先生は、

「あなたは、すぐに私の言葉を主君に報告して、仕法をたたんで一途に忠勤をつくすようにされるがよい。もしこれがために領村が再び衰廃したならば、私がまた時節を待ってこれを興復してあげよう。領村を興復することばかりが仕法ではない。その時に応じて当然の道を行うことが、すなわち仕法の本体である」

と教えた。中村は先生の言葉を細川侯に言上した。侯はその正大な言葉に感じ、意を決して、それ相当の用意をととのえて登坂し、力をつくして奉仕したという。

著者が思うに、谷田部侯は先生の指導によって政治をとり、広く恵沢を施して積年の衰廃を挙げ興した。英明ひとに過ぎる者でなければ、よくなし得ないところである。中村は小才があって、至誠をもって貫くことができなかった。先生はこれを教えること丁寧反復、至れり尽せりであった。もし中村が我意を捨てて終始先生の教えに従ったならば、国の興隆は指折り数えて待つことができたであろう。惜しいことに、その志を得るに及んで往々私知を用い、先生の教えに従おうとしなかった。ここにおいて、することに錯誤が多く、人心が附かず、ついにその功を奏することができなかった。けだしみずから招いたものにほかならない。

補注　細川侯は天保九年（一八三八）大坂勤番を命ぜられ、同十一年（一八四〇）病気のためこれを免ぜられた。九年に四四、二三二一両余に減少していた借財は、これがため四八、九〇〇両余に増加した。そこで十二年に至り、懇請して仕法を再開したが、中村勧農衛はこのころ大病にかかって予後も思わしくなく、あまり活動できなかった。天保十三年（一八四二）、先生は幕府に登用せられ、多忙となったので、翌年諸侯の仕法を謝絶した。他の諸藩は幕府に懇請して指導継続の許可を受けたが、細川家だけは、中村が先生の指示をまたず一存で願書を差し出したため先生の上申書と一致せず、仕法継続の願意を却下されてしまった。領主は中村以外の藩臣で仕法の要領を学んだ者に領民撫育を行わせたが、大きな成果は挙げることができなかった。しかし、借財は弘化三年（一八四六）には三七、〇〇〇両に減少し、当初からの債務免除額は九七、七四〇両に上った。細川家は、柳原及び吾妻橋の藩邸、谷田部の陣屋等を復旧することもでき、最初から見れば家政は相当に好転した。

仕法打切り以後、貸し付けてあった報徳金約二、〇〇〇両の返還は中々はかどらず、年々の督促と微々たる返金の末、安政五年（一八五八）までかかってようやく結了した。最初の天保五年（一八三四）からは実に二十五年を要している。

四、小田原侯、先生に領内の飢民を救わしめる

天保七年（一八三六）の大凶荒にあたり、駿河《するが》・伊豆《いず》（静岡県）・相模《さがみ》（神奈川県）にまたがる小田原領も大いに飢えた。領民は飢渇を免れがたく、野山に出て草の根を掘ったり木の実を拾ったりしていた。領主大久保忠真公は大いにこれを憂慮して、救荒の方途を求められたけれども、数万人の飢渇を救うことはできなかった。ここにおいて家臣なにがしを野州につかわして、先生を召された。ところが先生はこう言った。

「私がこの地に来てから、万苦をつくして再復安民の仕事に努めているのは、なぜかといえば、主君の御委任が辞退し切れなかったからである。いま凶作飢饉の時にあたって、この民を救おうとして寸暇もない。しかるに私をお召しになるとは何事であるか。初めこの地の興復を任ぜ

られたとき、功を奏しないうちは召さず、行かずという約束をした。しかるに今、飢えた民を捨てて江戸に来させようとするのは、主君が間違っておられるというべきである。私はこの御命令に応じない。もしお尋ねになることがあるならば、主君みずからここへ来られるがよい。何で私を呼び出すことがあろうか。貴殿は帰府してこの旨を言上なされ。」

使者はむっと怒って言った。

「臣として君命に従わないのは不敬である。拙者は君命を受けて使いに来た。そのような無礼な言辞をどうして主君に復命することができるか。早く御下命に従って江戸に出られい。」

先生も憤然として言った。

「私の進退行動は、一つとして君命を重んじないものはない。いま御下命を奉じないのは、初めお約束したところの君命を無にすまいとするからこそである。使者などの知ったことではない。いったい君の使者たる者は、君命を伝えて、その返答したところを復命するだけのことで、他の用事はない。貴殿はただ私の言葉を主君に告げればよいのだ。何をはばかってぐずぐずされるか。もし罪があるとすれば私にある。貴殿の関係したことではない。速く復命なされ。」

使者は大いに怒って江戸に帰り、この言葉を主君に報告し、かつ先生を無道であると訴えた。すると忠真公は憮然《ぶぜん》として言われた。

「事の詳細を告げず、いたずらに二宮を呼んだゆえ、そういう答えをした。彼の従わぬのももっともじゃ。まったく余は、国民の飢渇を切に憂えるあまり、言葉を尽さなんだ。誤ちというべきじゃ。二宮の言葉は、率直で又当然の理である。そちは再び野州に至り、加賀守《かがのかみ》の大きな誤ちであったと二宮に伝えよ。そうして、小田原の領民がすでに飢渇に瀕《ひん》しておる。願わくは、かの地におもむいて飢民を救い、余の心労を安んじ、国家の大患を除いてくれるよう頼む次第であると伝えるのじゃ。」

使者は大いに驚いて、前に言ったことを後悔し、再び桜町に来て君命を述べた。先生は、

「そうでしょう。そのような君意であれば、私は決して命を奉じないわけではない。しかし目下この地の民を撫育するので暇がない。この地の民は十年前に御下命を受けたものであるから、今度の御命令を先にして、この地の民より先に小田原の領民を撫育することはいたしかねる。この地の撫育救護が終ったならば、御下命に従ってかの地におもむきましょう。この旨を言上せられたい。」

と言った。使者は又江戸に帰って復命した。公はこれを聞いて喜ばれ、家老以下に対して、

「二宮はすでに野州の廃亡を興し、比類のない丹誠をつくして三箇村の民を安んじておる。その事業は衆知のところである。余は今また小田原数万の飢民救助のことを任じようと思う。彼は桜町においては、もとより一家を廃し一身をなげうち、余の出財を止めて独立独歩、一身の丹誠によって事業を遂行した。最初より国土のために力をつくし、主恩の資財をも受けず、非

常の英傑なればこそこの功業を成し遂げたのである。たとい今恩賞を与えようとしても従うことはあるまい。けれども二宮には二宮の道があり、余には余の道がある。有功の臣を賞せずにはおかれぬ。もし彼の意思がそのようであるからとて、恩賞の道を欠いたならば、どうして人君の職を全うするものと言えようぞ。そちどもはこれを賞する道を評議せい。余も考えるであろう。」

と仰せつけた。群臣はこれを論議したが決しなかった。そこで公は、禄若干、用人格《ようにんかく》をもって賞せよと命じた。

先生は野州三箇村の民を恵み、十分に飢渇を免れさせた。老若男女とも米（雑穀）五俵を食糧に充当し、平年豊作の時よりも豊かであった。ここにおいてその年の十二月、野州を出て江戸に到着した。時に公は発病して、上下の者ははなはだ憂慮していた。公は先生が来たのを聞いて大いに喜ばれ、まずすみやかにこれを賞せよと命じ、恩禄を下賜される前日に、まず人をつかわして麻上下《あさがみしも》を賜わった。使者が君命によってこれを先生に達した。先生はむっとして、

「私にこのような礼服を下さるのか。私の不用のものだ。何でお受けできよう。貴殿これを返上していただきたい。」

と言った。使者は怒って言った。

「それは何という言葉だ。主君おんみずから着用せられたものを賜わった。しかるに臣の身と

してそれを受けず、拙者に返上せよと言うとは。臣下の道がどこにあるか。」

先生は声を励まして言った。

「臣の道を知らないのではない、君の道を御存知ないのである。今数万の国民が罪なくして餓死に臨んでいる。主君みずからこれを救うことができず、はるかに私を呼んでこれを救わせようとなさる。私は、主君が私の来るのを待ち受けて、民を救う道を問われ、米麦をお下げ渡しになるであろうと思っておった。あに図らんやこのようなものを賜わろうとは。私がこれを受けてこまぎれにして飢民に与えても、飢民はどうしてこのようなものを食って命を全うすることができるか。それに又、私にこれを着させようとのことであろうが、餓死に瀕《ひん》した民を救うには、昼夜を分かたず奔走し、寸刻も救助の道の遅れることを恐れるのである。このようなものを着用してどうして飢渇の民を救うことができよう。それゆえ不用の物と言ったのだ。無益な賜物《たまもの》を受けようなど思いも寄らない。すみやかに返上せられい。」

使者はますます怒って、この言葉を主君に申し述べた。公は感嘆して言われた。

「ああ二宮は賢人じゃ。その言葉は古今の金言である。余がはなはだ誤っておった。その物を与えるでない。」

ここにおいて先生を役所に呼ばれた。先生は出頭を承知しないでこう言った。

「私に何の用があるのか。私はただ早く小田原に行きたいばかりだ。しかるに今私を役所に招かれるのは、私を賞して禄位《ろくい》を下されるのではないか。私は今数万の飢民を撫育しようとして、民の飢渇を憂える気持で一杯だ。しかるに飢渇死亡の旦夕《たんせき》に迫った民をさておいて、禄位の賞など受けるに忍びようか。それゆえ命令であっても私は行かないのだ。もし禄を与えようとさされるならば、いっそ私に千石を下さるがよい。けれども到底千石も下されるはずがない。仕方のないことだ。」

使者はこの言葉に驚いてたずねた。

「貴殿は禄位に望みがない、また受けるに忍びないと言いながら、千石を与えよと言う。千石の禄をどうされるのか。」

先生は答えた。

「禄位はもとより受けるつもりはない。もし千石与えられれば、すぐにこれを飢民に与えて命を救うだけのこと、ほかに何のいわれもない。」

使者はこの言葉を家老以下に告げた。家老以下は驚嘆して、

「二宮がそのように言うとすれば、かねて評議の禄位を命じても必ず受けまい。受けないのみか、又どのような暴言を発するかも知れない。やめたほうがよかろう。」

と相談し、このことを君に言上した。公は、

「二宮の言葉は至言というべきである。まずまず位禄の命は下すでない。余が後日大いに賞す

る道もあるであろう。いま余の手元用意金千両を二宮に与え、撫育の事を任じよう。領民救助の米は小田原で蔵を開け。ほかに金をも与えるがよい。」

と命ぜられた。家臣なにがしがこの命を先生に伝え、

「ここに千両を賜わった。主君みずから命ぜられる事ではあるが、御病悩がはなはだしいため、拙者をして達せしめられるのである。」

と言った。先生は謹《つつし》んで命を拝し、

「私がひとたび小田原に参りましたならば、民命は無事に救助つかまつります。主君には決して御心配ありませぬよう。」

と言って即刻江戸を出発し、昼夜兼行で相州小田原に至った（天保八年＝一八三七、二月十一日）。

人々はその至誠に感嘆した。

五、小田原侯の逝去と遺言

先生は飢民救助の命令を受けて小田原におもむいた。用人なにがしが公の病床に至ってこの旨を言上した。公はこれを聞かれて、

「金次郎が余の言うことを承知したか。病中の安心これにまさるものはない。」

と言われた。これから後、多くの医者が良薬を選び、療養の術をつくしたけれども、少しも

その効験がなく、日々に病悩が重くなられた。（病名は舌疽《ぜっそ》である。）上下は薄氷を踏むような思いをした。のち数日を経て、いよいよ快癒《かいゆ》の見込みがないことを察せられて、家老辻《つじ》某（七郎右衛門）・吉野某（図書）・年寄三幣《さんぺい》某（又左衛門）・勘定奉行鵜沢《うざわ》某（作右衛門）等を枕辺《まくらべ》に召され、病床に起き直られて、次のように遺言せられた。

「余はもはや快気おぼつかない。およそ生あるものは必ず死があり、寿命であればいたし方がない。ただ嘆くべきことは、天下の執権を命ぜられて以来、流弊を矯《た》め直し、上下の衰頽《すいたい》を除き、万民を安んじようとして心をつくしたけれども、ついにその志願を達しなかった。これが、余の大いに遺憾とするところである。

次には、領分の民が奢侈《しゃし》に流れ、困窮に及び、わずか一年の凶作でさえも飢渇に迫っておる。このようになったのは、民の罪ではない、領主の誤ちである。余は（十）数年来、これを一変し、領民の憂いを除き、永安の道を開こうとしたけれども、不肖にしてその道を実行することができなかった。しかるに、幸いなるかな、領中に二宮なる者が出て、才徳抜群であるから、この者を挙《あ》げ用いて国の永安の道を任じたならば、彼は必ず余の志を達するであろうこと疑いない。こう思って、先年まさに挙用しようとしたけれども、群臣が承服しない。やむをえず時機を待とうとして分家の領村興復の事を任じた。余の見るところにたがわず、彼はかの地の廃亡を興し、その百姓を安んじた。その事績は古《いにしえ》の賢人といえどもなし得ぬところである。隣国の諸侯はこれを慕ってそのまつりごとを任じた。彼の功績はこのように顕然として、民はこれに帰し、人はこれを信じておる。けれども群臣はこれを小田原に挙げ用いて国事を任じようと思わず、いたずらに彼を他国の重宝となして、みずからは流弊に安んじておる。これではどうして国家を憂える忠心があるといえようか。余はもとよりこれを挙げ、これに任じようと思うこと久しい。けれども群臣の不服をいかんともし難い。彼としても、余の命令を受けて野州の三箇村を興し、その民を安撫し、余力を他国に及ぼして力をつくしておるが、その心はどうして他国にあろうか。ただ小田原の民を安んじ、余の心労を休めようとするのみであるが、いかにせん挙用の道を得ない。せめて他の諸侯の懇切な求めに応じ、数箇国を興復したならば、ついに余の志も開け、そちども並びに群臣の眠りも覚め、小田原上下安堵《あんど》の道を得る一助ともなろうかと、そのまごころを生国《しょうごく》の安堵に置きながら、力をかの国々につくしておるのではないか。余は二宮の深い意中を察した。それゆえ他国の領村再復の事に力をつくさしめたのである。そちどもはこれを知っておったかどうじゃ。余は時を待って大いに彼を挙用し、余の志を遂げたいと思いながら今日に至った。しかるにその事を果さずに、余の命はすでに迫った。末《まつ》期《ご》の遺憾はただここにある。余はそちどもの忠心一途であることを知っておる。そちどもは心を合わせて余の多年の志を継ぎ、嫡孫仙丸を補佐し、二宮を挙げて小田原領中興復、上下永安の道を委任し、いよいよ国家を安泰ならしめてくれよ。誓って余の遺言を忘れるでないぞ。」

四人は大いに主君の深慮に感動し、落涙袖《そで》をしぼり、謹んで言上した。

「わが君が天下国家を憂いたまうこと、このように深遠であられましたのを存じませず、不肖どもの罪ははなはだ重うございます。しかるに今この御命令を下されまして、まことに身に余ることでございます。いかようにもいたしまして、身命に換えわが君の深慮を達し、御心を安んじ奉ります。何とぞ御心労あらせられませぬよう。」

公は始めて心を安んじ、ついに逝去《せいきょ》された（三月九日）。実に惜しむべく悲しむべきである。賢明の君の下に賢臣がありながら、群臣のために先生の挙用を果さず、時機を待ってついにその志を遂げ得なかった。どうして一国だけの憂いにとどまろうか。

補注　天保七年の凶作に烏山藩は二宮先生によって救われた。そうして先生による仕法実施の指導を小田原侯に依頼し、二宮を烏山藩に迎えたいとも申し添えた。この事から大久保忠真公は早く二宮を小田原藩に就任させなければ、これを他藩に奪われはしないかと恐れられたようである。

六、小田原領の飢民を救助する

小田原領は駿河《するが》・伊豆《いず》・相模《さがみ》の三箇国にまたがり、西南には高山がそびえ立って北にまた曾我山があり、東は大海であって、山海の利を自在に得ている。中古、関八州の太守北条氏がここに居城を構えたのももっともである。土地が豊饒《ほうじょう》で、国俗は奢侈《しゃし》に流れ、大いに困窮に迫ったが、これはその地の便利に従って節倹の道を失ったためではあるまいか。時に天保七年（一八三六）の夏、冷気・長雨・暴風が並び至って五穀がみのらず、大飢饉となった。人民は百計をつくして餓死を免れようとしたけれども、そのすべもすでに尽き、露命旦夕《たんせき》に迫った者が幾万人に上った。国家老《くにがろう》以下苦心もし、思慮を尽しもしたが、空論虚談ばかりに日が費《つい》え、少しも救荒の道として至当を得たものがなかった。藩士たちは手に汗を握り、空しく嘆息していた。その上、江戸において主君が病に臥《ふ》し、日々に重くなられたと数度の注進があり、一藩の悲嘆は、手足をおくところがない有様であった。

時に、その年の十二月（実は翌年二月）、先生は突然小田原に到着し、君命を受けて飢民を撫育せんがために来たのであると、次のように命令の趣旨を達した。

「今年は大凶荒になったので、主君は病床にあられながら、国民が飢渇に及び、罪なくして死亡に至ることを大いに嘆かれ、私に救荒の道を存分に行うべしと命ぜられました。私は野州三箇村の民を撫育して、かの地の用財を持って来たけれども、それだけでは到底一端を補うにも足りません。そこで主君は江戸においてお手元金千両を私に賜わり、米は小田原において蔵を開き、救荒の用にあてよと命ぜられました。さあ早く倉庫を開いて飢民にこれを貸与し、その飢渇を救いましょう。」

家老以下、一度は喜び、一度はその処置はいかがなものかと疑惑し、互に論議して、

「いま領中の飢民は幾万あるか知れぬ。お蔵米によってあまねく貸与するには到底足るまい。かつ、主君はこの事を二宮には命ぜられたが、まだ拙者らには倉庫を開いて飢民を撫育せよとの命令がない。君命が来ないうちに倉庫を勝手には開きかねる。後日、命令を待たずに二宮の一言によってお蔵を開いたというお咎《とが》めがあったならば、どうしてその罪をのがれられよう。それゆえ、この旨を江戸に伺って、命令があったならば開くべきである。何で二宮の一言によってすることができよう。」

と言い、衆議は少しも決しなかった。先生は顔色を正し、声を励まして言った。

「いま幾万の飢民が露命旦夕に迫っており、その困苦悲嘆はいかばかりでしょうか。主君には御自身の病苦を忘れて日夜飢民の痛苦のみを憂えられ、私に命ぜられる間にも、救助が遅れてゆくことをお嘆きでありました。しかるに各位としては、国民を安んずるのが任務であり、上は君の心を安んじ、下は万民の疾苦を除き、国家を永く憂いのないようにするのが職責ではありませんか。いま主君は大いに憂慮心労なされ、国民はすでに死亡に瀕《ひん》しています。それなのに、民を救おうとする心がなく、君の憂労をも顧みず、いたずらに平常時の議論を発して日を費し、民の飢え死にを待つというのでは、どうして国家のために心力をつくす、忠義の行いと言えましょうか。かりに私が君命を受けてこの地に到着しないでも、各位はすみやかに救荒の道を行い、一民も飢渇の憂いなからしめて、その上で主君に言上し、もしも、危急の際といいながら主命を待たなかったおとがめがあったならば、いさぎよくその罪に服するのが、もとより君に代って国を守り、まつりごとをとる者の任務ではありませんか。いわんや私が君命を伝えてお蔵米を開くことを請うておるのに、なおこれを疑って江戸に伺いを立てようとされる。往復数日かからなければ、再度の君命は当地に達しません。死亡に及ぼうとしている民は、一日半日も待つことはできません。各位が君命を得て倉庫を開くころには、飢民の過半はすでに死亡していること必然です。そんなことで救荒の道が至当を得たとせられるのですか。実に惑いもはなはだしいものです。しかし、各位の心がここにない以上、議論しても何のかいもありません。よって、明日から各位は断食して役所に出られ、この評議が決するまでは決して食事をなさるな。飽食安居して、飢渇の民を救うことを座上で論じているかぎり、飢えた民の困苦はわからず、いつになったら評決ができましょうか。いま飢民の事を評議するに、みずから食を断ってせられるならば、事の可否は論ぜずしておのずから明らかになるでしょう。私もまた断食してこの席に臨みます。各位は必ずこのようになされい。」

その声は雷のごとくであった。一座の者は大いに驚き、かつ当然の道理を感じて、「即刻倉庫を開こう。」と言った。

そこで先生はただちに倉庫に走り、すみやかに蔵を開くべき次第を蔵番に達した。蔵番は言った。

「君命がなければどうして開かれましょう。あなたの言葉によって開いたりすれば、後難をのがれられません。」

先生は、

「私は江戸で君命を受け、又当地に来ても衆議は一決した。事が急なのでまだ役所から達する間《ま》がないのだ。お前がもし開くことができないなら、私と一しょに飲食を断って命令を待つがいい。領民は飢饉のために露命が今日明日《きょうあす》に迫っているのだ。常ふだんの調子で論じていられるか。」

と大声でこれを戒めた。蔵番は先生の一言に従って倉庫を開いた。先生はその俵数を点検して領村へ運送の手配りを定め、それから領中をひとり歩いて、あるいは高山を越え深谷を渡り、終日終夜しばらくも休まなかった。このころになって勘定奉行の鵜沢《うざわ》某（作右衛門）も、君命を受けて江戸から来、先生と共に回村した。

先生は忠真公が逝去されたことを聞くと、慟哭《どうこく》し、悲嘆し、流涕《りゅうてい》して、

――ああ自分の道も今やここに窮まった。あの賢君が上におられて、私に安民の道を行わしめられたのだ。私が始めて命令を受けてから十有余年、千辛万苦をつくしたのは何のためか。上《かみ》は明君の仁を拡め、下《しも》万民にその恩沢を被らせようとする以外に何もなかったのだ。しかるに、その事が半ばに至らぬうち、主君はついに逝去してしまわれた。これからは誰と共にこの

民を安んじようか。――

と、大息悲痛、みずから前後を失するもののようであった。ややあって面持を改め、毅然《きぜん》とした態度になって、

――いやいや、憂心嘆息が度に過ぎて飢民救助の道を怠り、人民一人でも死なせたならば、主君の尊霊はきっとお嘆きになるであろう。一刻も早く君の仁沢を布《し》いて、この民を救う以外にない。――

と決意し、涙をぬぐって回村し、一村ごとに無難・中難・極難と三段に分けて貸与の員数を定め、これを五箇年賦で償還させることとし、極難の者で償いかねるときは一村の力でこれを償うべき規約を定めた。お蔵米が着くまでの間さえも死亡を免れぬ飢民があった。先生は数百両を懐中にし、このような飢民を一人ごとにたずね、みずから金を与えて、

「近日殿様のお恵みで、お前たち一人も死なずに済むように救助がある。それまでしばらくの飢えをこれでしのぐがよい。」

と言った。飢えた者、あるいは病人など、何日かの絶食で顔かたちもやせ衰え、立ってこれを受け取ることができず、ただ手を合わせ涙を流して、救助のありがたさを感謝した。見る人はみな落涙しない者はなかった。

駿《すん》・豆《ず》・相《そう》の領中の村々は、このように、幾日かの巡回によって救助の方法がことごとく備

わり、飢民の合計四万三百九十余人に対して八年の正月（二月）から五月、麦作のみのりまでの食糧を豊かに貸与したから、領中一民も離散死亡に至った者がなく、無事に大飢饉の憂いを免れたのであった。実に先生は非常の丹誠により、一世の心力をつくし、古今に類例のない救荒の良法を行ったのである。領民は必死の大患を免れて、よみがえったような思いをし、大恩を深く感銘して、数万俵の貸付米が、一人の不納もなく、規約通り五年で皆納となった。これによって民心感動の深さを知ることができよう。これが、小田原領民が先生の良法を慕い、旧弊を改めて大いに民風を作興した発端《はったん》になるのである。救荒の具体的事績は、ほかに完全な帳簿があるから、今ここには概略を記すにとどめる。

補注　回村は困難のはなはだしい箱根山中・富士山麓の村々を始めとして行われ、無難・中難・極難の三段に分けて、極難者には一日一人米二合、銭一文ずつ、中難者には米一合、銭二文ずつが貸与せられた。余裕のある者からは余剰米を時価で買い取り、加入金を出させ、これを救助の用に加えた。すべて懇切な教訓理解を通して行われたことは、有名な「駿州《すんしゅう》御厨《みくりや》郷《ごう》中（御殿場附近）への教訓」の筆記に見られる通りである。

救急資財のうち米は、

倉庫米	一、七六九俵
買い入れたもの	八四俵
先生の俸米	七一俵余
御厨郷その他の加入米	九一俵余

合計二、一一六俵余であり、これが御厨方面と相州方面とに大体折半して支出された。また金は、

お手元金　一、〇〇〇両

桜町仕法米二〇〇俵の代金　二五〇両

加入金その他　六九一両

合計一、九四一両であり、米は一〇両につき六俵三分の買入値段となっているので、両者を通計すれば米として総計三、二七五俵、金として四、六六四両の額に達する。これによって救助されたものは領内三〇七箇村のうち村として一六四箇村、戸数として八八九戸、人口四〇、三九〇人にのぼった。

先生は一応の救急処置が終って、八年四月二十五日、桜町に帰着した。

七、小田原の家老に凶年の道を説く

天保七年（一八三六）の凶荒にあたり、先生は救荒の道を命ぜられて（翌年）小田原に至った。このとき、家老なにがしが先生に、

「飢饉になって民を救う道がないのだが、この場合、どういう方法で飢渇の民を救い、これを安んじたらよかろうか。」

とたずねた。先生は言った。

「礼記《らいき》に『国、九年の蓄《たくわ》え無きを不足と曰い、六年の蓄え無きを急と曰い、三年の蓄え無きを国その国に非ずと曰う。』とあります。およそ歳入の四分の一を余してこれを蓄え、水害・干害・凶作・盗賊・衰乱のような非常時にあてるのが、聖人の制度ではありませんか。あらかじ

め準備してあれば、救荒の方策を何も心配することはありません。しかるに、わずか一年の飢饉が来ただけで、救荒の道がないとはどうしたことですか。そんなことでは国君の任務がどこにありますか。家老執政の職は、何を任務としているのですか。」

家老は言った。

「事前の準備がありさえすれば、もとより飢饉の憂いはない。今、いかにせんその準備がなく、又その方策がないのだ。この難場《なんば》に臨んで、これに対処する道があるのか。撫育の米も金もなしに民を救おうとは、どんな英傑、どんな明知の者でもできないことであろう。それとも、別に道があるのか。」

先生は答えた。

「どのような困窮の時でも、おのずから処すべき道がないとは言えません。ただ実行せられないと困るのです。」

「どうかその道を聞かしてもらいたい。」

そこで先生は次のように説いた。

「国が窮乏し、倉庫は空《から》で五穀がみのらず、国民が飢え死にを免れないのは、どこにその罪があるのでしょうか。国君、家老以下の職分というものは、天の民をあずかって、彼らが悪に陥らず、善を行い人倫の道を踏み、生養を安んずるようにさせる、それがその職分ではありませんか。そういう働きによってこそ、恩禄を賜わり父母妻子を養うことができるのです。しかるに、その、民をあずかり安んじなければならぬ者が、ここに思慮をおかず、自分だけ案楽に暮すことを考え奢侈《しゃし》をつのらせて、そのため上下が困窮に陥り、万民を飢渇死亡におとしいれるまでに立ち至っても、なおぼやっとして自分の罪であることを悟らないとは、嘆かわしい限りではありませんか。この時に当って、救助の道を得られれば、まだよろしい。もし得られないならば、人君たる者はこの罪を天に謝し、万民に先立って飲食を断って死ぬべきであります。とは言え、一国が君を失ったならば、その憂いは至大であって、国家を治める者がなくなります。それゆえ、家老たる者は、主君の死を押しとどめて、領中にこう言って布告を出すべきです。――我らは主君を補佐して仁政を行い、百姓を安んぜんがための職分にある。しかるに、上《かみ》は君に忠を尽すことができず、下《しも》は百姓を安んずることができず、一年の飢饉ですらその飢渇を救い得ずにおる。これは皆、我らの不肖のためであって、その罪重しと言わねばならぬ。死をもって百姓に謝罪しても、どうしてこの罪を償い切れよう。しかるに主君は、仁心厚くいらせられ、我らの罪を御自身の誤ちとせられ、『いま領民に先立って命を捨て、万民に陳謝しよう。』と仰せ出された。我らは大いに驚き、『一国上下の大患、これより大きなものはございません。主君は、もとより私どもに安民のまつりごとをお任せになりました。私どもはその御委任を受けておりながら、人民を飢渇に陥らせましたので、この罪は私どもにございます。』

と言上し、主君が百姓に先立たれることをお止めしたのである。これによって、我らは百姓に先んじ、食を断って、死をもって領民に謝罪するものである。——こう布告して、第一番に家老が餓死に及ぶべきであります。その次には郡奉行《こおりぶぎょう》たる者が、——自分の職務とするところは、領民の危難を去り安泰ならしめるにある。しかるに行うところが道にたがい、人民を餓死させようとしている。これはわが罪である。死をもって百姓にこの罪をわびよう。——と言って、断食して死ぬべきであります。その次には代官たる者が、奉行と同罪であると言って食を断って死ぬべきであります。このようにして始めて、その任にありながらその任を忘れた罪を悟ったものと言うことができましょう。

領民がこのことを聞いたならば、——殿様は一身にも換えて我々人民を哀れんで下さる。御家老以下の方々は、我々が飢渇に及んだからとて、その責めを一身に引き受けて飢え死にをなさった。殿様や御家老以下の方々に何の罪があろう。我々が平年奢《おご》りにふけって、米や金を費し、凶年の準備をしなかったから、みずからこの飢えに及んだのだ。それなのに、高禄のお歴々の重臣がこのために死なれたとは、我々の大罪ではないか。飢え死にはもとより当然のことだ。高禄の重役方でさえ食物を断って一命を終られた。我々が餓死に至ることを、何で恐れるいわれがあろう。——と、一同、飢饉を恐れ、死亡を憂える心が忽然《こつぜん》として消え失《う》せ、悠然《ゆうぜん》たる気持になります。いったん恐怖の念が去ったならば、食はその中にあるものです。領民は互に融通し合い、又は高山に登って草の根を食としても、国中一人の餓死者もないようになること、必定《ひつじょう》であります。たった一年の凶作で、どうして一国の米麦が尽き果てる道理がありましょう。また百草百木も人を養うに足るものです。それでいて国民が餓死に及ぶというのは、恐怖の心が主となって、食物を求める気力を失い、死亡に至るわけであります。たとえば弾《たま》なしの鉄砲の音に驚いて死ぬようなものです。鉄砲に弾がなければ、何で人を害しましょう。しかもそれで倒れ死ぬのは、弾があると思い、その音に驚いて死ぬのです。一年ばかりの凶作が、何で人を害しましょう。人々は飢饉の音に驚いて飢渇に及んでいるのです。それゆえ、まつりごとをとる者が、責めを一身に引き受けてまず死ぬならば、音に驚いていた民衆の恐怖心が消散し、必ず飢えに及ぶ者はありますまい。何も奉行代官までの死を待つ必要はなく、家老さえ餓死すれば、万民は救助せずとも必ず飢え死にを免れるはずです。これこそ、救荒の術が尽きた場合、万民を救わずして救う方法であります。」

家老は愕然《がくぜん》として自失したもののごとく、汗は流れて着物をぬらしたが、ややしばらくして言った。

「まことに至当の道である。」

八、小田原領内の復興仕法を開始する

小田原侯が逝去《せいきょ》されて、下百姓《しも》に至るまで、赤子が慈母に離れたように、茫然《ぼうぜん》として悲嘆に迫られた。嫡子讃岐守《さぬきのかみ》は父君に先立って逝去していたから、嫡孫の仙丸君《せんまる》が幼年で世を継いだ（忠懿《ただなお》公という）。ここにおいて家老の辻・吉野以下は、先君の遺言を奉じて、領村再興の道を先生に委任しようとし、評決を経て、天保八年（実は九年＝一八三八）先生に対し、

「野州三箇村再復・百姓撫育《ぶいく》の良法を小田原領中に移し、永安の道を開くべし。」

と命じた。先生は謹《つつし》んで命を受け、それから改まって家老以下に次のように申し述べた。

「先君は寛仁にわたらせせられ、国民を安んずる政《まつりごと》に思いを尽されて、しばしば私にこのことを尋問せられました。私は御下問に対し、――私が思いますところでは、小田原の藩臣上下の情勢は、これを四季にたとえれば、秋の季節に当っております。およそ秋は春夏に生長した五穀がみな熟し、一年中豊饒《ほうじょう》なことにおいては秋が最上でございます。世人はこの時節に当っては後日の艱難を考えず、前日の艱苦も忘れて、ただ目前の奢侈《しゃし》にふけることを愉快とするものでございます。これが凡情の常でありまして、ついに貧苦を免れぬゆえんであります。小田原の藩臣上下は、先年困窮が極まり、高禄の重臣でさえもその日の活計に困ったものでありました。しかるに最近は、ようやくその困窮を免れて、強《し》いて領民の租税を増し、借財を償わず、奢侈を常とし、節倹をきらい、なおこの上にも豊富を望んで、不足に思う心がやまず、いささかも水草が根が土に付かないで花を開いたような状況になっておりますが、この時に及んで、奢侈

後難を憂える心持がありません。このような人情の時に当って、上《かみ》君臣を損し、下《しも》万民を益し、節倹を行って永安の道を確立することは、まことにむずかしいことではございますまいか。遺憾ながら時は今や秋に当っており、何ともいたし方がございません。主君にはこれを憂慮あそばされ、私に永安の道を立てさせようとなさいますけれども、人情の背《そむ》くところ、どうして一藩上下の時勢に反して道を立てることができましょうか。――と言上しました。先君はやや しばらく沈吟しておいででしたが、やがて、――そちの見るところの時勢は、的然、その通りである。されば現在は行うことができぬとしても、嫡孫仙丸の代には行われるであろう。そちは今からその準備をなし、後年必ず永安の道を開いてくれい。――と命ぜられました。私は、それも実現困難であることがわかっておりましたが、先君がこれほどまでに国家を憂慮あそばされるのに、後年に至ってもなお困難でありましょうと言上したならば、主君の御苦心を安んずる道がありませんので、やむをえず、――後年仙丸君の時になりましたならば、行われるべき時勢も到来いたしましょう。そのときは、成功不成功にかかわらず、私の全力をつくす覚悟でございます。――と言上したのです。先君は賢明にあらせられ、国民を哀れみたまうこと子のごとく、興廃存亡の時機を察せられること、平常人の企て及ばぬところでありました。それでもなお、大いに仁政を施して国家の弊害を除かれることができなかったのであります。まして当君は若年でいらせられるので、この大業を起して国の旧弊を一洗し、衰弱に陥ろうとする国家を再盛させ、永安の道を不朽に確立なさることは、私にはむずかしいとわかっております。けれども先君には以上のように申し上げました。今この仕法開始の命令を辞退したならば、地下の先君の御憂労を安んずべき道がありません。それゆえ、私は私にできるかぎりの道をつくすのみです。成功するかどうかはもとより論外であります。

　しかしながら、一たん野州の仕法を移すことを御命令になる以上は、仕法の本源が立たなくては、これを行うべき道がありません。なぜかと申せば、私は、野州の廃亡の三箇村再興を命ぜられましたとき、宇津家の分度千五俵を定額として限定し、荒地を開き、民を恵んで余財を生ずるに至っては、これを分外として仕法に用い、そうして無尽の米麦を生じてかの地を旧復したのであります。ほかの諸侯の領内を再興するにも、みなこの基礎を定めてからのち、仕法を下したのであります。まして小田原十一万石の領村を再復し万民を安んじようとするのに、この本源が立たず、撫育の米や資金の出どころがなしに、ただ領村を再盛させようということは、聖賢でもできないところです。いわんや私のような不肖の者に、どうして君命を汚さず、再興の道を行うことができましょうか。それゆえ、既往十年の貢税を平均し、その中庸をとって、再興の道が成就を奏するまでの分度とし、この分度によって入るを計って出《い》ずるを制し、節倹を行って余財を生じ、万民を救助されるべきであります。この本源を確立したならば、今日目の前には仕法の行われ難い理由がありましても、なおその成就すべき道が開けるでありましょう。いやしくもその本が立たないで、いたずらに末を起そうとするならば、これは民を惑わし、ついに重税搾取の災いを開くもので、国を興そうとしてかえってその国を滅ぼすという大患を生ずるでありましょう。それゆえに、分度を立てるときは大仁を行うに足り、分度がないときは国を廃するという大凶になるのであります。もし、分度は立てることは相ならぬ、ただ領中だけ再興せよとの命令でありますならば、重い君命ではありますが、私はおことわりいたします。この分度の有無は、御家老以下の評決にかかっているのであります。」

家老なにがしは大いにこの言葉に感じたけれども、――上を損し下を益する道に誰が同意しよう。しかし、もし分度を立てることができぬと言えば、二宮は決して命令を受けまい。受けないときは先君の遺命をないがしろにし、我々の罪が免れ難くなる。――と沈吟して、こう言った。

「貴下の説くところは至言である。分度がなければ仕法を行うべき道がないことは、かねがね聞いておったところである。しかし今即座には評決に及びかねる。貴下はまず小田原に行って民間に良法を施されよ。近日中に貴下の言葉に基いて尽力し、この本源を定めて永安の道を行うようにいたそう。」

先生は、

「分度が定まるか定まらぬかがまだきまらぬうちに、郡村に着手すべき筋合いはありません。

まずその本を立てていただきたい。農村のことは急ぐには及ばないのです。」と言ったが、家老以下はしきりに事業開始を請うてやまなかった。先生は、にわかに争ってもむだであることを察し、命令にまかせて小田原に至り、良法を一、二の村に開始した。領中の民は、前年には飢渇を免れたことであり、今また先生が君命を受けて仁術を行うために来られたと聞いて、四方から蟻《あり》のように集まってその教えを聞き、その仁術を慕い、父母のように先生の徳を仰ぎ、わずか一、二箇村に手を下しただけで、たちまち郡中旧来の悪俗を洗い、互に遊惰を戒めて推譲の道を起し、七十二箇村に推し及んで、大いに風化の道が行われ、上下をあげて先生の高徳を嘆美したのであった。

補注　天保九年（一八三八）二月、まず仕法を開始したのは足柄下郡の上新田・中新田・下新田の、いわゆる三新田（小田原市の内、東海道線鴨ノ宮《かものみや》駅附近）である。合わせて四四戸、村高四七八石の小村であるが、名主四人名儀の借財だけでも一、三七〇両に達し、その償還が仕法の眼目となった。先生は下新田の名主早野小八・同段蔵の懇願にまかせ、「日掛縄索手段帳《ひがけなわないしゅだんちょう》」及び「難村取直《とりなおし》相続手段帳」をつくり、村民を集めて教戒し、縄一日一房ずつの勤労又は節約を積み立てて一箇年に一一両余を得、これによって一〇年間に村民の借財を償還し、名主等多額の資産のある者はこれを売却して、不足額を報徳金によって処理するよう指導せられた。この仕法はたちまち遠近の範例となり、その仕法書は広く写し回され、領内風化の一源泉となった。

九、先生の桜町への引揚げと小田原領民の仕法懇請

先生がひとたび小田原領内に仕法を開始するや、七十二箇村がたちまちにその美風になびいた。先生は国政の根本たる分度確立の有無をしばしば問いただしたが、いつも「国家の重大な体制であるから容易に決しかねる」というのであった。そこで先生は、郡奉行《こおりぶぎょう》某・鵜沢《うざわ》某（作右衛門）に向かって、

「国政の分度が定まらないうちは、仁政の根本がありません。仁の本を立てずに下民を恵もうと計るのは、実は本当に民を哀れむ仁心がないからです。いま、わが君の大仁を唱えて、下民の困苦を除きこれを安んずる道を行うときは、百姓は本当に御領主が大仁をお下しになるのだと思い、歓喜して力を農事につくし、租税を余分に納めてその恩に報いようとします。人の上《かみ》に立って、この貢税の増加を喜び、これを取る一方であるならば、民力は尽きてたちまち困窮し、ついに流民となってしまうでしょう。してみれば、それは、民を恵み安んじようとするものではなく、居ながらにして重税搾取を行い、民の生息する所を失わせるだけの結果になるのです。私は不肖の身ではありますが、先君の命を被って十有余年行って来たところは、みな下民を安んじ、上下を永安ならしめ、君の心を安んぜんがためであって、そのためにこそ万苦をつくして来たのです。今に及んで、仁政の根本が立たない地方に仕法を下し、人民を苦しめて暴税搾取の政治を助けるようなことが、どうしてできましょうか。あなた方も、その本源に力

をつくさずに民間農村にだけ心を用いられるならば、仁を行おうとしてついに暴税搾取の臣という立場に陥るでしょう。忠臣たる者のなすべきところではありますまい。と言っても、先君がすでに御在世でない今、私としてどうすることもできないのです。」

と言った。二人は大いに先生の苦心を察したけれども、自分たちの力では足らぬことを考え、黙然として答えなかった。先生は飄然《ひょうぜん》として、ただひとり野州桜町に帰った（天保九年＝一八三八、九月二十六日）。

奉行や鵜沢は大いに驚いて、このことを家老に達し、先生の正しい意見を陳述したけれども、藩政はいたずらに評議するばかりで、決定しなかった。領民は先生のありかが知れず、また立ち去られた理由もわからないままに、自分たちの誠意の足らないことを後悔し、いよいよ奇特の行いをあらわして、良法を先生に懇請しようとした。やがて先生が桜町に帰っておられることを聞き、諸村の名主から細民に至るまで、先生を慕って野州に来て、衰村再盛の仕法を嘆願してやまなかった。先生は日夜彼らに対し、身を修め家を起し、一村の艱難を除き、孝弟の道を全うすることを教えた。日々数千言、みなそれぞれの人物に応じて卑近なたとえを引き、懇切に教戒を尽したのであった。聞く者は感激して寝食を忘れ、感涙を流すに至った。彼らのうち、仕法を請うこと至って切なものに対しては、やむをえず、一村再復の規画を立てて与えた。彼らは大いに喜んで、小田原に帰って道を守り法を行い、非常な難村の衰廃を挙《あ》げ起したものが少くなかった。

同年某月（十二月、藩は報徳方《ほうとくかた》を置き、郡奉行の兼務とし、鵜沢作右衛門をこれに任じ、属吏をも任命した。

翌天保十年＝一八三九、正月になって）鵜沢は命を奉じ野州に来て、先生に会って言った。

「再び小田原におもむき、諸村を再興して人民を安んぜよとの君命です。どうか、すみやかに御出発下さい。ところで、まず領内を再復するには仕法の役所がなければなりません。それで新たに建築しました。その図面はこれです。先生がかの地に行かれて道を行われるのに、この役所でなされれば、数百人集会しても大丈夫です。」

先生はむっとしてたずねた。

「仁政の本源である分度は、もう定まったのですか。」

鵜沢は言った。

「これは一朝一夕には決定できないのです。しかし仕法のために役所ができたのですから、順を追うて分度も決することでしょう。」

先生は言った。

「それは何ということです。国に分度がないときは、桶《おけ》に底のないのと同様、たとい百万の米や金があっても、ついに困窮すること必然です。又それでどうして飽くまで百姓を恵むことができますか。私が説いたところの本源は定めることができずに、無用の役所を建築して何の役に立ちますか。国に分度があってこれを守り、分外の財によって万民を恵みうるおす、この大本が立って興復の筋道が備わったならば、役所を建てるのもよいかも知れない。その本を捨てておいて、どうしてこのような末の事をするのですか。道が行われないならばこのようなものは不用であって、いたずらに腐朽するだけです。大間違いですぞ。私が小田原に行くことなど思いもよりません。」

鵜沢は大いに色を失って、数箇月桜町に滞在し（附近の仕法地を視察したりしながら）、しきりに先生の小田原行きを求めてやまなかった。一方小田原の駿州《すんしゅう》・相州《そうしゅう》地方の領民は相談し合って、一村ごとに丹誠を積み、先生の良法に基いて衰貧の憂いを除き一村を再復しようと志し、あるいは衣類を売却し、あるいは家財を売り払い、あるいは縄をなって、これを集めてその村再興の資金とし、互に財を譲り、艱難をつくし、他人の艱苦を救い善事を行うことを本意とし、旧染の汚風をたちまち一変して、大いに純厚誠実の行いを立て、そうして衰村再盛の指導を先生に請うて来たのであった。先生は慨嘆してこう考えた。――

「ああ、民衆は道を聞いてひとたび感動してからというものは、みずから旧弊を改めて、このように、尋常一様では行い難い推譲奇特の行いを立てている。先君が御在世でこのことをお聞きになったならば、さぞかし大いに嘆賞せられるであろう。いま領民がこのように丹誠をつくしているのも、先君の大きな仁慈が感徹したためではなかろうか。下民すら私欲の念を去って村を興そうとしている。しかるに主君が政令を下して国家を治めようとされるとき、臣下たる者がこの民を恵むことができないとは何事であろうか。もし領民がこのような行いを立てて道を請うているのに、私が国本が立たないからといってこれを捨てておいたならば、百姓は緊張の度を失って風俗は逆に頽敗《たいはい》し、ついに主君に対し怨恨《えんこん》不平の念を生ずるかも知れぬ。そうなれば先君が万民をお哀れみになった仁心を無にすることとなり、国家の憂いも決して僅少ではない。まことにやむをえない時運というべきだ。私はあちらに行って、民衆の丹誠を失わぬ道を与えるほかはない。」

ここにおいて天保十年の冬（一八三九、十二月）野州を発して小田原に至り、足柄上郡竹松村（南足柄市竹松）・曾比《そび》村（小田原市曾比）に良法を開いて、大いに村民を撫育し、永安の道を立て、人道を教え節倹勤業に導いた。そして両村の数千両に及ぶ借財を償還し、人民の憂苦するところを除去して安息の道を与え、およそ再盛のための方策で施行しないものはなかった。両村の民は感泣してその恩を感謝した。先生のもとに教えを請い、仕法を求めに来る民衆は日々数百人（日記に記録されているもの、少くて二〜三〇人、多いときは一三〇人）に達した。先生はやむをえず、仕法を立案し報徳金を与えて衰村再興の道を授け、その出財は前後五千余両に及んだ。これは皆先生の仕法の丹誠によって生じた余財であった。そして、もっぱら先君ならびに当君の仁恵を強調して、これを行ったのである。領中はますます感動し、互に節倹を行い、他の困苦を救助することを本懐とするようになり、孝弟信義の道が行われ、これを見聞して感嘆しないものはなかった。小田原の仕法はこの時を盛時とする。そして先生は、翌十一年の春（実は七月）、又飄然《ひょうぜん》として野州に帰った（が、十三年に至るまで、しばしば往来して指導に当られた）。

著者が思うに、賢臣は常にあるが明君は常にあるものではない。古来明君が上にあるかぎり、賢臣がそのはたらきを抑圧されたことはないのである。小田原侯は恭倹・賢明で思いやりが深く、近来の明主とたたえられた。果してよく先生を農民の中から挙用し、まさに国政の重責を任せようとした。もしこの君にして長命を保つことができたならば、人民の被った恵沢は計り知れぬものがあったに相違ない。惜しいかな、その仕事が半ばにも達しないうちに、長逝された。先生は早くからこの民を救おうとの志をいだき、大いに政治教化を張って、一途《ず》に明君の知遇に報いようとせられたけれども、それができなかった。ああこの君があり、この臣がありながら、この民だけがその徳沢を被り得なかったことは、実に天命というのほかはない。しかしながら、廃頽《はいたい》を興し、万民を安んずるための先生の方法は完備している。後世に至って明君が又現われ、この道に従ってこの民を安んずることがありえないとどうして言えようか。してみれば、一世に施しうる徳には限りがあっても、後世の民はまさに無限の恩沢を被ることができるであろう。実に、万世にわたって滅び埋もれることのないものは、ただ先生の道だけであると信ずる。

補注　竹松村の名主河野幸内・曾比村の名主鈑持広吉は、先生と旧知の間柄であったから、合わせて一、〇二〇石、九〇余戸の小村に負債が六、二〇〇余両ある実情を訴え、懇願したので、先生はさきに仕法案を立てて授けてあった。そこで再来後まずこの二村に指導を開始された。まず精農を賞し、惰農を戒めて、平等に屋根普請をしてやり、あるいは木小屋・灰小屋を建てて与え、日掛け縄ない法により勤倹の余財を積み立てさせ、これと有志の推譲や先生の加入により報徳金を増殖し、出精人投票法によって無利息五〜一〇年賦でこれを貸し付けて借財を償還させ、巧妙な技術指導によって用水堀や低湿地の改良、すなわち有名な報徳堀・冷水堀《ひやみずぼり》（竹松に現存）の工事を完成し、およそ一〇箇年で、さしもの負債の償還を完了させたのであった。

村内外の民風は奮い立ち、たとえば、近隣の吉田島・牛島・金井島の三箇村では、これを貫流する千間堀の改修整理が五〇年間の紛争の種であったところ、この模範を見て感激し、三〜四日のうちに幅三間、長さ一、〇〇〇間の用水堀を全部改修し終った。こうして、天保十年（一八三九）の末ごろまでに、先生が正式に指導をされた村は三新田及び曾比・竹松と、駿東郡《すんとうぐん》の藤曲村ぐらいなものであったが、他の村々も自発的に仕法開始と同様の行動に出た。すなわち挙村一致で借財償還を決議し、その方法として不用品の売却代金や、勤労の所産の積立て、富者の無利息金提供と善種金推譲、村内の協同による用排水の改良並びに田畑開発等が進められ、献身推譲の美談感話は随所に続出して、十一・十二の両年（一八四〇〜四二）にかけ、徳風は領内一円になびき、仕法の出願は七二箇村に及んだ。その情況は、西大井村（大井町西大井）の指導者為八郎と鬼柳村（小田原市鬼柳）の指導者斧《おの》右衛門とが天保十二年三月差し出した「御趣法向《ごしゅほうむき》出精村々書抜帳」に明らかであって、通読して感激おくあたわざらしめる。

西大井と鬼柳は、特によい指導者もあり、民風は極度に作興し、天保十一年から先生の仕法を受けて顕著な成績をあげた。西大井では六一戸、四七一石の村に一、六五〇両の借財があったが、村民推譲の加入金だけで一、四〇〇両余となり、先生から三〇〇両の貸付を受けただけで、見事に償還が完了した。

その道路・用排水工事には附近数箇村から、一、三一七人の労力助成が期せずして集まり、さらに、上流金子から下流鬼柳まで、三箇村にわたる悪水堀工事には、四日間に二、六八五人の人夫が遠近三五箇村から奉仕に来て、一、四四二間の工事を完成した。推譲の美風が領内にみなぎっていた有様を察するに足るであろう。

天保十三年（一八四二）は先生が幕府に登用せられた年であるが、この年、酒匂《さかわ》川以東三三箇村を結合して、東三十三箇村仕法組合ができた。これは、領主の分度が確立されず、仕法の恒久的財源がないための欠陥を、町村の自治的な団結と相互扶助によって補おうとするもので、各村代表者の投票によって優良村を選び、これにまず仕法を施して、順次他に及ぼして行こうとするのであった。その第一回投票に当選したのは西大友村（小田原市西大友）であった。

駿州《すんしゅう》（静岡県）駿東《すんとう》郡方面では、藤曲村（同郡小山町の内）と御殿場村（御殿場市の内）とが著名である。いずれも天保十一年初めから仕法に着手され、その仕法書は三新田の仕法書と共に、村民教化の範例として今もなお愛誦されている。

十、三幣《さんぺい》又左衛門、先生の教えに従わず罷免される

小田原藩の三幣某（又左衛門）は、勇力出群、眼光は人を射るように鋭く、すこぶる才知もあり能弁でもあった。先生がそのはじめ野州三箇村再興の命を受ける時に当って、先君は、

「家来のうち誰に命じてそちに協力させようか。」

とたずねられた。先生は、

「三幣は才知があり、又勇気もございます。かの地について艱苦を共にするには三幣でなけれ

ばいけません。」

　と答えた。そこで先君は三幣に対して、

「そちは二宮に協力して分家知行所の衰村を復興せよ。」

　と命ぜられた。三幣はつつしんで命を受け、野州に至って力をつくし、廃亡の地を開き、安民の道を行った。（実は御知行所勤務役という名儀で、江戸において桜町に関する基本的事項の取扱をした。文政十二年＝一八二九、桜町仕法の中期にも再任されている。）ところが、わずか二年で小田原侯は三幣を召して年寄職《としよりしょく》（実は用人職《ようにんしょく》）を命ぜられた。三幣は大いに喜んで、わが志を得たと考えた。

　先生は野州でこのことを聞いて、――

「始め主君は私に、この地の再復を共にすべき者をおたずねになった。私は三幣であるとお答えした。それは決して一、二年間のことではなく、この地の成業を奏するまでの期限として言上したのである。その上三幣とは、『三村が再興しこの民が安堵《あんど》の地を踏むようにならない限り、我々二人はたとい君命があっても他の職をお受けせぬことにしよう。』と誓約し、この地の再興の仕法を開いたのである。しかるにいま主君が彼を挙げて重職を命ぜられたのは、三幣が私の道を聞いて、言行ともに以前の三幣ではなくなったためであろうが、主君として、ひとたびこの地の興復の事業を助力せよと命じた三幣を、他の役に転任せしめられるのは、過ちというべきである。けれども、主君は主君としても、三幣たるものが、どうしてこの難業を私一人に負わせ、契約を変じて君命を受け、一言の辞退もなく又私に一言の相談もなしに、新しい職分を喜び、この地の仕事を遠くで見物する道理があろうか。信義のないことこの通りである。どうして君のためにだけは身を顧みずに忠義をつくすことができよう。信義を捨てて心を目前の幸福に用いる三幣は、必ずその終りを遂げることはできまい。これは決して一人の不幸だけでなく、実に国家の憂いである。

と、嘆息に時を移したのであった。

その後三幣はいよいよ主君の寵愛《ちょうあい》を得て、威光・権力ともに行われ、その名は他藩にも響き、人々にもてはやされ、万事意のままにならぬことはなかった。ここにおいて、みずから時を得たと誇り、すこぶる奢侈《しゃし》をつのらせた。人々からの音物《いんもつ》はおびただしく、毎日の風呂《ふろ》は菓子箱で沸かしたというほどであった。ところが、小田原の家老服部《はっとり》某（十郎兵衛）は、早くから先生の道を聞いて、一転の改革と唱え、藩の政事を改めて有益な施策を企て、威勢はその右に出る者がなかった。三幣は服部と共にこの事を挙《あ》げたのであったが、ついに過失があって、服部を始めとして改政にあずかった者数人が退けられた。三幣だけは江戸に居たため難を免れた。

先生はこれを聞いて、――

「服部始め彼らは、少しばかり私の説を聞いただけでまだ深い道理を知らず、それを勝手に自分の知恵として大事を起した。けれどもそれは、国本を固くし、民を安んずる仁道ではなくて、領主以下藩士ばかりの利益繁栄を計ったものである。これは根本を捨てて枝葉の栄えを求めるやり方であって、どうして国家を泰山の安きに置くことができようか。しかも、みずから過ちを悟ったならば又改める道もないではないが、みずから国家に有益なことをしたとして、その功を誇る気持がある。到底久しく栄えられるはずはない。彼らは才能・力量とも国中に冠たる者でありながら、私の言葉を用いないで、ついに無用の人となってしまった。実に嘆かわしい限りだ。いま三幣一人が残ったけれども、これもまた服部と異なるところはない。彼は野州に一身をなげうつと言いながら、たちまち約束を破って栄誉と利益を喜びとしたが、もはや捨てられる時期が来た。この人までも役儀御免になったならば、仁術を布《し》いて国家永安の道を開き、君意を安んじうる者は誰もいなくなる。それゆえ私は主君のために三幣を救わなければならない。けれども、信義の道が立たぬ彼のことだ、恐らく私の忠告を用いることはできまいが、そうであれば何ともいたし方がない。」

との思慮から、ついに江戸に出て三幣に面会して、

「あなたは今威権がありますが、それは風前の燈《ともしび》よりも危いものです。なぜならば、先年一しょに改政をした人々は、ことごとく罷免されました。あなただけが逃《のが》れられるはずはありません。もともとあなたは、野州三箇村興復の道に私と共に力をつくし、成業に至るまでは主命があっても転勤昇進はしないと約束したのに、たちまち君命に応じて現在の職にのぼり、約束と

信義を捨てました。けれども、その職務に当って、一身をなげうって忠を尽し、みずから節倹を行って、一藩に先立って艱苦をなめ、音物《いんもつ》の道を断ち、廉潔正直に上下のために力を尽したならば、主君にも信任せられ、一藩からもその徳を慕われたことでしょう。しかるにあなたは、知らず知らず奢侈《しゃし》を生じ、栄誉利益を喜び、功をむさぼり名を求めることに流れました。このようにして永くこの職におろうとしても、到底むずかしいことではありませんか。早く一身を反省して、音物を謝絶し、これまでの過ちを言上して、主君に退職を請うべきです。そうすれば、あなたが過ちを改めたのを見て、上下の藩臣も安らかな気持になるでしょう。そして、強《し》いて人がすすめて勤続させるならば、それもよろしいし、もし願い通りに許されたならば、退いて過ちを償うがよろしい。これこそ両全の道ではありませんか。ぐずぐずして今日を送るかぎり、罷免は必ず近いうちに来ます。私がこういうことを述べるのは、あなたと懇意であるからではありません。実に国家のためにやむを得ないからなのです。」

と、理を尽して教えた。三幣は言った。

「貴殿の言うところは当然の道ではあるけれども、拙者はこの職に任ぜられて以来、忠義を尽そうとするほか他事はなかった。不肖のため過ちがあったことは是非もない次第である。主君が拙者に退職を命ぜられたときは、もとより退職しかるべきであるが、主君が一日でもお用いになる以上は、臣下から退職を請うのは臣下の本意ではない。拙者は辞職する気持はない。」

先生は、これでは諫《いさ》めることも救うこともできないと察し、

「いや、これも時勢というものでしょうか。いかんせん、あなたは自分の過ちを飾って人の忠告を拒まれました。この上論じてもむだでしょう。あなたが必ず後悔されるだけのことです。」

と言って、筆をとって一首の歌を書き、これを与えて辞去した。その歌は、

こがらしに吹き残されし柏葉《かしわば》の春の雨夜をいかに凌《しの》がん

というのであった。三幣はこれを見てもなお、みずから反省することができなかった。

数日ののち、主君は三幣を退職せしめ、小田原に帰ることを命じた。三幣は愕然《がくぜん》として驚き、積年の勤労も一時にむだになったと大いに嘆き悲しみ、なすところを知らなかった。先生はこれを聞いて、――

「三幣は私の言葉を用いないで、この結果になった。今は後悔の心が生じたであろう。いま一度国家のためにこれを救わなければならぬ。」

と考え、三幣の住居を訪れた。三幣は愁然として言った。

「拙者は貴殿の言葉に従わず、おのれを是《ぜ》として君寵《くんちょう》を頼み、決してこういうことはあるはずがないと思っていた。しかるに今貴殿の言葉通り罷免せられ、積年の功労もここに空《むな》しくなった。どうしたらばよろしかろうか。」

先生は言った。

「過ぎたことは言っても仕方がありません。将来についてはなお対処する道があります。もう一度忠言しましょうか。一体あなたは、一身のためにこの職を勤めたのですか、または君家のために勤めたのですか。」

「それは何ということ。拙者は不肖ながら一身を利せんがために力を尽したりはしない。」

「そうでしょう。もとより臣下の道としては、一身を捨てて君に忠義を尽そうとするのが常道です。では、あなたは一身に過ちがあって退けられたとお思いですか、退けた者の過ちだとお思いですか。」

「これは皆拙者の過ちであって、忠勤が足りなかったためです。だれを恨みようもない。」

「そうです。もとよりあなたを退けた者の過ちではなくて、あなたの過ちです。いまあなたは身の過ちを悟ったならば、どうしてその過ちを詫《わ》びないのですか。」

「過ちをわびようとしてもその方法がないし、また今更わびても何のかいがあろうか。」

「もとより主君に向かっておわびする方法はありません。しかし、わびる道が全然ないとは言えません。」

「そのわびる道とはどういうことですか。」

「言葉でわびるのではなく、行いでわびるのです。」

「行いでわびるとは、どういう方法ですか。」

先生は教えた。

「その道というのは、こうです。あなたは[illegible]決断をもって在職中のおごりを改め、衣服器財から金銀に至るまで、一物も余さず差し出して一藩の貧者に贈り、奉公の費用に当てさせなさい。そして、――明君が上にあられる。各位は忠勤を尽されよ。決して拙者のように不忠になってはなりませんぞ。――との一言を残して、妻子と共に歩行《かち》で、一物も携えず、一人の召使いも連れずに小田原に帰って、縁者の助力を得て艱苦をつくすべきです。そして、日夜国家を憂い、身の過ちを悔い、一身の艱苦がまだまだ足らず、過ちを償うに足らないことを憂えるがよろしい。本当にそのような気持になったならば、主君は必ずこれを哀れまれ、人も必ず称揚するでしょう。そのうちに自然と、再び国家に[illegible]の忠義をつくすべき時が来ないとは言えません。けれども、この行いに少しでも名聞のためにする心があったならば、至誠の道はそこに絶えるのです。あなたが本当に過ちを知り、これをわびようと思われるならば、この行いをお立てなさい。私はあなたのためにこんなことを言うのではなく、国家のため、やむにやまれず、一言せざるを得ないのです。」

三幣は黙然としていたが、ややしばらくして言った。

「これは容易なことではない。落ち着いてよく考えてからにしよう。」

先生は大息して、

「再三至当の道を説いても行うことができないのでは、国家の事ももはや終りです。どうにも仕方がありません。」

と言って立ち去った。三幣はついにこれを実行することができず、家財や衣類を一物も残さず、数駄《だ》の馬につけて、駕籠《かご》に乗って小田原に帰った。その後生計の道を誤り、借財のためにこれらの財物をも失って極貧に陥り、再勤の命令はなく、ついに一世空しく歳月を送った。先生は終身このことを嘆息したという。

補注 三幣の罷免は天保元年末、帰国は翌二年八月であるが、その後困窮に陥って、しばしば先生の助力を請い、ついには好きな晩酌《ばんしゃく》にも事欠いたので、先生は一日一合の割合で、彼の生涯、飯泉《いいずみ》の酒屋から彼に届けさせた。人々は先生の友誼《ゆうぎ》の厚いことを嘆賞し、美談として伝えられた。

三幣は始め早川茂右衛門らと共に家老吉野図書に説き、先生を登用して桜町仕法を命ずるようにさせた、先生の知己である。しかし早川・吉野はすでに逝《ゆ》き、三幣は退けられ、服部は隠退して、先生の理解者は当路から一掃せられ、小田原仕法の前途にはすでに暗雲が立ちこめていた。

十一、小田原仕法の中廃

小田原領分七十二箇村の民は、日々家業に励み艱難《かんなん》に安んじて、借財を償い村を再復しようと志し、殊勝奇特な行いを立て、他領の者がこれを聞いて感嘆し涙を流すまでに至っていた。この時に当って国本の分度を定め、大いに人民を安んじたならば、必ず上下永安の道に達すること、手のひらをかえすように容易であったろう。しかるに天保十三年（一八四二、十月二日附）、幕府の命令によって先生を普請役格《ふしんやくかく》として召し抱《かか》えられた。小田原藩の家老某（杉浦平太夫）がこの旨を先生に達した。先生は言った。

「私は二十年前、先君から野州三箇村の廃亡を興復せよとの御命令を受けました。これを辞退すること三年に及んでも、先君は厚く私に命じてやまれませんでした。私は君の仁心の深さに感じ、君の心を安んぜんがために命に従って十余年間力をつくし、かの地を再復いたしましたが、まだ完全には功を奏しないうちに、先君は再び私に命じて小田原の飢民を撫育《ぶいく》せしめられ、ついで遺命によって野州の仕法を小田原に移すことになりました。その興復の道は、本源たる分度がまだ立ってはおりませんが、民間ではすでに、再復の道を守って昼となく夜となく力を尽しております。今これを廃止したならば数万の人民は道を失って、再び衰廃に陥ること必然であります。そうなれば先君が民を憂いたもうた仁心も、これ限りで空《むな》しくなるでしょう。私は先君の御心労をひとたび安んじようとして今日までやって来ました。あに図らんやこの事業を廃棄して幕府の命令を受けようとは、実に心外千万です。それゆえ私はこの命令を固辞します。主君から幕府へ次のように言上なさって下さい。――目下領中の衰廃再興、下民撫育の事業を二宮に委任してある。いま事業が半ばに至らぬうち二宮が手を引いたならば、領中一同の望みを失い、先代以来安民の事に心をつくして来たのも一時に空しくなるであろう。願わくは領中再興の道が、かなりの程度にも成功を見るようになるまでは、登庸を免ぜられるよう懇請する。――こう申し出られたならば、恐らく幕府はこれを許容されるでしょう。そうして小田原の領民がその所を得るようになった後は、私もこの命令をお受けいたします。」

家老は言った。

「貴下の言うところはまことに先君に報ずる忠心の至りと言ってよい。しかしながら、ひとたび幕命が下ったならば、つつしんでその命令をお受けになることが諸侯たるわが君の道であって、小田原領のことは私事である。私事によって命令を辞退せられるならば、わが君として忠義を欠くような筋合いになる。それゆえ、当君のおためを考えて、すみやかにこの命令を受けなされ。」

先生は反問した。

「それでは小田原の仕法はこの時を境に廃止なさるのですか。」

家老は答えた。

「どうして廃止することができよう。先君以来の事績を言上して、貴下の勤務の間に以前のように指導を得たいと嘆願したならば、それをお許しにならぬはずがない。貴下は小田原のことは心配されるな。必ず先君の御遺志を遂げるつもりである。」

ここにおいて先生は、やむをえず命令に従った。そしてただちに、小田原の仕法に先生の指導がなければ領民が拠《よ》りどころを失うであろうことを書き記し、公務の寸隙を見て従前のように仕法の指導ができるよう嘆願した。幕府はすみやかにこの願いを許容した。そこで先生は始めてやや憂いを解いたような様子であった。

その年の冬（十月から十一月にかけて）先生は下総《しもうさ》の国（千葉県）印旛沼《いんばぬま》の検分の命を奉じて総州におもむいた。この時小田原から家老某が突然江戸に来て、江戸詰めの家老以下を退勤させ、小田原に帰国させた。その後弘化三年（一八四六、七月）に至り、小田原藩は先君以来の仕法を廃止し、領民が先生に往来することをも禁じた。領民の愁嘆は限りがなく、先生積年の丹誠も忽然《こつぜん》として廃棄されたのであった。先生は愁然として慨嘆し、——

「ああ私の仕事ももはやこれまでである。先君は国民をわが子のようにお哀れみになり、私にこれを撫育《ぶいく》せしめられた。私は一たん命を受けて以来、君の仁沢をこの民に被らしめようという一心で、天地に祈り鬼神に誓って今日に至った。しかるに当君は御幼少で先君以来の事情を御存知にならず、現任の藩当局がついに国家興復・安民の道を廃止してしまった。時勢のおもむくところ、何ともいたし方がない。『君子は天をも恨みず人をもとがめず』（論語）ということがある。私も誰を恨み誰をとがめよう。みな私のまごころが足らないところから来たことである。今やこの道の本源たる小田原藩がすでにこの道を廃止したからには、私が他藩のためにこの道を立てるならば、小田原の非をあばくようなものである。それゆえ、いますみやかに諸方の仕法をも一時に廃止して、小田原を安心させよう。これがもとの主君の恩義に答える道である。」

と考え、まさにその方針を実施しようとして、諸侯にこの旨を通知した。諸藩ではこれを評議して言った。

「先生の興国安民の道は天下の良法である。しかるにこれを廃棄したのは小田原の君臣の大過と言わねばならぬ。現在わが国では百年の衰廃を興し、人民を安んじ、国家の永安を開こうとしているのである。どうして他国の大過に倣《なら》うことができようか。」

先生の一生を通じて、この時ほど困苦心労されたことはなく、小田原先君の墓（青山の教学院）に参ってひざまづき、合掌流涕《りゅうてい》して時刻を移したのであった。従者も皆先生の至誠に感じて共に涙を流し声をのんだ。その後先生は終身先君の仁を拡充することができぬのを憂いとし、心中再び小田原に安民の道が開けることを祈っておられたという。

著者が思うに、むかし孔孟《こうもう》は民が虐政に苦しむのを哀れみ、これを安寧の境遇に至らせようとして、天下を周遊して王道を説いた。およそ国を治め民を安んずるのは人君の職務である。その職にあって、その道を求めることぐらい切要なものがあろうか。しかるにひとたびその言葉を聞いても、皆茫然《ぼうぜん》としてつんぼのごとく、おしのごとく、これを用いようとする者がなかったのである。先生においても、あれほどの至誠、あれほど顕著な功績がありながら、一たん小田原侯が逝去せられては、その遺言もたちまちにして廃棄されてしまった。実に道の行われがたいことは今も昔も同じであって、聖賢もまたどうにもすることができなかったのである。しかしながら、先生の教示に至っては、たとい当世に施すことができぬとしても、後世に垂れ残すことますます明らかなものがある。決して、一時の隠顕によって先生の価値を上下することはできないのである。

補注　天保十二年（一八四一）に老中水野忠邦の天保改革が始まり、人材抜擢《ばってき》も行なわれていた。天保の凶荒以来、先生の名声は江戸でも聞えており、ことに青木村の領主川副勝三郎を通じて勘定所の首脳部が注目していた。また両総の代官となった篠田《しのだ》藤四郎は、水野の企図する利根川分水路を実現するため、土木技術者としての先生に期待した。なお小田原藩としては、民衆に異常な声望を持ち、藩政の分度確立を主張してやまぬ先生を快く思っていなかったから、公辺の内意は渡りに舟であった。

　これらの筋が重なって、先生は十三年の七月に出府を命ぜられ、勘定奉行岡本近江守《おおみのかみ》をはじめ当路の人たちと次々に面会した。もとより先生は興国安民の道が幕府の手で行なわれることを期待し、十月二日には水野の意を受けた勘定吟味役根本善左衛門に徹底的に説明する段どりになったが、事態は篠田の画策もあってか急転し、同じ二日づけの発令となった。職名は「御普請役格《ごふしんやくかく》」で待遇は二十俵二人扶持《ぶち》、勘定所勤務である。先生は一技官としての採用に失望し、しばらく病気引籠《ひきこも》りをしたが、十七日には出頭、服務の宣誓をすると共に利根川分水路調査設計のため出張を命ぜられた。

　小田原藩では領内及び桜町の仕法につき先生の指導継続を幕府に伺ったところ、折り返し許可があった。当時仕法実施中であった下館《しもだて》・烏山・谷田部及び茂木《もてぎ》・相馬《そうま》等の諸藩では、先生の一応の謝絶に驚いて継続を懇望し、公務に支障のない範囲で先生の教示を得たい旨、先生の内閲を経て幕府に伺いを立て、許された。但し谷田部、茂木の細川藩だけは、中村勧農衛《かのえ》の独断で事を運んだため不許可になったことは既述の通りである。

同年冬の交迭によって、郡奉行鵜沢《うざわ》作右衛門も転勤し、報徳係りは残務を続行するだけのものとなった。先生も幕命による視察や、特に弘化元年（一八四四）以後仕法雛形《しほうひながた》の述作に忙殺せられて、ほとんど小田原を顧みる暇がなかったが、領民の慕って来る者はますます多くなった。ついに藩当局は先生との往来を禁止するに至ったが、領民はあるいは私用と称し、あるいは親類に行くと称して、ひそかに出府し、先生の教えを請うものが絶えなかった。

弘化三年（一八四六）、仕法雛形も完成に近づいたので、先生はこれによって小田原領に実施しようとし、藩当局と交渉された。しかし藩はかえってこれを禁絶する手段に出、ついに七月十六日、書状によって「今般報徳の儀、御故障これあり候につき、畳《たた》みにいたし候」旨を通達し、五、一〇〇余両の報徳金も返却すると申し出て来た。但しその返金は順調には行かず、安政三年（一八五六）まで数回に分割して漸く結了した。

このようにして小田原の仕法はついに中廃し、領民の先生への往来は厳禁せられ、先生自身嘉永五年（一八五二）に至るまでは墓参さえも許されなかった。先生の理解者であり、抜擢者《ばってきしゃ》であり、その思想的発展の媒介者でさえあった先君大久保忠真公に対する先生の思慕と、その遺志をどうにかして実現しようとの熱願は、のちに公の墓所青山教学院と仕法地（特に日光）とを結ぶ「彰道院殿御菩提《ごぼだい》のため御《ご》回向料《えこうりょう》永代増益手段帳」による基金運営法の設定となり、回向料と仕法資金と公の済民の遺志とを永久に増倍してやまぬ方策が講ぜられたのであった。

報徳記　巻六

一、下館《しもだて》侯、興国安民の良法を先生に依頼する

常州（茨城県）の下館侯（石川近江守《おおみのかみ》）は、下館城（下館市、桜町の南方二里余）附属の一万三千石と、河内《かわち》の国（大阪府）に七千石、合わせて二万石を領していた。天明年間（一七八一～八八）の凶荒以来戸数人口が大いに減じ、収納もこれに准じて減少した。一藩上下の艱難《かんなん》ははなはだしく、負債は三万余両（三三、九〇〇余両）に及び、一年の租税でその利息を償うにも足らず、百計を尽したけれどもこの艱難を除き永安の道を立てることができないで、上下とも大いにこれを憂えていた。天保九年（一八三八）に至っては、すでに一藩扶助の道がないという有様になった。領民の艱苦も推して知るべきである。

ところへ先生の桜町三箇村再復の功績・下民撫育の仁術を聞き、郡奉行《こおりぶぎょう》の衣笠《きぬがさ》某（兵太夫）に命じて、桜町におもむき、上下の艱難を除いて永安をもたらす方法を依頼させた。衣笠は仁慈実直な性質ですこぶる人望を得ており、国家を憂えることが深かったから、君公がこれに命じたのである。

衣笠は君命を奉じて桜町に来て、先生に面会を請うた（天保八年＝一八三七、十月）。先生は事務多忙で暇がないといってことわり、再三請うたけれども面会することができなかった。彼は下館に帰ってこう言上した。

「およそ賢人に会うことを求めても中々面謁できないのが古今の常でございます。高い身分に

いて低い身分の者にへりくだるのは、その賢を尊ぶゆえんであります。今般君命を奉じてかの地に至りましたが、二宮は固辞して会いません。その賢人たることはこれでますます明らかと申せましょう。それゆえ再三行って主君の敬礼信義を通じないかぎり面会はできますまい。いわんや国事の依頼を受けるはずがございません。それがしは再びかの地におもむき、君意の懇切なことを申し述べたいと存じます。」

君公は言った。

「そちの申す通り、これは余の誠意不誠意にある。そちは再三行って信義を通じてくれい。」

そこで衣笠は再び桜町に至り（天保九年＝一八三八、九月）、しきりに請うてやまなかった。先生はやむをえず面会した。衣笠は大いに喜んで、

「主家は連年艱難に迫られまして、借財は数万両に及び、元利を償う道がありません。年がたつにつれて増借となり、すでに一藩を扶助することができぬまでに立ち至りました。この艱難を除かなければ、ついに災害は並び至り、亡国同然になるばかりであります。君臣ともに百計焦慮しておりますが、凡慮の及ぶところではありません。わが君はこれがために寝食を安んじなかったところ、先生の高徳と仁術良法を聞いてしきりに欣慕《きんぼ》し、御高諭を受けてこの艱難を除き、ひとたび上下を安んじて忠孝の道をつくしたいと願い、拙者に命じて国家再興の事を先生に依頼させたのであります。どうか先生、下館上下の困苦を哀れまれ、再復安堵《あんど》の良法を授

けてわが君の心を安んじて下さいますよう願い上げます。」

と言った。先生はこれに対し次のように説いた。

「私はこの三箇村の宰《つかさ》として村民を撫育《ぶいく》するだけでさえ、なお力が足らないで君命を辱《はずか》しめはしないかと恐れています。どうして諸侯の依託を受けてその艱苦を除くという余力がありましょうか。

かつて小田原の先君は私にこの地の再興を委任せられました。これを辞退すること三年に及んでも、下命はいよいよ切でありました。私はやむをえず当地に来てこの仕事をしたのです。先君は小田原領を再興しようとして、しばしば私に下問されました。私は次のように答えました。

――小田原藩上下の趨勢《すうせい》は、四季でいうならば秋に当っております。およそ秋という季節は、百穀がみな熟し、一年中最も豊かな時であります。小田原藩士は、旧来の艱難を少し免れて、下民の艱苦を知らず、課税を重くして目前の逸楽を好み、国の根本を薄くしてその末葉を厚くすることばかりしております。これを病人にたとえれば逆上の病のようなもので、一身の血気が頭上にのぼり、両足はつめたく冷え、血気が下にまわらず、ついに重病に至るでありましょう。これを治《なお》そうと思えば、のぼった血気をくだし、両足を温暖にし、血気を全身に循環させなければその病は治すことができません。しかるに下部の冷却を憂いとせず、逆上をもって幸いとしておりましたならば、ついに一身を失う大害を生ずるでありましょう。いま下民が艱難して作った米穀を度外に納めさせ、これを一藩の喜びとしているのは、どこがこれと異なりましょうか。危い道に身を置いて安泰だと考えているのであります。この憂いを除かなければ不朽の平安は得ることができますまい。では治平の道はどうすればよいかと申しますのに、上《かみ》を損して下《しも》を益し、大仁を下して人民を撫育し、国民を豊かにさせますならば、逆上の憂いは去り、国本が固まって上下安泰となりましょう。けれども今一藩の者に、民を憂い、みずから艱難に安んずるという心は到底ありません。それゆえ、いかに善美の道であっても現在の人情では行われ得ません。自然と艱苦の時が来ましたならば、又行われる機会もございましょうか。強《し》いて秋の時節に臨み、陽春の道を施そうとすれば、成功せずにかえって災いを生ずるでありましょう。良法はありましても、その時節でないため、何ともいたし方がございません。――と、このように言上したのでした。

およそ衰貧の起るところには必ず根源があります。その本を考察しないで、いたずらに目前の憂いを除こうとする。それゆえ力を尽すだけますますその憂いが増倍するというのが、世間一般の通弊です。いま下館侯は、天下の一諸侯として二万石の禄《ろく》を領しておられます。それでいて衰貧の極に至ることを免れ得ないならば、小禄小給の者は誰一人この世に立つことはできますまい。諸侯でありながらこの憂いに及んだのは、ほかでもありません。下《しも》百姓を安んずることが諸侯の任務であるのに、その任務を怠って安んずることができないばかりでなく、下民粒々辛苦の米を奢侈《しゃし》の用にあて、民の父母たるの道を忘れたからではありませんか。そこで領民は年々窮乏し、農耕の力を失って衰貧に陥り、租税が減少してついに上下の艱難になる。それでもその本をかえりみずに、居ながらにして商人の金を借りてその不足を補おうと計り、天分の分限を省みて消費の節度を立てようとする行いもなく、借財というものが国家を滅ぼす仇敵《きゅうてき》であることを知らないため、到頭衰極を招いたのです。ですから、いまその本源を明らかにして仁政を行うのでないかぎり、どうして国の衰廃を興し、永安の地を踏むことができましょうか。」

衣笠はこれを聞いて大いに感銘し、かつ慨嘆して、

「先生の御教導、まことに至言と申すべきです。さて小田原の先君は賢君であられ、仁義の道を行われたことは世人の称讃するところであります。しかしながら、小田原の時勢は今や秋に当り、仁政が行われ難いと先生も言上なされ、賢君も大志をいだきながら空《むな》しくお過しになったとありますからは、その時期でなければ聖人でさえどうにもすることができないわけであります。この君にしてこの臣あり、しかもなお道が行われませんでした。いま下館の時候は何と申すべきでしょうか。春夏でもなく秋でもなく、しいてたとえれば厳寒の時と言うべきです。どうしてこの憂いを除くことができましょう。たとい衰貧が極まっておるとは言え、人力の及

ぶところではないわけです。」

と大息して、まさに辞去しようとした。すると先生は言った。

「そうではありません。小田原は秋の時候であるため、人はその目前の利を利として、仁道が行われ難いのです。下館はすでに極寒に至っています。陰が極まれば一陽来復しないではいられません。上下が艱難に苦しんでいる、ここにおいて陽春の道を行うというならば、その時節が今や来ているではありませんか。」

衣笠はたちまち喜んで尋ねた。

「先生は下館再盛の道がなくはないと仰せられる。それはどういうことでございますか。」

先生は言った。

「万物は一つもその一所にとどまることはありません。それは四季の循環するのと同様です。人の場合も、富むときは必ず奢《おご》りに移り、奢るときは貧に移り、貧が極まれば富におもむくというのが自然の道ではありませんか。いま下館は貧困が極まっています。再盛の道を生じない道理はありません。けれども、君臣ともに心力をつくし、一致のまごころが立たなければ、大業を成就することはできません。」

衣笠は大いに感激して下館に帰り、先生の言葉を主君に報告した。君公は深く嘆賞して群臣に告げた。群臣もまたその的確な言葉に感服した。これが下館仕法の始めである。

二、下館藩政困難の根本を論ずる

衣笠某（兵太夫）が下館に帰って復命したところ、君公は大いに感服し、時の家老上牧《かみまき》某（甚五太夫）に命じて、艱難再復の仕法を先生に依頼させた。衣笠は（その命によって奥山小一兵衛らと）同行した。彼らは桜町に来て君命を申しのべ、仕法を請うた（天保九年＝一八三八、十月）。先生は「私の力の及ぶところではない。」といって固辞したが、二人は切に請うてやまなかった。すると先生は、

「私は小田原の微臣であって、諸侯の政事に関係することはできません。又どうして勝手に諸侯の委託を受けてよいものでしょうか。元来私は小田原先君の命によって当地再復の仕事をしたのです。それゆえこの方法は私の方法ではなくして、小田原の方法です。先君はすでに世を去られたが、なお当君がおいでです。下館侯が国家を再興しようとなさるならば、その趣旨を小田原侯に御相談なさるべきです。」

と言った。そこで彼らは下館に帰り、このことを言上した。君公は使をつかわして右の件を小田原侯に申し入れさせた。小田原侯は、

「分家宇津家の領村興復を二宮に任じ、いま更に小田原領中の事をも命じてある。この上ほかの諸侯の委託を受けよとは当方としては命じかねる。彼にもし余力があって、貴藩の委託に応

ずることがあれば御同慶である。」

と答えさせた。使者は復命した。ここにおいて再び上牧・衣笠に命じて、桜町に至り、依頼させた（十一月）。先生は言った。

「およそ諸侯の任務たるものは、もっぱら領民を恵み、生活を安定させることではありませんか。しかるに民を治める仁政を忘失していたため、今この衰貧に至ったのです。ここで君臣ともに前過を悔い、厚く国民を撫《ぶ》育しようと心掛けるならば、たとい実行はできないとしても、なお根本を知り仁政の志があると言えましょう。しかるに下民の安危を度外に置いてこれを憂える心がなく、もっぱら君臣だけの目前の艱苦を免れようとしてその道を私に求められる。私はそのようなことは聞き入れません。」

両人は言った。

「国民を撫育しこれを安んじようとすることは、もとより君臣一同の願いであります。とは言え、現在租税の過半は借財の利払いのために費え、藩中を扶助することができません。どうして下民を恵むことができましょうか。借財減少の方法がついたならば、国民を哀れみ恵むことも必ずそこから生ずるはずです。先生どうかまずこの急難を除く道をお教え下さい。」

先生は次のように教えた。

「いやはや考え違いをしておられる。君臣ともに本来の姿を失ってこの衰貧に陥りながら、なおその本に帰ることができないで、国本たる人民の艱苦を後まわしにし、その末たる藩内の憂いを除くことを先にしておる。このように本末先後の道を失いながら国家を再興させようと望んでも、到底できることではありません。けれども君臣の憂いが借財に集中し、困窮が胸中に迫っておっては、国家の本源を論ずる余裕がないのも無理からぬことです。では、この借財・衰貧は何によって起ったのでしょうか。それは、国家の分度が明らかでなく、入るを計って出《い》ずるを制する道がなく、国用が足らなければよそから金を借りて一時の不足を補い、少しも後難を考慮しなかったため、ついにこのような貧困に至ったのではありませんか。それゆえ、まずこの憂いを除こうと思うならば、国家の自然の分限を明らかにしなければなりません。分限がひとたび明了になったならば、盛衰貧富の生じて来る原因、衰廃再興の道理はおのずから了然となるものです。それで、過去十年の租税を調べ、豊凶十年を平均してその平均額にあたる数が、すなわち天分として動かすべからざる分度です。それに基いて支出を限定したならば、国家財政の基本が始めて明らかになるでしょう。次には何年来の借財を古借と新借とに分かち、元利を明白に調べ、その金額を明らかにしてのち、その償却の方法を考え合わせる。このようにしなければ、どうしてにわかに至当な道を見いだすことができましょうか。ですから、すみやかに（資料と共に）筆算に当るべき御家来を当地にお招きなさい。」

　両人は大いに感銘して、藩士数十人を桜町に呼んでその調査にとりかからせたが、一藩の扶助にあてるべき米がなく、まさに飢渇に及ぼうとすることを憂慮した。先生は嘆息してこれを哀れみ、米若干を下館に送ってその急を補い、それから数箇月、昼夜の丹誠をつくして天分と借財の調査を成就した。

三、家老上牧《かみまき》をさとす

あるとき先生は家老上牧某（甚五太夫）を次のようにさとした。

「いま国家の衰貧に当って、藩侯の禄高《ろくだか》は、その名は二万石といっても、租税が減少しておよそ三分の二になっています。してみれば藩士の恩禄もこれに従って減少すべきものです。これが衰時の天分であって、主君の禄に限りがあるのだから仕方がありません。天命衰貧の時に当って、いわゆる『艱難《かんなん》に素《そ》して艱難に行う』ことが臣下の道ではありませんか。しかるに藩中の者が、君禄の減少を思わずに自己の俸禄《ほうろく》の不足を憂い、ありもしない米を受け取ろうとして不平不満の念を免れないのは、国家の衰弱を知らないためとは言え、まことに浅ましいことではありませんか。国のまつりごとをとる者は、国家の天分を明らかにし、衰時の自然の道をよくわきまえて、一藩の惑いを去り、その貧に安んじてもっぱら国家に忠義をつくすようにさせるのが、職分のうち最も先務とすべきことです。しかるに家老以下の重役さえこの天命をわきまえないのでは、どうして一藩をさとすことができましょう。しかも、家老がその天分を明らかに悟って一藩をさとしたとしても、なお不平不満の心はやみがたいものがあります。なぜならば、衰時の天命に従い、国家に無いものも渡す方法がないことを明示しても、小禄の臣下は必ずこう言うでしょう。――家老やら上役連中は、我々の十倍も俸給を受けている。減少したところで我々ほどの困窮にはなりようがない。人の上《かみ》に立って高禄を受け、他人の艱難を察しもしないで、『天命の衰時に当って、無いものは渡す方法がない。艱苦に安んじてもっぱら忠義を励むがよい。』とは何事だ。家老の任務というものは、仁政を行って国の憂患を除き、艱難を救い、衰えた国を再び盛んにするのがその任務ではないか。その任にありながらこのことをなし得ないならば、それは職をむさぼるものである。どうしてすみやかに退職しないのか。――これが不平不満のやまない理由です。このように不平不満をいだくのは、もとより臣下の道ではなく、大いに本意を失っていることではありますが、この不平不満をなくするのが家老の道です。そこで、一藩の不平不満が弁明説得を待たずにたちまち解消し、艱難に安んじて忠義をつくす心が興起するようになる道が、ここに一つだけあります。あなたがこれを行わないかぎり、国弊を矯《た》め上下の艱難を救うことはできません。どうです、これを実行されますか。」

上牧は言った。

「一藩の人情はまことに先生の明察の通りであります。拙者は多年これを憂慮して参りましたが、どうにもすることができません。いま自分の行いによって一藩の卑しい気分を解消させることができますならば、上下の幸いこれに及ぶものはございません。その道と仰せられるのはどのようなことですか。」

先生は言った。

「それは、ほかではありません、ただあなたの恩禄を辞退するだけです。そして、――いま国家の困窮はすでに極まっている。主君は艱難をつくしておいでであるが臣下の扶助は全きを得ず、一藩の艱難もはなはだしいと言わねばならぬ。自分が家老の任にあって上主君《かみ》のお心を安んずることができず、下《しも》一藩を扶助することができないのは、みな自分の不肖の罪である。いま二宮の力を借りて衰国を再興しようとするにあたり、まず恩禄を辞退して、いささかなりとも国費の一端を補い、無給の身で心力をつくしたいのが自分の本懐である。――という趣旨を、主君にも言上し、一藩の者にも告げて、俸禄を返上し、国家のために万苦をつくしたならば、藩臣一同は必ずこう言うでしょう。――御家老は国のために肺肝を砕いて再復の道を行い、恩禄を辞退して忠義を励んでおられる。しかるに我々は国家に力をつくさずに、ただ空《むな》しく君禄を受けている。これがどうして人臣の本意と言えようか。たとい禄高の十分の一しか受けなかったとしても、御家老にくらべれば過ぎたものではないか。――そう言って、積年の不平不満が氷解し、始めて徒衣徒食の罪を恥じる心を生じて、日々生計の道に力をつくし、他人を恨まずとがめず、どのような艱苦にも安んじてこれを常とし天命として、婦女子に至るまで不足の念慮を去ることでしょう。そうすれば一藩をさとさないでも、現在の艱難に安んじて忠義の一端なりと、励もうとする心が生じてくるわけです。これが、艱難の時にあたって、家老たる者が、天下のために一身を責めて人を責めず　大業を行う道なのです。これが実行できさえすれば何も心配はありません。もしこの道を行わずに、人の上《かみ》に立って高禄を受け、弁論によって人を説き伏せようとしたならば、ますます不平不満は盛んとなり、国家の禍はいよいよ深くなるでしょう。どうして衰国を興し、上下を安んずることができますか。」

上牧は大いにこの言葉に感激し、

「つつしんでお教えを守り、ただちに実行します。」

と言って下館に帰り、このことを言上して、早速恩禄三百石を辞退した。小禄の家臣大島某（儀左衛門）・小島某（半吾。足軽である。）なる者もこれを聞いて共に俸禄を辞退し、無給で奉仕した。先生はこれを聞いて、『上《かみ》これを好むときは下《しも》これより甚《はなは》だしきものあり』（孟子）ということがあるが、上牧がひとたび非常な行いを立てたら、この二人もそれを実行した。古人の金言はまことに適切である。」と述懐し、上牧・大島・小島三人の一家扶助の米を桜町から送って、その艱苦を補ったという。

著者が思うに、国家の憂いを憂いとして一己の私事を憂いとせず、日夜身をささげて国事に任ずるのが人臣の常道ではないか　いやしくも俸禄や栄誉利益を心として、おもねりへつらい、うわべだけ人に従うような者とは、到底共に君に仕えることはできない。先生はあるとき言われた。「君に仕えて心が利禄から離れない者は、たとえば商人が物を売り、価を争うようなものである。君子は決してこのようにして君に仕えるものではない。」と。先生がひとたび臣たるの道を教えられて、下館の衆臣は多きをむさぼり不足を憂える心がやみ、忠義の心が油然《ゆうぜん》として生じた。徳の推し及ぶことは、何とすみやかなものであろう。

四、下館の分度決定と借財償還

下館の既往十年の租税を調べ、いわゆるその中《ちゅう》をとり、過不及のない分度がすでに定められた。しかし年々三万余両の借財にたいし、二千余両の利息を支払っており、これがために税収の過半を失う状態にあった。そこで先生は家老以下に次のように教えさとした。

「いま年々負債の利子のために多額の米金を費しておるが、何十年たっても幾万両払っても、利息を償うだけで元金は少しも減るわけがない。のみならず、支出に節度がないから雑費が増倍し、これをも借財によって補おうとしている。このようにして歳月を送っていたならば、ついに国の租税全部を負債の利子にあてても足らなくなるであろう。そうなれば二万石の名はあってもその実はすでに亡国に異ならない。実に嘆かわしい限りではないか。一日も早くこの大禍を除かなければ、後悔しても追いつかない。そして、今この大患を除こうとするのに、何もほかの方法はない。ただ君臣上下がいわゆる『艱難《かんなん》に素《そ》して艱難に安んじ』、内部の経費を節約してこの憂いを消すことである。しかるに、居ながらにして私に艱苦を免れさせてくれと請求しても、私は他領の租税を取って来て下館の不足を補うことはできず、また借財を棒引きにして下館の憂いを除くわけにも行かず、また私個人の区々たる微力によって諸侯の不足を年々補うことができないのは、もとより論をまたない。してみれば、大小の家臣がおのおの節倹を行い艱難をしのぎ、上下一致の丹誠によっていかなる憂いでも除こうとする以外に、道はないのである。

もし敵国が兵を挙げて下館領を攻撃することがあったならば、一藩の士はこれを傍観して国家の滅亡を待たれるか、あるいは一身をなげうって粉骨の苦戦をつくし、国家を全うせられるか。国の危いときにあたり国家のために命を捨てることは、もとより人臣の常道であって、だれしも憤激して戦闘の労をつくさない者はあるまい。しかるに今、借財のために領中の多分の租税を失い、主君はこれがために安心なさることができず、臣下もまたこれがために困窮に迫られている。事は一見別のようではあるが、紛乱の世に当って敵のために領中を切り取られたのと少しも相違はない。しかるに手をつかねて年を送っていたならば、一国を失ったにも等しい大害となるであろう。このような危いときにあたって、一藩ことごとく身命を顧みず国家再復に心力をつくすのが人臣の常道ではないか。しかるに、このことを少しも憂えないで、ただ目前の扶持米《ふちまい》の不足を憂い、国家に生じない米を、豊かに受けようと望むならば、どうしてこれを忠といい義といえよう。心得ちがいもはなはだしいと言わねばならぬ。

およそ国家の衰弊が極まったのは、君は君の道を失い、臣は臣の道を失ったからである。これを再復しようと思うならば、君は群臣に先立って艱苦をつくし、臣下は恩禄を辞退して自己の勤労によって生計の道を立て、上下一致の力によって国の憂いを除かねばならぬ。そうすれば、たとい何十万両の借財があろうとも償却するに十年を待つ必要はない。このようにして上下の永安を得るに至ったならば、それこそ君臣ともに『艱難に素《そ》して艱難に行った』と言うことができる。しかもこれを戦争粉骨の労にくらべれば、なお易《い》々たるものであって、同日の論ではない。どうして実行しがたいことがあろう。たとい末世の人情として、主君からの扶持を残らず辞退してこれを完全に実行することはできないとしても、国の貢米が減少して扶持の米金がなく、よそから金を借りてこれを渡し、そのため年がたつに従って危亡に瀕《ひん》しようとしているときに、これを受け取って自分はやれ安心だと考えているに至っては、間違いもはなはだしいではないか。また君主としても、国の憂いを増しても藩士を扶助しようとするならば、それは君主の過ちである。たとい君主が過ってそうされても、臣下として、どうしてこれを受けるべき筋合いがあろう。これを、君臣ともに至当の道を失っておると言って誤りであろうか。

いま国患を消除する道はほかにはない。主君がこの道理を明らかにして一藩に示し、藩士は国にないものを取ろうとする心を改め、こうして艱難の天命に従って大借を皆済したならば、必ず艱難を免れるであろうこと疑いを入れない。それゆえ、借財のため一年に出しておる利息の額を、君臣上下の用費から差し引いてその減少を計算してみると、平均分度の二割八分減に当る。これは自然の天命であって人為に出たものではない。この減額の率によって主君の用費と一藩の扶持とを制限し、それ以上は決して得べき道がないことをはっきりとわきまえ、艱難をつくして年々の利息を払ったならば、二万両の借財は減らすことができぬとしても、毎年増借になるという禍だけはのがれることができる。もしこの自然の限度に安んずることができなければ、国家に一粒の出どころもなくなるまで、止めどもなく衰えてゆくほかはない。」

家老以下はこの至当の論に感激して、このことを実行しようと言い、下館に帰ってまず主君に言上し、次に一藩の者に示して、妥当な減俸の予算を立てることができた。

分度がすでに定まり、一藩は艱難に処して努力している。家老以下は再び桜町に来てこれを先生に報告した。先生は喜んで、

「下館の君臣上下とも天命を知り、基本がすでに定まった。この時にあたって負債償却の道を設けなければならない。」

と、数日沈思黙慮してついに数巻の書類を作り上げ、これを家老以下に示して次のように言った。

「いま君臣ともに艱苦に安んじ、年々の利払いの方法は備わったが、元金三万両はいつ減少できるかわからない。減らさなければ国患消除の時が来るわけはない。けれども、これを減らそうとしても一両の出どころもない。やむをえず、元金減少の方法をここに一つ立案してみた。それは、きたる天保十年（一八三九）、一・二両月の国用の米金は、私の仕法の米金を送ってこれにあて、七・八両月の米金は下館城下の富商や御用達《ごようたし》八軒によってこれを補う。そうして、本家たる石川侯（日向守《ひゅうがのかみ》、伊勢亀山城主、六万石）は仁慈であられ、思いやりが深いから、いま下館の君臣が艱難をつくして旧来の衰弊を興し、永安のまつりごとを行おうとしていることを具陳したならば、必ず補助をして下さるであろう。そうしたならば、三・四・五・六の四箇月分の用金を補っていただきたいと願うがよい。下館が再復したならば、そのとき本家並びに商家の出財を償うことは容易である。こうしておいて、当天保九年の下館領内の租税によって借財を償うがよい。そうすれば多額の元金が減って、従来の利払い金のうち多くの金額が余るようになる。これによって毎年元金を償ってゆけば、ついに三万の借財を消却することも困難ではない。」

　家老以下は先生の仁慈深く、かつ大知のあることを感嘆し、大いに喜んでこのことをつぶさに本家に申し述べた。本家でも先生の誠意に感じて四箇月分の用金を送られた。

　先生は又下館の商家八人を呼んで、国家を再盛し上下の艱難を除き、永安の道を得る大きな

道理を教えさとし、下館仕法の始末を告げた。富商らは大いに感激して、

「手前どもの家産をことごとく出せと言われても、君命であれば承知しなければなりません。いま先生は下館に対して少しの縁もゆかりもおありでないのに、これを旧復するために万苦をつくされ、そればかりか多額の米金をお送り下さいます。その御恩はお礼の申し上げようもございません。手前どもの出財はもとより願うところでございます。」

と言った。ここにおいて、一年分の貢税によって、遅延のできぬ負債から先に償却し、多大の元金を減じた。これが、三万余両の負債を償還した始めである。

補注 負債の総額は精算によれば三五、〇六六両余である。その大半について無利息又は利延べの交渉をしたとしても、なお一、五九七両余の利子は支払わねばならぬ。そこで十年平均の天分のうち、江戸で一割九分三厘、下館で二割八分六厘の節約をし、領内三〇箇村のうち二〇箇村分で一藩上下の費用をまかない、残り一〇箇村の貢税を全部借財償還にあてるというのが、先生の立案の骨子であった。

しかるに天保九年分の租税は、先納・先々納又は借財の担保として流用されており、一藩一年間の扶助の方法がなかった。そこで、

(一)、桜町から一・二月分、金として五五八両余を、

(二)、下館の御用達から三・四・五・六月分、金として一、三六四両余を、

(三)、本家から七・八月分の金四〇四両余を、

立て替えることとし、十年一月には早速桜町から米一三七俵余を送られた。(二)と(三)については本文の月数は反対なっているが誤りである。こうしてその年は無事に過ぎたが、当時藩主は大坂勤番中

であり、先生も小田原領内のことでいそがしく、以来数年間は根本的な仕法が実行できなかった。天保十三年（一八四二）に至り減俸案がようやく実現され、翌年末には負債は一六、五〇〇両に減じたが、藩士は長く耐乏することができず、三年間で俸禄を復元してしまった。嘉永三年（一八五〇）になって、一一、七〇五両になっていた借財を、藩内一年分の俸禄献上と御用達の調達によって九、〇〇〇両を得、一挙に解決するという案が実行され、一応かたづいたが、事実は御用達の立替えとなった分が多く、その後長年月の間に少しずつ償還された。

五、下館領内に復興安民の法を行う

嘉永五年（一八五二）の正月、先生は下館の郡《こおり》奉《ぶ》行《ぎょう》衣笠某（兵太夫）に次のように言った。

「およそ国家が衰弱に至る原因は、財政の本源たる分度が明らかでないため支出に節度がなく、人民からの徴収も際限がなく、知らず知らず重税搾取に陥って、人民は困窮して恨みの声が起り、多く取ろうとしてかえってますます租税は減少し、国費がいよいよ足らなくなり、商人の金を借りて一時の窮乏を補い、元利が増倍して君民上下とも困窮のどん底に陥り、ついに何ともいたし方がないようになるのであって、下館の窮乏もこの通りである。それゆえ、衰えた国を興し富裕に返そうとするならば、必ずまず仁政を施して人民の艱難を救い、その苦痛を除いて、安んじて生養できるようにさせなければならない。ちょうど草木の繁栄を望めばまずその根本に肥料をやるのと同様であって、手厚く肥培するときは、花や実の栄えは求めずとも必ず盛んである。もしこれに反して根本を養うことをせず、花や実だけの栄えを求めて枝葉に肥料をかけるならば、骨折れば骨折るだけますます枯れしぼんでしまって、何のかいもない。ゆえに、下館再復の道においても、必ずまず仁政を布《し》いて領民の困苦を安んじ、国本を堅固にして、それからのち一藩の困窮を除いて君民上下の永安をもたらすというのが、私の方法の常道である。しかるに、はじめ仕法依頼の当時、一藩の扶持米《ふちまい》を給与することができないという極窮に迫られておって、領民を撫育《ぶいく》する余裕がなかったため、やむをえず、その当面の難局をしのぐ方策に出た。そして又、三万余両の負債のために毎年の租税を失って財政の基本が定まらなかったので、この負債を償却する方法を設けたのであった。償却の手だてはすでに完了した。ところが前後の順序が違って、一時の困窮を補うことが先になり、根本培養の道がいまだに行われていない。今日に至っては、迅速に領村再興安撫の道を施さなければならない。そうして、首尾よく国本の再興を見たならば、そこで上下の安栄は始めて完全に保障されるのである。」

　衣笠は大いに喜んで、主君に言上し、家老や諸臣に伝達して、彼らと共に仕法開始を先生に請うた。先生は門人某（富田高慶自身である）に差図して同年二月、領中から灰塚《はいつか》（真壁郡旧五所村の内）・下岡崎（旧嘉田生崎《がたおざき》村の内）・蕨《わらび》（旧養蚕《こかい》村の内、いずれも下館市に合併）の三箇村を選んで事業を開始させ、大いに仁恵を下し、善良の者を賞し、窮民を撫育し、家や小屋を与え、農具を支給し、借財を償い、道を築き橋をかけ、民衆の困窮を除いて生養を安んじさせた。三村の民は大いに悦服し、感嘆してやまなかった。ここにおいて、人倫を正しくし、推譲を行い、旧弊を一洗して勤業永安の道に至ることを教えた。村民は歓喜して善に移り、業を励み、純厚の風俗に変じた。遠近の村々はみな感動してこの良風になびき、もっぱら御仕法を欣慕《きんぼ》したのであった。

著者が思うに、至誠の道は、まことに偉大なものである。先生は下館侯のために誠をつくして分度を定め、百年の艱難を救い、亡国の危機を防がれた。永安の道は煥然《かんぜん》として火を見るように明らかに備わった。そこでもし、下館の君臣が心を一つにし力を合わせ、慎んで先生の法を守り、分度を確立して移ることがなかったならば、国の興隆は立って待つべきであった。惜しいことに、ひとたびその法を廃して（弘化元年＝一八四四、減俸を中止したことをさす）から自然国も振わなくなり、区々たる末事に力をつくしたが何の効果もなかった。けだし四季が循環して狂わず、万物が生々してやまないのは、至誠によってである。頽廃《たいはい》を興そうとするときにだけ、どうして至誠の道によらないで成就し得ようか。

補注　嘉永五年（一八五二）ごろから下館藩は借財もようやく整理され、財政は次第に安泰となったし、先生もすでに、ほど近い東郷《ひがしごう》陣屋（栃木県真岡《もうか》市東郷、桜町陣屋の北方約一里）に移って諸領の仕法指導を自由に行いうるようになっておられたので、領内の仕法も進展した。すでに数年前から灰塚と谷《や》中《なか》（灰塚の南隣、同じく旧五所村の内）には着手されていたが、全領内に実施するに決したのはこの嘉永五年である。そして富田高慶が仕法指導者に任ぜられ、三〇箇村の中から前の二村を除いた二八箇村の互選投票によって、毎年奇特精業の村を選ばせ、これから順に仕法を実施してゆくことになり、この年には蕨《わらび》と下岡崎が、翌年には蒔田《まくだ》（旧河間村の内）・大島（旧伊讃《いさ》村の内、いずれも下館市内）が一等に当選した。仕法は雛形《ひながた》通り順調に進行し、次々と他の村に推し及んだ。

下館の仕法は、家老上牧・牧、奉行衣笠・永島、小臣ではあるが大島儀左衛門、御用達の中村兵左衛門等が先生の門に出入りし、理解を深めて行ったため、私領としては相馬に次ぐ成績をあげた。特に衣笠と大島はこの仕法の柱石であり、先生との交渉最も深く、先生の出府中は桜町の留守をあずかるほどであった。そして衣笠は嘉永五年先生の息女文子女史と富田高慶との結婚に当って媒酌人となり、相馬への輿《こし》入れに先生の名代《みょうだい》となり、同時に相馬から高慶を下館の指導者として招くための使者として、三役を兼ねて出張したのであった。

下館藩士の間には、小田原社と並んで　わが国報徳社の最初のものである、信友講という結社ができた。江戸・下館の両方に天保十四年（一八四三）に創立され、下館は四七人から七〇人に、江戸は一七人から四八人に逐次増加し、報徳の道の実践を趣旨として相互扶助・相互教化を行い、幾度か藩士の経済的破綻《はたん》と思想的荒廃とが救われた。貸付の際の表彰入札も後世の模範となるくらい立派に行われた。

六、相馬《そうま》領盛衰の概略

奥州《おうしゅう》の中村領（福島県相馬郡・双葉《ふたば》郡。中村は相馬市）は、もとの高六万石、新田改めによる増加高三万八千石、村数二百三十余箇村（正しくは二二六箇村）で、元禄《げんろく》から正徳《しょうとく》にかけて（一六八八—一七一五）土地が大いに開け、山地や谷間に至るまで田や畑となり、人民はすこぶる豊かで、その生業を楽しんでいた。ところが、すべて盛んなものは必ず衰えるのが自然の成り行きであって、元禄年間（一六八八―一七〇三）に群臣が評議して――いま領内の三郡とも、大いに農業が盛んである。高は六万石と称しているが、実は田畑の面積が広くて、農民の利益が多い。ことに山野の開墾された所も少くない。いま正確な検地をして田畑を正したならば、帳簿外の耕地が多数出てくるであろう。国家の利益としてこれより大きなものはない。――とし、衆議が一決して、領内の村々あまねく田畑の面積を正して、三万八千石の余分の耕地を見いだしたという。これが国家の大衰、百年にわたる艱難《かんなん》の根源である。

この当時は貢税の納まること十七万俵に及んだ。ゆえに米倉も金庫も満ち満ちて、一藩の者は禄高に比例して多額の給与を得、艱難とはどのようなことかを知らないようになり、束《つか》の間の富であるのを、百代の後までも心配ないと思っていた。およそ聚斂《しゅうれん》すなわち租税をしぼりとることは古人の大いに戒めたところであって、国家の衰亡は重税搾取のもたらす結果である。国が栄え、君臣上下が憂いなしにいられるのは、国の本たる百姓が安泰だからである。百姓が豊かでいられるのは田畑の利益があるからである。しかるに田畑のゆとりを減らして一反の田畑は一反とし、一町の田畑は一町とするならば、人民は生計のゆとりを失ってたちまち困窮に陥り、ついに離散に及ぶこと、疑いがない。果してこれから連年国民は衰貧におもむき、戸数は減少し、天明年間（一七八一―八七）に至っては大いに衰弱した。君臣上下は節倹の道を失い、知らず知らず奢侈《しゃし》に流れ、貯蓄も空《から》になって、すでに困窮が極まった。そればかりでなく、天明四・七両年（一七八四・八七）の大凶荒となって、領主はこれを救おうとしても米や金がなく、百計をつくして救荒の道を求めたが得られず、百姓の飢渇・死亡・離散はおびただしく、田畑は荒れ果て、収納は三分の二も減少し、一藩の艱難は古来この時よりはなはだしいことはなかった。群臣は大いにこれを憂い、米や金を隣国の富商や江戸の富豪から借りて目前の不足を補ったが、文化年間（一八〇四―一七）に至ってはすでに借財が三十万両を超過し、一年の租税もその利息に当てるに足らず、借財は連年増倍し、貢税は毎年減少した。領主はこれを深く憂慮されたが、どうにも仕方がなかった。

文化何年かになって、先代の益胤《ますたね》公が大いに発憤せられ、国の衰廃を興し、万民を安んずる方策を諸臣に下問せられた。すると当時の郡代《ぐんだい》（郡長職）草野正辰《まさとき》・池田胤直《たねなお》が共々に次のように言上した。

「国が衰廃しましたのは、財政の基礎が完全でなく、節倹の道がすたれ、奢侈《しゃし》が流行したためであります。いやしくもその衰えの根源を改革せずに、他の財を借りて目前の不足を補い、一時の憂いを免れようといたしますならば、国の憂いが年ごとに増倍すること、たとえば薪《たきぎ》を抱いて火に入るよりもはなはだしいものがあります。いまこの大患を除いて永安の道を生じようとするには、ほかに方法がございません。主君みずから飲食衣服を省いて万民に先立って艱苦《かんく》をお尽しになり、厳令を出して国中の驕奢《きょうしゃ》を戒め、節倹を行い、一藩の者の俸禄《ほうろく》は、衰時相当に減額して給与し、総じて万事一万石の諸侯なみに収支の本源を定めて厳重にこれを守り、かつ国家廃衰の根本である元禄年間の地積更正の大過を改められましたならば、十年にしておおよそ艱難を除くことができるでありましょう。そして、この大患の起った原因は、領民が艱苦に迫られ、あるいは離散しあるいは死亡して、人口・戸数共に減少し、年来の田畑が大半荒地となり、財貨生産の本源を失ったことにあります。それゆえ主君には、艱難に安んじてもっぱら領民を恵まれ、荒地を開き流民を招き、これに家財田地を与えて民戸を増し、米穀産出の本を開かれましたならば、自然と収納を増して再復の期を見るに至りますこと、疑いがありません。この道を捨てておいて、ほかに国を興そうとしましても、骨折れば骨折るだけ、いよいよ極難に陥るでありましょう。この道を行われますのは、もとより尋常一様のことではございません。実に非常な厳法により節倹を立て、主君みずから実行なさいません限り、命令しても人民は従わないものであります。」

公は大いにその忠言に感ぜられ、

「そちどもの言うところは誠に的確な意見である。両人心をつくしてこの改革をとり行え。余もみずから艱難に安んじて、もし改革の命に従わぬ者があれば、余がこれを抑《おさ》えるであろう。」

と命ぜられた。ここにおいて古来の経過を調べ現在の状況を察して、藩主の経費を減じ一藩の扶持《ふち》を減額し、辛うじて命をつなぐだけの限度とした。そして諸役所の旧弊をあらため、篤実節倹を主とする者を挙げて役職につけ、いよいよ倹約をもっぱら努めて、この約束を守る者を賞し節義を失う者を罰し、諸役人の心を励まして一途《ず》に国家を再復しようとするほか他事がなかった。一藩の者は窮苦に堪えず、その深い道理を理解せずにはなはだ家老以下を恨みに思ったけれども、これがために少しも心を動かさなかった。

草野某（正辰、通称半右衛門）は大才があって度量は人に超《こ》え、内には仁心があり、行動は方正であった。そして常に、

「自分は祖先以来君恩を被ること、高山にもくらべがたい。国家艱難の時にあたって再復の命令を受け、この大業を起したが、これは尋常の覚悟で成就できることではない。自分らのような者が二、三人も命を捨てなければ完成しないであろう。これはもはや知略の及ぶところではなく、ただ死をもって国家に報いるだけである。」

と言っていた。人々はこれを聞いてその誠忠を感嘆した。池田某（胤直、通称八右衛門、後に図書）は才知学力が衆人に超えていたばかりでなく、明快な判断力と遠大な思慮とがあり、大小あらゆることに通達していた。改革の規則が定まったとき、藩主は二人の忠義を察して共に家老とし、国政を任ぜられたのである。

ここにおいて、年々税収の六分の一を省いて、これによって領民を撫育し、あるいは堤を築いて用水をたたえ、古来の用水路の大破したものを修復し、新たに用水堀を掘り堰《せき》をかけて、

水田開発の基礎とし、あるいは他領の流民を招いて家作を与え農具や米麦を与えて開墾させ、二十年あるいは十五年または十年の期限で免租とし、年限が満ちてから始めて貢税を納めさせた。また養育料を与えて貧民の赤子を養育させた。こうして数十年の費用は計算も及ばぬほどとなり、荒地を開くこと幾千町歩、新しく民戸を立てること二千軒に及んだ。かつ又、累年の負債に対しては、これを償うべき財源がないから、あるいは改革完成後支払うことを約束し、あるいは年々幾らかずつを償って年数を経て完済することとし、または無利息年賦償還を約束し、一々誠意を旨として、艱難の実情を打ち明けて交渉した。富商らはその実意に感じて往々その約束を承諾した。このため三十万という負債ではあったが、おおよそその償還の道がついた。これも両家老の誠忠によるものである。

このように、非常な艱難をつくすこと十数年で、すこぶる立ち直りの模様があらわれたが、積年の衰弊のことと容易にもと通りまでにはなりがたく、その上天保四・七両年（一八三三・三六）の大飢饉は天明年間の凶荒と同じ有様になり、人民は食を得る道がなくて飢渇に迫られ、高山に登って木の実を拾い、草の根を掘って食とした。この時にあたって、藩は、文化改革ののち君臣上下が艱苦をつくして余剰を生じ、非常用にあてていたところの米や金をことごとく放出して、藩士以下農工商に至るまで一人一日二合五勺ずつの食糧を与え、飢渇をしのがせた。国の米穀だけでは足らず、人を出羽《でわ》の国秋田に走らせて米を買い入れること幾千俵、摂津《せっつ》の国大坂で米を買い求めることまた幾千俵、海路を運送させた。幸いに海上無事に中村に着船したから、この米を放出して撫育《ぶいく》の道を行い、餓死の恐れを免れさせたが、これまた両家老の誠忠によるものである。ところが、天保四年の飢饉にあたって領民撫育のため積年艱難の中から積み立てた貯蓄を放出し、一人の飢渇もないようにさせたのであるが、あに図らんや、天保七年に再び大飢饉が来たのであった。実にこの七年の凶荒にあたっては、貯蔵米はすでに空《から》となって何とも仕方がなく、藩主は飲食を省き貴重な器物を売り払い、城内の樹木や領中の良材を伐採して、これで他国の米を買って撫育した。隣国遠国ともに流民・餓死者が数えきれぬくらいであったのに、中村の領民だけがこの大患を免れたのは、仁術の至りと言わずにいられれようか。

しかしながら、両年の飢饉のために積年の功が空《むな》しくついえて、再び艱難の地に追いこまれた。そこでいよいよ節倹を行い、領中再盛の施政を怠らなかったが、しかし文化年中改革の際には十年で衰廃を興すつもりであったのに、多くの年を経ながらまだ半途にも及ばず、草野家老はすでに七十の齢《よわい》を越え、池田家老も五十歳を越えて、一代の力で初願を達することができぬのを憂慮心痛していた。このように君臣共に国民を恵みあわれむ真心を、天も哀れまれたのであろうか、天保某年（十年＝一八三九）に至り、二宮先生が撫育勧農の良法を行い、不世出の才徳をもって衰廃再興の道につくしていることを、両家老に告げる者があった（この年九月入門を許された高慶自身であろう）。両家老はこれを聞いて感嘆し、

「我々は三十年の間千辛万苦をつくしながら、事業は半ばにも至っていない。しかるに先生は主君から委任された土地を興して大いに仁政を布《し》き、余沢が他領遠近に及んでいるという。真に大徳の賢者でなければどうしてそのような大業が成し遂げられよう。この人について国家再興の道を求めたならば、必ず旧来の志願も成就するに相違ない。」と、大いに喜んで主君にこのことを報告した。主君はこれを聞いて大いに嘆賞し、その良法を得る道を両家老に命ぜられた。

著者は思う、大学に、「聚斂《しゅうれん》の臣あらんよりは、むしろ盗臣あれ」と言っている。実に国家の災いとして聚斂に過ぎるものがあろうか。けだし盗みというものは倉庫の中の財貨を盗むにすぎず、被害は決して遠くに及ばない。聚斂に至ってはそうではなく、人民の受ける禍は、次第次第に広く遠くに及んでゆき、国の乱離敗亡もこれに伴って起るのである。はじめ聚斂に努めて一時租税を増すことができると、人はみな国の利益になったと思う。あに図らんやその国に有利と思った事柄が、実に数百年の衰頽《すいたい》の基なのである。ゆえに孔子は、用を節して人を愛することを教えた（論語、学而《がくじ》）。およそ国費を節約すれば奢侈《しゃし》の憂いがなく、人を愛すれば国は必ず安らかとなり、民は必ず豊かとなる。まつりごとをとる者はこれに鑑《かんが》みないでよいものであろうか。

補注　天保十年（一八三九）十一月、草野正辰から先生にあてて、富田高慶入門の礼状が発せられ、翌十一年（一八四〇）十一月、同じく草野から藩政に関する教導依頼の書状が出され、ついで次章の使者派遣となった。

七、使者一条、君命を奉じて桜町に至る

天保某年（十二年＝一八四一）十月になって、中村藩は郡代《ぐんだい》（郡長職）一条某（七郎右衛門）に命じて、領中の貧村数十箇村の衰廃の実情を記して、これらの村を再興し人民を安撫《あんぶ》する方法を先生にたずねさせた。一条は桜町陣屋に来て君命を述べ、かつ主君の贈り物を出して、面謁を請うた。先生は勤務のため暇がないからとて断った。一条は再三面会を求めてやまなかったが、先生は許さなかった。一条ははなはだ心痛し、ある門人（もちろん高慶自身であろう）に向かって、

「拙者は君命を受けてはるばるここに来て、国の衰弊を除く方法をたずねようとしているが、先生はこれを許されない。もしこのまま帰国したならば、拙者の不肖のため主君並びに家老の意思を通ずることができない。これは君命をはずかしめるようなものである。しかし一方、わが国の事柄で先生の日夜の事業を妨げることも、無遠慮なように思われる。それゆえ、どうか一目だけ面会を許していただきたい。そうすればすぐに国に帰るつもりである。」

と言った。門人はこの言葉を先生に告げた。先生は次のように教えた。

「私は主君の命令を受けてこの地の民を安撫するだけが仕事で、相馬の領邑《りょうゆう》の事に関知するいわれはない。たとい幾度面会を求めても、私は会うべき筋道がないから決して面会しない。しかしながら、相馬は君臣ともに国家の衰弊を憂い、艱難《かんなん》をつくして百姓を恵むこと、年久しいと聞いている。今しきりにその道をたずねるからには一言の答えはせねばなるまい。いま一言示すから、そなたがこれを一条に伝えるがよい。

およそ天下の土地は大同小異である。それゆえ、国家の貧富・百姓の苦楽・郡村の盛衰に、野州と奥州の区別があるわけはない。当地で再興の道が成就した以上は、四海の内のどこに再興しない国があろうか。ところでいま、領邑中の難村を書き出して差図を請うて来たのであるが、たといその方法を明らかに示してやっても、又聞きで、ことに遠路を隔てている以上、どうして事細かに仁術を行うことができよう。仮にこれを行うことができ、その村々が旧復の途についたとしても、国家財政の基本を明らかにして本源たる分度を定め、そこから無尽の資財を生ずるようにして万民安撫の大本を立てないときは、かえって姑息《こそく》の仁となり、または重税搾取の災いを開くようになるのである。なぜならば、一たん領中に一箇村でもわが仕法を下すならば、およそその村の苦痛の種はすべて除き、その生養を安んじて永安の道を得させるから、百姓は誰一人として感激しない者はない。一村がこのようになると、領中の民はこれを見聞して領主の仁心に感じ、惰農を改めて精農勧業の道が行われ、たちまち租税の収納も増加するであろう。群臣はこれを見て、何のために収納が増したかを知らず、時候が順調であったから増したのだとし、あるいは豊かになる時節が到来したのだとして、これを取って国の費用にする。年々このようにしていると、次第に戸口が減じて田畑は荒野に帰し、ついに衰廃が極まって主家をくつがえすまでになる。こうして、君臣とも本心は搾取でないのに、知らず知らず搾取に陥って国の大患となるのである。これはなぜかと言えば、仕法を施してたちまち租税がふえるのは、人民が多年の貧苦を免れて租税を多く出すのではない、一たん領主の仁恵を聞いて、――このように仁政をお下しになる、この時こそ下々《しもじも》の者として君恩の有難さに報いなければならぬ。――と、家ごとに貧苦の中からおのれの衣食の不足も顧みず、余分に貢税を納めるようになったためなのである。上《かみ》に立つ者としてそれがふえた原因を察せず、これ幸いと藩の費用にあててしまうならば、国民はたちまち衰貧に陥り、離散に至らねばやまない。これが、ひとたび仁術を下して百姓を廃亡せしめるというものである。

それゆえ、わが道は国本が立って、それからのち施すべきであって、国の分度が立たないうちは、百度これを請うても私は請求に応しないのである。いま相馬領中の衰廃を興し、万民を撫育しようと思うならば、過去数十年間の貢税を調べ、盛衰を平均して中庸の分度を立て、その分度を守って永年節倹をつくし、いかほど租税が増倍してもその分外の米は用いず、これを別途のものとして国民撫育の経費と定めるべきである。この本源が確立したならば、始めて一村を興しかえし、また次の村々に及ぼすことができる。こうするときは、国中に何万の租税が増しても、みな人民を潤し助けるものとなり、いよいよ国民安撫の資財は尽きることがなく、ついに国家の衰弊はことごとく起き返って往古の盛時に復するであろうこと、決して疑いがない。これがわが仕法の根本である。もし国家を再盛させ、万民を安んじようとするならば、すみやかに以前の収納を調べてこの本源を確立するがよい。いったい、国を富まし民を安んずることは人君みずから行うべき任務ではないか。そして家老なるものは、主君の意図を受けてまつりごとを布き、上《かみ》主君を補佐し下《しも》人民を安撫すべきものである。もし国家永安の道を求めようとするならば、国君みずから聞きに来られるべきである。遠路で来ることができないというならば、一段下がって家老が来て道を求めるべきである。郡代《ぐんだい》は国権の帰するところではない。私が仮に面会しても何のかいがあろうか。すみやかに国に帰って、国家財政の本源を定めるようにするがよい。もしこの天分自然の平均分度が明らかに立って、君臣ともに堅くこれを守られるならば、国家の再興は難事ではない。

いま郡村の衰廃を憂い、これを興すのがむずかしいとてその道を求めておられるが、私は数十年来比類もない衰貧であった村々を再盛させた。ゆえにこの方法を移すならば、どこの国の難村でも再復すること疑いをいれない。ただ国の分度を立ててこれを守られることだけが、はなはだ難事とすべきなのである。いやしくも分度が明確でありさえすれば、貧村を興し百姓を安んずる道は、高い所から低い所に水を流すほど容易に行われる。こう言っても、奥州と野州と遠隔の地の間の聞き伝えでは、事実の徹底が困難で、人々の疑惑も多いであろう。それゆえ、領中の一箇村を完全に復旧して御覧に入れよう。国の上下がこれをつぶさに見て、良いとなったならば、再復の道は二つあるわけでなく、幾百箇村でもその道は同一であるから、これを推しひろめて領中を再興するがよい。もし、村の再興を見て、いけないとあれば、早速やめるだけの話である。こうして、よければ用い、いけなければやめて、一両の経費も出さずに国家再興の道を試みられるのも結構ではないか。相馬藩の君臣ともに、旧来から艱難をつくして国家興復の道を行い、また私にその道を求められること切なのに感じて、やむをえずこの一言を発したわけである。国に帰って主君以下家老たちにこの言葉を告げられよ。そして、この言葉を聞いて可とされたならば道も従って行われるであろう。もし不可とせられたならば道の行われるべきいわれはない。してみれば今面会することはお互に益がないばかりでなく、かえって憂いの種ともなるであろう。」

門人はこの言葉を一条に告げた。一条はこれを聞いて、

「先生の深慮は感ずるに余りがある。では、すみやかに帰国してこの教えを伝えよう。」

と言った。ここにおいて先生は藩主からの贈り物をことわって、

「いま私はこの贈り物を受け取るいわれがない。また従来から上下を問わず贈答の道を絶って

仕法を行ってきたのであるから。」

と、人を通じてこれを返させた。一条はこの言葉を聞いていよいよ先生の清廉なことを称揚し、前後逗留《とうりゅう》五日で国に帰った。これが相馬領中再興仕法の始めである。

後日門人（高慶）が先生にたずねた。

「相馬は六十里の道を隔てて、はるかに先生の徳を慕い、良法を求めに来たのです。しかるに一面会をも許されなかったのはどうしてですか。」

先生は言った。

「これはそなたには分かるまい。相馬の君臣は民を恵み国を興すことに厚く心を用いているが、わが道を聞くことはまだ浅い。いま一条を来させたのは可否を試みようとするだけであって、本当に用いようとするのではない。もし私が彼に会えば道を語らずにはおられない。道を語って一条が感激しなければまだよいが、もしこの仕法に感服したならば、必然、国にこの仕法を行おうとして、しきりに当方の仕法の美を唱えるであろう。しかし唱えても上下の疑惑は決して解けるものではない。群臣は一条をあざけり、一条もますます群臣を道理に暗い連中だとして深く嘆息し、志の貫徹しないことを憂えて引退の心持が起るであろう。群臣もまた不平を生じて一条を退職させるであろう。これは理の当然である。ところで私が面会を許さずに帰らせたならば、一条は帰国して、私のことを礼を知らない者だとし、国家の大事を問うに足らないと言うであろう。そうすれば同気相求めて一しょに当方の悪口を言うこと、水の中に水を注いだようなもので、何の差しさわりもあるまい。私がちょっと面会して、そのため罪もない人を不遇におとしいれるには忍びない。むしろ私がそしりを受けて、一条を無事にさせたほうがよいと思ったからだ。」

門人はたずねた。

「では、かの国に道の行われることは、これで絶えるわけでありますか。」

先生は言った。

「本当に道が行われる時節であるならば、家老が来て道を問うはずである。しかるに郡代を来させたのは、まだ時節が至らないのである。もし先日の私の一言を聞いて国の分度を立てようと志すならば、それは興復の時機が来ているのである。もし一同が無礼者として私を見るようであれば、どうして国を興すことができようか。私が会わなかったのは一条の無事を望んだからであり、仕法の大要を告げたのは国君の問いに答えたまでのことである。」

門人はその深い思慮に感服した。その後数箇月たっても再び道を求めに来なかった。先生は、

「やはり私の見た通りであった。このようなことであれば、まだ時節が来ないのだ。私が一条に面会していたら彼は必ず罷免されただろう。あぶない話だ。しかし会わなかったから無難でいるに違いない。」

と言った。野州にいながら、はるかに奥州の事情を察すること、手のひらを指さすように確かであった。人々はその限りなく深い知慮と仁恕《じんじょ》の心とに感嘆した。

八、草野正辰、先生に面会して政治の要を問う

先生の大徳によって、人民撫育の道が行われることすでに多年であった。そのことがついに幕府の耳に達して、天保十三年（一八四二）冬、辞令を下して先生を登用した。このとき先生は大久保侯の藩邸に身を寄せていた。（江戸に在職中の）草野家老はこのことを聞き、

「自分は先生にお目にかかって道をたずねたいと久しく念願していたが、遠路を隔てた上に主君の用務が繁劇で、野州に行くことができないでいた。いま先生が江戸におられることは、絶好の機会と言わねばならぬ。」

と言って、人をつかわして面謁を請わせた。先生は暇がないからとて断った。家老はしきりに求めてやまなかった。先生はもとより草野正辰の徳行誠忠を聞いて、すこぶるその人となりを嘆賞していたから、ついに面会がかなえられた。（八月四日初対面、九月二日に夕刻まで面談した）。草野は先生に向かってこう言った。

「不肖は先生の御高名を聞き、お教えを受けたいと久しく欣慕《きんぼ》いたしておりました。いま拙者の愚誠を察して面謁を許されましたことは、この上もない幸いであります。わが主家の領邑《りょうゆう》

は旧来の艱難がことにはなはだしく、中古元禄年間（一六八八―一七〇三）にくらべれば、人員の減少は五万余人、収納の減少は十万余俵に及び、領中の大半は荒地となり、借財は山と積って、実に亡国に瀕《ひん》する有様であります。先君の世にあたり、文化年中（一八〇四―一七）に大いに節倹を行って旧弊を除き改め、高六万石の一藩の費用を一万石の程度に減じて、もっぱら国の本源たる郡村の再興を計り、以来すでに三十年も力をつくしておりますが、経費は多くかかって事業は半分もでき上がりません。拙者はすでに極老に及び、存命中に志願を達することができないのをひたすら嘆息しております。これはみな、拙者が凡庸で、国家再復の道に明らかでないためであります。しかるに先生は、多年の廃亡の地を興して百姓を恵み、これを安撫せられること、全く意のままであられ、さらにその余沢は遠近にも及んでいます。これは誠に世にもまれな御高徳によるものであって、さもなければどうしてこの大業を成就なさることができましょう。願わくは先生の至教を得て、衰国再興の志願を達することができましたならば、まことに上下の大幸これにまさるものはありません。」

先生は次のように言った。

「私はもと農村に生れ、極貧のうちに生長して艱苦をつくし、ひたすら祖先伝来の一家を再復することに努めておりました。しかるに小田原の先君が、野州の宇津家の領村再復の仕事を私に命ぜられました。三年もおことわりしましたが先君はお許しがなく、やむを得ずにかの地におもむき、以来数十年（約二〇年）を経てようやく旧復の道が立った形にはなりましたが、何も言うほどのことはありません。しかるに隣国の諸侯が仕法を懇望してやまず、固辞してもなお再三求められるので、ついに少しばかり再復の事をお話ししたのです。いままたあなたがおいでて一言を求められますが、お望みに応ずるほどのことは到底できません。けれども先年一条某氏が尋ねに来られたとき、やむをえず一言お話ししましたから、いま黙っているわけにも行きません。少しばかり申し上げましょう。

およそ国家の政治のありかたは、複雑多端のように見えますけれども、要するに取ると施すとの二つにとどまるのです。この二つのほかに何事がありましょうか。盛衰安危もこの二つによります。存亡禍福もまた同様です。ところが世上一般に、国の盛衰する原因がここにあることを知りません。これではこの衰廃を興しうるわけがないのであります。なぜならば、取ることを先にすれば、国は衰え民は困窮して恨みの声が起り、衰弱が極まって、はなはだしいときは国家の傾覆・滅亡という大患に立ち至ります。これに反して、施すことを先にするときは、国は盛んに、民は豊かになって、よくこれになつき、上下とも富み栄えて、百代たっても国家はますます平穏であります。聖人のまつりごとは仁沢を施すことを先務として、あえて取ることに心を用いず、暗君は取ることを先にして施すことをきらいます。治平も動乱も、その起ってくる原因は、みなここにあるのです。いま相馬のまつりごとは、施すことを先としていますか、取ることを先としていますか。いやしくも取ることを先としていたならば、たとい千万の労を積み、百年の辛苦をつくしても、決して中興再復の時が来るわけはありません。また施すことを先務としていたならば、何も国を興すことがむずかしいと嘆くには当らないのです。

およそ天下の生物は無数にいますが、血気のある動物で、手厚く施し与えて悦服しないものはありません。動物ばかりではなく、草木でさえも、これに肥料を与えれば、さもうれしそうに悦服の色が現われます。反対にこれを傷つけたり、伐《き》ったりすれば、彼らは決して快くは思いますまい。鳥獣や虫魚が人を恐れて逃げるのは、こちらに取ろうとする心があるからです。もしもこれを可愛がって、餌《えさ》を与えるならば、たちまち喜んでなつきます。まして人間は言うまでもありません。臣下が義のために命を軽んじ、万苦をいとわないのは何のためでしょうか、君主がこれに食を与えているからです。ゆえに、与えるときは君臣となり、取るときは仇敵《きゅうてき》となるのです。そういうわけで、百姓だけがどうして与えずに服する道理がありましょう。与えるときは聖天子尭《ぎょう》のときのような平和な民となり、取るときは暴君紂《ちゅう》のときのような乱民となるのであります。これをよくよく考えなければなりません。しかるに世の為政者は、貢税を取ることを先にし、与えることを後にしています。まず与えなければ民は生活の安定ができません。民が貧しくなれば、なまけ、ひがみ、あらゆる悪徳に流れて、ついに租税は減少し土地は荒れ果てて、上下の大患となるのであります。反対に与えることを先にするときは、民は生活を楽しみ家業を楽しんで、土地は年ごとに開け、財貨の生産は窮まりなく、国の衰廃は、求めても得られなくなります。それゆえ、取ると与えるとの前後を明らかにした上で政治を行う者こそ、まつりごとを知るものと言うべきです。私が廃亡を開き、百姓を撫育して、余沢が他領に及んでいるのは、ほかに原因があるわけでなく、ただ与えることを先務としたためであります。あなたの国がいま衰貧であっても、大いに仁沢を施し人民を撫育するならば、どうして再復しないことがありましょう。」

草野は言った。

「まことに先生の教えは古今の仁道であります。まつりごとを行うのにこの本源を失わなければ、国家の永安は疑いありません。ところで、領中数千町歩の荒地を開くには、どうすればよろしいでしょうか。」

先生は言った。

「およそ、こまかいことが積って大きくなり、微小なものが積んで広大に至るのが、自然の道であります。たとえば天下の耕作地のようなものです。幾百万町歩あっても、春は耕し秋は刈り取って、一畝も残らないのはどういうわけでしょうか。ほかでもなく、一鍬《くわ》一鍬重ねて耕し、一鎌《かま》一鎌重ねて刈り取り、怠らないだけのことなのです。荒地でも同じことで、一鍬ずつを積んで怠らなければ、何万町歩の荒地でも、起し返すことは決して困難でありません。荒地を開くには荒地の力による、これが開田の道です。」

「荒地の力で荒地を起すとはどういうことでございますか。」

「それは、一反歩の荒地を開いて、そのみのりを来年の開田料とし、年々このようにしてゆけば、資金を別に費さずに、何万町歩の荒地でも開き尽すことができるのです。」

家老は大いに感服し、教示のかたじけなさを感謝して帰った。そしてくつろいでから嘆息して、

「自分は壮年から極老に至るまで、国家を再興し百姓を安んじようとして、身命をなげうち肺肝を砕いて来たが、その志を達し得ずに終るのかと、ひたすら嘆いていた。ところが野州にこのような傑出の仁者があろうとは、実に思いも寄らなかった。この人を知らずに数十年間空《むな》しく心力を労したことは、遺憾至極と言わねばならぬ。しかし、晩年にはなったが、いまこの人に逢《あ》えたことは、自分のまごころがむだにならなかったわけである。自分が先生の道をわが国家に開いて、その規則を立てたならば、国の再復永安に至ること疑いない。そうすれば自分は中途でたおれても、始めて安心して死ぬことができよう。」

と、心中快然たるものがあった。そのときすでに七十四歳、実に世にまれな忠臣であると人々は感心したのであった。先生も面会ののち、

「私は前から草野氏が忠臣であることは聞いていたが、いまその人に会ってみると、内は誠直、

外は温和であり、のみならず度量はずば抜けて広く、識見ははなはだ遠大である。私の言うことが、水の中に水を注ぎこむように透徹し、まるで、もとから知っていたようであった。卓見のある人物でなければ、決してこのようではあり得ない。この人があって国政をとり、その上わが道が加わったならば、相馬の興復することは決して難事ではない。」

と嘆賞した。

九、草野、先生の良法を聞き決意する

草野家老は一たび先生に面会してその論説を聞き、大いに喜んで、年来の志願をこの道によって達成しようと深く決意し、ただちに藩主（充胤《みちたね》）に次の通り言上した。

「わが国は年久しく衰弱に帰し、上下の艱難《かんなん》は極まっております。先君は大いにこれをお嘆きになり、文化年中に至って非常の節倹改政を行われ、その事の成就を私どもにお任せになりました。私どもは不肖ながら、先君の御憂慮を安んじ、再び国を盛んにし、百姓に生養を遂げさせようと、もっぱら心掛けてまいりましたけれども、短才不徳のため志を遂げることができず、すでに老衰に及びました。さても、このようにして時日を送っておりますれば、志願が半途に至らぬうちに事は廃絶し、君意を安んずることも、下民を安堵《あんど》させることもできず、委任の御命令にそむき、無為徒食の罪に陥るであろうと、昼夜寸刻も心を悩まさぬときはございません。

いまわが君は先君の仁政をお継ぎになり、もっぱら節倹をつくして国民を恵み、再盛の道にこれほどまで心力をつくしておいでになりますのに、この事業がまだ成就しませんのは、全く私どもの不才の罪でありまして、代々の君恩に報謝すべき時期が来ないことを嘆いておりました。しかるに今回、幕府は二宮金次郎なる者を登用されました。私は以前二宮の高名を聞いて、先年一条を野州につかわしましたが、その大徳は知れませんでした。このたび面会を得てその教え示すところを聞きましたところ、万物の理法、国家盛衰の根元、治国安民の大道を説くこと、混々として流水の尽きぬようでありまして、耳目を驚かせ、心魂を感動させました。まことに傑出の人物でありまして、凡人のうかがい知るべき限りではありませんが、私が古人にその類例を求めてみますのに、ただ周の太公望ぐらいなものでありましょうか。近国の野州にこのような賢者があったとは、全く思いがけませんでした。古今を通じて論説の万人にすぐれた者はありますが、事業に至ってはその議論ほどではないものであります。しかるに二宮の事業は、あるいは衰国を興し貧民を恵み、荒地を起すこと幾千万町歩、その教導の及ぶところ、草木が風になびくように感化されます。大徳でなければどうしてこのようにできましょう。いまわが君が礼を厚くして、これを師として教えを受けられ、国家中興の事業を御依頼になりましたならば、富国安民の成功は遠いことではございません。いまこの人物があってこの道を聞くことができますことは、まことに先君以来千辛万苦をお尽しになった至誠が空しからず、天に感じたものと申せましょう。それゆえ私は早速言上に及びました。わが君にはこれを御配慮あらせられますよう。」

藩主は大いに喜んで、

「余は家を継いで以来、父君の志を遂げ、国弊を改め、百姓の艱苦を除いて昔の盛時にもどそうとするほか余念がない。家来どもが肺肝を砕いて余を補佐し、この事業を遂げようとて数十年の忠勤をつくしてくれておるのは、余にとって何ものにもまさる喜びである。今またそちが二宮に会って賢者であることを察し、これに国事を依頼したならば宿願を遂げること疑いないと申す。まことにそちの言う通りならば得難い偉人であろう。すみやかに余の命令として国元の家来どもに達し、この事業を開始せよ。万事はそちに任せるであろう。よく勉めてくれよ。」

と命ぜられた。草野家老は感涙を流して命令を受け、退出するとすぐ筆をとって、二宮先生の高徳誠意・事業論説を書き記し、かつ国家再復依頼の君命を伝え、国元の家老池田某（胤《たね》直《なお》）に送った。文章は丁寧に反復してその趣旨を説き、人を感動させるものであった。こうしてのち、江戸在勤の諸臣に対し、二宮先生の非凡の大徳を日夜説きさとした。およそ疑念を生ずるのは人情の常であるのに、一面識の間に先生の賢者たることを明弁した草野の眼識は、実に得難いものであったということができる。ところで諸臣はこれを聞いて、あるいは信じあるいは疑い、――家老の説は、嘆賞の度を過ごすことははなはだしい。どうして今の世の中に太公望があろうか。――と、ひそかにあざける者もあった。家老はこれを耳にしたが、他人の信じないことをとがめる心はなく、――二宮先生の才徳は言葉につくしがたい。自分でさえ面会するまでは疑惑なしにはいられなかった　まして自分の不十分な説明を聞いただけで、すぐにその大徳を信ずることができるはずはない。――と、みずから責めて、いよいよ懇切明快に諸臣に説き示した。聞く者も数十度に及んで、次第に信ずるようになって来た。

奥州中村では、池田家老が書簡を読んで大いに喜び、――

「自分ははるかに先生の高徳を聞いて慕い、ひとたび野州におもむいて教示を請いたいと望みながら機会を得ず、一条をやって国事をたずねさせたが、面会すらできずに手を空しくして帰って来た。しかるにいま、草野老人が先生にまみえることができて、この通りの書簡をよこされた。国家の大幸、時を得たと言うべきである。この大業を二宮先生に依頼したならば、積年の微忠は必ず達せられるであろう。すみやかに群臣に示して、この好機を逸せず、上《かみ》は君意を安んじ、下《しも》百姓を撫育しよう。」

と、深く思いをめぐらし、群臣に対して良法のいわれを説明し、かつ国家再興の事業を依頼する件を相談した。すると群臣は次のように言った。

「わがお家《いえ》は代々この領内をお治めになることすでに六百余年（鎌倉時代の末下総《しもうさ》相馬郡から移転した。）、その間盛衰はあったけれども、ついぞ他国の者の力を借りたことはなかった。天明以来衰弱の極に達したと言うべきであるが、しかしながら君臣上下が艱難をつくして下民を撫育し、荒地を開き移民を招き、あるいは排水をさらえ用水を通じ、年々戸数を増して、非常な難局をしのいで来たのは、実に主君・家老以下の尽力によるものである。たとい二宮が抜群の才徳があって、その地の衰廃を興し百姓を撫育すること至妙であるといっても、それは通常に比較しての話であろう。当国の長年の民政にくらべれば、どうしてまさることがあろうか。かえって遠く及ばぬものがあるであろう。

その上、彼の事績を聞いてみると、疑うべきことがはなはだ多い。まず、一身を諸人のためになげうって、艱苦をつくして他人をわが子のように恵むと言う。数千年の昔の聖賢の行いは、おのれに克《か》つことをもって主としたから、その通りであったに相違ない。末世の人情は私欲ばかり盛んである。今の世に当って聖人があると言っても、どうして人が信用できることであろう。これが疑うべき第一の点である。また、他国を興そうとするとき、最初に種金《たねきん》と称して財を送って事を始めると言う。もとより貧国の中において財を生じ富国とする良法であると言うからには、どうして種金を用いる必要があろう。それに当国とて、困窮はしておっても、国家を興すため僅《わず》かばかりの種金を出すことを、どうして難事としよう。しかるに二宮が最初に米や金を入れるというのは、取ろうと思えばまず与えるという類でないとは保障できまい。これが疑うべき第二点である。

さらにまた、野州の隣国の諸侯は多く国政をゆだねておるという。およそ困窮した国は、艱難に迫られると後年のよしあしを考える余裕がなく、目前の入財によって一時の切迫を補えばよいとするものである。どうして当国の立派な政治が、それらをまねする筋合いがあろう。一たんこれにまつりごとを任せて、それが成功せず、かえって国家の弊害となって後年の憂いを生じたならば、はなはだ大きな恥辱であって、天下の物笑いとなるであろう。これが疑うべき第三の点である。また、幕府がその賢才を知って挙用されたと言う。古来、財に富んだ者で、その財力によって世に出て名を求める者が少くない。果して彼が賢者であると、どうして断定できようか。

右のような次第であるから、旧来の政治に力をつくし、常道を守って努力を積んだならば、たとい成功は遅くても決して過ちはないであろう。もしいい加減な評判に迷って国政を任せ、大過を生じたならば、後悔しても及ばない。草野家老は仁慈の性質で実直な人物である。一たん二宮の巧みな弁舌に迷わされてしきりに賞嘆しておられるが、これは老齢のせいではないであろうか。御家老はよく考慮せられたい。」

池田家老はこれを聞いて諸臣をさとして言った。

「各方《おの〱がた》の疑いは一理あるようではあるが、その人物を知らずその事業を直接見ないために、疑惑の度がすぎたという過ちがないとは言えない。かの大久保忠真公は、天下の執権として賢明のほまれ高く、万事公《おおやけ》を主として私事によらず、天下その徳沢を被ることが多かった。この君の明知によって二宮を農民の間から選抜し、これに野州の衰廃興復の事業を委任し、完全に奏功するのを待って小田原十一万石余のまつりごとを任じようとしたのである。その目的は果さなかったけれども、すでに野州の功業は完備して余沢が隣国に及び、良法を下すところ一つとして顕然たる功果を示さないものはない。ついに事業が幕府に聞えて召し出された。決して各方の疑うようなところはない。もしこの人に従って実地にその疑いを問うたならば、決して疑うべきいわれがないばかりでなく、大いに深い道理がそこに存することを悟るであろう。

むかし聖賢が国家を治めるにあたっては、それが賢人であると聞けば、たとい卑しい匹夫《ひっぷ》であってもこれを登用して位を譲り、あるいは宰相として天下のまつりごとを任じたのである。いま二宮の賢才に対して教えを求め、国の再興を依頼したならば、それは君の美徳とこそ言うべきであって、どうして国の恥辱とすることがあろう。その成功不成功を疑ったならば賢者を用いることはできない。たとい聖賢であっても、しかるべき筋道によって用いないかぎり、決して功をなしとげることはできない。仮に過って愚かな者を用いたとしても、主君が賢明にわたらせられ、臣下に忠義があったならば、どうして国の憂いを生ずることがあろう。試みに一、二箇村をゆだねて、その仁術がどのようなものか見るに越したことはない。ただいたずらに遠路を隔てて疑惑に日を送っていてよいものであろうか。草野老人は度量といい識見といい、常人に卓越している。石を見て玉と言うはずがない。すみやかに君命に従って仕法を依頼するに越したことはない。」

しかし群臣は承服しないで言った。

「我々の論ずるのは、私利私欲から出たものではなく、国家に過ちなからしめようとしてのことである。両家老が是非このことを始めようとされるならば、我々の微力では止めることができない。しかし心服せずに雷同することは採らぬところである。強《し》いて二宮を用いようとされるならば、我々を退けて、他の者に役儀を命じ、それからその仕法を行われるがよろしい。我々の知ったことではない。」

家老は笑って、

「おん身らと共に国家を憂えることすでに三十年、いま良法を得て行おうとするのも、国家の永安を願えばこそである。積年忠義をみがいて来た各方《おのおのがた》を罷免して事を挙《あ》げようとするのは拙者の本意ではない。まずまず論評の趣を草野老人に伝達しよう。」

と言って引き取り、つぶさにこの事情を書いて江戸に送り、再び思うよう、――

「二宮先生が非凡の明哲であることは疑いをいれない。この人によって再興の仁術を講じたならば、国が盛時に立ちもどることは、必ず年を期して待つことができよう。けれども群臣の疑惑がまだ解けず、むりにこの事を決行しようとすれば功臣が退官するという憂いを免れない。

腰を落ちつけて何回も説き聞かせて一同の疑惑を解き、その心服を待ってのち、依頼の段取りに及ぶに越したことはない。善は急げということがあるけれども、皆の者が不服ではいたし方がない。」

と、そこで数日役所に出て弁論解説をつくし、衆疑を解消させようと努めたけれども、疑惑が盛んで解けず、池田家老は心中はなはだこれに悩んだ。

江戸では草野家老が池田家老の返書を受け取って読んでみると、

「衆議が紛々として決せず、一挙に事を運んだならば諸役人が辞職するおそれがある。説諭をつくして時を待ったほうがよい、うんぬん。」

とある。草野は嘆息して、——

「いや、これは決して怪しむに足りない。古来、百世の遠大な計りごとを立てるには、凡庸の者と相談することはできない。聖人を知ることは、知徳が聖人の域に達した者でなければ不可能であり、賢人を知ることは、その人自身賢者でなければ到底望めないのだ。二宮先生は心に髪一すじほどの私念をも持たず、天地が万物を生育するのを手本として、万民を恵んでおられる。到底平常の者に推測できることではなく、疑惑はもとより当然である。しかし池田が諸臣の心服を待って事を行おうとしているのは、万全の道ではあるけれども、これを待っていては、きっと機会を失うだろう。文化の改政以来、心力をつくすことここに三十年、自分はすでに極老に及んだ。ところへ先生に会って国家再興の明確な道理を聞き、その実行が一日も遅れることを惜しんでいる。この際凡庸な者の疑惑が解けるのを待っていては、いわゆる『日暮れて道遠し』のたとえ同様になるであろう。早く政教の指揮を二宮先生に依頼するに越したことはない。」

と考え、ただちに筆をとって、再び書簡を池田家老に送った。その文意の大略は、

「国家の大業をなすにあたって衆人の意見に従ったならば、決してこれを遂げることはできない。なぜならば、凡人の観察は千里の遠きには及ばず、かつ人を推しはかるのに自分の心を基準としている。心を公に置いて髪一すじほどの私心をも生じない賢者の心境、百姓を安んじようとしてわが身を忘れるその至誠を、どうして推察することができようか。してみればいま二宮先生のことを聞いて疑惑を生ずるのもまことにもっともではある。もとよりその賢者であることを知り得ないのであれば、みだりに可否を論ずる資格はない。しかるに疑惑があるからとて、退官しても同意はしないと言うのは、自己の私見を押し立てて国家永安の道を阻止するものではないか。国の中興を阻《はば》むならば、たとい積年の忠勤があっても今はこれを不忠の臣と言わねばならぬ。不忠の者を退けて賢者を用いなければ、どうして六十余年（天明の凶作から約六十年）の衰国を興すことができよう。国元の諸臣の進退は主君から前もって貴兄に任されておる。すみやかに事を決して君家の大幸を開くことが現在の急務である。もし衆議を気にしてた

めらっていたならば、大事はここに廃絶するであろう。国家再復の道は群臣にあるのではなく、貴兄の一心にある。うんぬん。」

というのであった。このような書面を送っておいて、自分はなおしばしば先生のもとに至って、国の衰廃と百姓の困苦の実情を述べ、これを再盛する道をたずねた。先生はもとより多くの人と面会せず、容易に交りを許されなかったから、草野はこれを心得て、勘定奉行以下を仮に従者として先生のもとに連れて行き、別室にひかえさせて、その高論名説を聞かせた。これによって、江戸在勤の者のうちには感動するものがやや多くなった。人々は家老の誠忠を嘆美したのであった。

さて草野家老の書簡が中村に届いた。池田家老はこれを読んで心中喜び、役所に行って諸役人を集めて、

「政務を二宮に任せることはよろしくないとの各方《おの〳〵がた》の意見を、つぶさに江戸に達したところ、返事が来た。各方はこれを一見してから再び意見を述べられよ。」

と言って回覧させた。役人たちはこれを読んで顔色を変え、一言を発しようとする者もなかった。家老は言った。

「いま主君はまさに二宮の道を行おうとせられ、草野はそのためこれほどまで力をつくしている。拙者ももとより同意である。けれども国家の再復は大業であって、到底一人や二人の力で

は及ばず、全員が心力を合わせるのでなければ成就できない。草野氏はすでに老年に及んでおり、一日も遅れることを心配するのは忠誠のいたすところである。しかし衆議が決しないときは永久の道は行われ得ない。各方は意見があれば遠慮なく発言せられよ。」

ここにおいて役人たちは、再びその事は不可であると論じて、決定しなかった。藩主は江戸にあって、衆議が決しないことを聞き、草野を召して、

「およそ目前のことでさえ、なお疑惑を生ずるのが凡情の常である。いま百里を隔てて二宮の深遠な道理を聞いても、どうして理解することができよう。国政はもとよりそちと池田とに任せてある。すみやかに池田を呼んで二宮に面会させ、それから事を決せよ。」

と命ぜられた。家老はつつしんで命を受け、ただちに君命を達した。池田は数日中に中村を出発して江戸に到着した。藩主はこれを召して、

「そちを呼んだのは別のことではない。二宮なる者が、人物は古賢に恥じず、衰国を興し百姓を撫育すること、至れりと言うべきである。わが国の再興をこれにゆだねようと思う。そちは草野と共に力をつくし、この事を成就せよ。」

と命ぜられた。池田はつつしんで命を受け、これから両家老同心協力して、先生の良法を聞き君意を安んじようと、心をつくしたという。

著者が思うに、忠をもって君に仕え、徳をもって民をなつけ、国家を常に永安の態勢に置

くのが、家老の任務ではあるまいか。いま池田・草野二家老の国家に勤める態度を見るに、身命をなげうち粉骨の労をつくして数十年を重ね、なお忠勤が足りないとしておった。そして国益を求める志は、老いてますます厚かった。諸役人の紛々たる争論に際して、寛大にこれを導き、温和にこれをさとし、至誠を積んで彼らの疑惑を解き、ついに一人も退け罰するに及ばなかった。そして心をあわせ力をそろえて、衰廃振興の大業を成就した。まことに、その卓抜な見識と度量によって、よく家老たるの大任に堪えたものと言えよう。しかしながら、明君がこれを信じ、厚くこれに委任して変らなかったことがなかったならば、二家老がいくら賢臣でも、到底その成果を見るに至らなかったであろう。

報徳記　巻七

一、池田胤直《たねなお》、先生に面会して治国の道を問う

天保十三年（一八四二）十一月、家老池田胤直は先生に面謁を請うた。先生は暇がないからとてことわったが、その後しばしば来て請うてやまなかった。ある日、草野と同道で来た（十二月十二日、勘定奉行らも随行）とき、先生は始めて面会した。池田はたずねた。

「わが主家の艱難《かんなん》や領中衰廃の実情は、草野からすでにくわしく申し述べましたから、いま又くだくだしく申しません。藩は多年にわたって郡村興復の道を施行しておりますが、いたずらに費用が多くかかるばかりで成功を見ることができません。なぜならば、財源には限りがあって困窮民は限りがなく、荒地もまたおびただしいものであります。限りある財源によって限りないものに応ずる、これが上下力をつくしても成功できぬ理由であります。しかるに先生が野州の民を恵み荒地を起されて、仁沢が余りあり、他国にまで余力が及んでおられますのは、どのような良法があるのでしょうか。願わくはその無上のお教えをいただきたく、それによって累年の宿志を遂げることができましたならば、国の大幸これに及ぶものはありません。」

先生は次のように教えた。

「いま主君は仁慈深く、臣下は忠節であり、それでいて人民がその恵沢に浴して再復の時期を得ることができないのは、ほかではなく、その本源が立たないからです。何を本源と言うか。国の分度がそれです。分度を立てて堅くこれを守るならば、財貨を生ずること限りなく、国民

はあまねくその恵沢に浴し、荒地はことごとく起きかえり、必ず復旧するであろうこと疑いありません。してみれば、あなたの言葉とは違って、貧民にも限りがあり、荒地にも限りがあり、財源に至っては限りがないのです。なぜならば、人民には必ず限りがあり、荒地は何万石といってもまた必ず限りがあります。ひとり財源に至っては、今年幾万俵の米を生じ、来年また幾万俵の米を生じ、何千年ののちまでも生じ生じて窮まりがありません。どうしてこれを限りがあると言われるのですか。果して限りない財貨を生じて、限りのある民を恵み限りのある荒地を開くならば、何のむずかしいことがありましょう。けれども、国が一万石を得て所要の経費に不足するとき、十万石を得ればやはり十万石以上の支出を生ずるもので、とどまるところを知らない限り、たとい何百万石を得ても決して余剰の生ずるわけがありません。これが衰貧艱難の本ではありませんか。もし天下の大小名が、おのおのその天分の存するところに安んじて自然の分度を守り、その度を失わないならば、年ごとに分外の余財を生じ、大いに国民を恵んでもなお余りがあって尽きることがないはずです。たとえば大河の水を汲んで人の渇をいやすようなもので、渇した者が何万何億人あっても、水は余りあるほど得られて、大河はこのために少しも水の減少を見ないでしょう。本源のあるものはこの通りです。いまあなたが財源には限りがあると言われるのは、桶《おけ》や甕《かめ》の水で何万人もの渇を救おうとするものであって、水の不足を憂えるのは、その器の中の水が少くて、すぐに尽きてしまうからではありませんか。万民を安撫《あんぶ》しようと思うならば、どうして国中に仁沢の本源を設けないのですか。本源がひとたび立ったならば、単に相馬の民が安泰になるだけではなく、余沢は必ず他国に及んで尽きることがありますまい。

けだし上世、わが日本が豊葦原《とよあしはら》と称してまだ開けなかったとき、一面に葦原であったのをお開きになるのに、異国の財貨を借りて開かれたのではなく、一鍬《くわ》一鍬、百、千、万と積み重ねて、そうしてこのように開けたのです。外国でもやはりわが国の財貨を借りて開いたのではありません。してみれば、わが国はわが国の力によって開き、異国は異国の力によって開いたこと疑いありません。その当初は、何か一つ財貨を得ようと思っても、どうして財宝がありましょうか。ただ木を削って鋤《すき》・鍬とし、一鍬一鍬の丹誠を積んで、ついに原野がことごとく開け、数千年の後に至って金銀財宝を作り出したのです。このことからみれば、開発が先であって財宝ははるか後のことです。しかるに今、荒地を起そうとして財源がないことを憂えるのは、あとさきを察しないからです。たとい極貧の国でも、上古の原野の時代にくらべれば、どれほど豊かであるか知れません。どうして荒地を起すに財貨がないのを憂えることがありますか。財貨は開田によって生ずるものなのです。

いま国の租税を調べて、既往十年ないし二十年ほど平均します。その平均の額は自然の数であって、天分の分度です。この分度によって支出を制限し、艱難に素《そ》して恵民の仁政を行い、荒地を起すときは、分度外の米が湧《わ》くように増加します。これを分内に入れないで国家再復の財源とし、年々怠りなく仁沢を施すならば、どれほどの貧民も安泰となり、何万町歩の荒地も起し尽すことができます。これはほかでもない、国家再興の本源を立てたからです。私が野州の廃亡の地を興し、隣国の荒地を開き、余沢が他領の民に及んでいるのも、皆この本を立てたことによるのです。あなたの国は、多年窮民撫育・荒地開発の道を行って来たが、経常費を省いてその費用にあてたため、財源に限りがあって、費えが多いとせられるのです。いやしくも私が行っているように、本源を確立して荒廃を興すならば、国の永安を得ることは何の造作もありません。」

両家老は大いに感動して、

「君臣上下の憂いとしておりましたことが、いま先生の明教をお聞きして氷解し、積年はなはだ困難と考えていましたことが、今はすこぶる容易のように思われます。この明教によってこの道を行いますならば、先代以来の志願も始めて達することができましょう。」

と言って辞去し、つぶさにこれを藩主に報告した。藩主は大いに喜んで、国家中興の道を依頼する直書《じきしょ》を先生にあてて書かれた。両家老はこれを奉じて先生のもとに至り、君命を述べて直書を差し出した。先生はこれを読んで、

「このように主君は仁、臣下は忠である。国の再興は難事ではない。」

と嘆賞した。その後両家老はしばしば来て先生の道をたずねた。先生は治国安民の要道・盛衰存亡の原因・万民撫育の仁術を解説し、その懇切丁寧な説明は、条理あり、節目あり、黒白を弁別するように極めて明らかであった。家老らはいよいよ深く感激して、衰廃再盛の道が胸中に了然となるに至った。

二、相馬家の分度を確立する

池田胤直《たねなお》は国に帰って群臣・諸役人に先生の高徳良法を物語った。群臣はそれでも疑惑を解かず、議論が紛々として起った。彼は誠意をつくしてこれをさとしたので、やや信ずる者があるようになった。

弘化元年（一八四四）某月、池田は再び江戸に出て、いよいよ良法を開始しようと計り、しばしば先生のもとに至って道を問うた。同じ年の某月、先生は公務のため暇がなく、諸侯の領内再盛の指揮をすることができないとて、書面によって細川家・烏山藩・下館藩《しもだて》・川副氏《かわぞえ》・相馬家の依頼をことわった。ここにおいて諸侯はおのおの望みを失い、いま再復の道を廃止しては、たちまちこれまでの功業が空《むな》しくなり、再び衰弊に帰してしまうであろうと嘆いて、事情を書き記して時の執権某侯（老中水野越前守忠邦）に嘆願した。幕府はその事情を察してそれぞれの願いを許した。そこで先生は始めて公然と諸侯の国事を指揮できるようになった。（これは天保十四年中のことであるが、この弘化元年からは仕法雛形《ひながた》の作製のため特に繁忙で、面会謝絶が常則であった。）ここにおいて両家老はしきりに中村に仕法を開始したいと先生に願ったが、先生は公務に暇がないのでこれに応じなかった。

このとき中村において、寛文年間（実はそれより古く明暦二年＝一六五六）から弘化元年まで百八十（九）年間の貢税を調べることができた。そこで両家老は、この資料によって国の本源を立てることを先生に請うた。先生はこれを閲覧して、

「衰えた国は往々帳簿をつけることを怠り、わずか二三十年の租税の額も明白でないものが多い。しかるに相馬が百八十年もの貢税を調べることができるのは、さすがに由緒《ゆいしょ》の古い国柄だけのことはある。これによって天命の自然を探り至当の分限を求めたならば、必ず中正の分度が得られるであろう。」

と言って、それから日夜深慮をつくして自然の数を考え、至当の度を算出するのに肺肝を砕いて丁寧に反復し、その丹誠を感じない者はなかった。数箇月間の沈思黙慮の末、それができ上がった。ここにその概略を記すならば、六十年を一周度とし、三六、百八十年を三周度とし、初めの六十年を盛時とし、中の六十年を盛衰の中間とし、終りの六十年を衰時として計算する。また三周度百八十年を合わせて、これを半分に割って二段とし、初めの九十年を盛時すなわち陽にあてはめ、あとの九十年を衰時すなわち陰と考え、この衰時の平均値（と最近十年の平均値

の中間値）によって国家再復の分度を立て、以降六十年を経て全く旧復するものとし、その間十年ごとにひとくぎりをして分度改正を算定してある。そして規則を立てて、分度外に生じた余財をもって衰廃復興・百姓撫育の費用にあて、あまねく領中を旧復する道を明らかにしたもので、全部で三巻（八冊）から成っていた。

両家老はこれを見て国家再興の基本を得たと大いに喜び、感嘆してやまなかった。そしてこれを藩主に差し出した。藩公はこれを熟覧して、

「二宮の知慮は深遠広大というべきである。他国の盛衰を見ること、手のひらを指さすように正確であり、数百年の推移を見ること、目前のものを見るように明了である。国家再興の道はこの三巻に完備している。これを得て本源とするならば、国の衰えを再復するに決して困難を憂えることはない。」

と嘆賞された。池田家老は君命を受けて早速中村に帰り、群臣にこの三巻を示した上、国家興復の道を説明した。ここにおいて諸役人の疑惑は始めて解消し、先生が他領の盛衰を察して再興の道を明らかにすること、凡慮の及ぶところでないと驚嘆して、先生に依頼しようとの君意に服従した。そこで池田は群臣に向かって言った。

「先生の徳はかくのごとく、また良法たることもこの通りである。この道を行って過誤があったとすれば、それは先生の不徳ではなくて用いる者の丹誠が足りないのである。もしぐずぐず

して着手の時機を失ったならば、ほかに多年の素願を遂げうるすべはない。ところで先生が次のように言われたことがある。――およそ事を成そうとして成就しないのは、速くしようと思い、一挙にその仕事をし遂げようとするからである。幾万町歩の荒地を開こうとするにも一くわから始め、何百箇村を再復しようとするにも、必ずまず一箇村から始める。一つの村が全く完成してから第二の村に及び、順を追うて十、百、千、万に至るのである。たとえば、一歩を積み重ねて千里の遠方に至るようなものである。それゆえ領中からまず一箇村を選んで撫育再興するがよい。――と。いま各方《おの〳〵かた》の思慮をめぐらして、領中のどの村から先生に発業を請うか、すみやかに選んで江戸に申し送ることにしよう。」

　ここにおいて一同評議して、

「山中郷《さんちゅうごう》の草野村（飯館《いいだて》村草野）に発業することにしよう。草野という村は高山の間にあって、夏も気温が低く、冬は最も寒い。ゆえに三年のうち一年は五穀がみのらず、そのため貧民が多く、戸数は減少し、田畑は荒れ果てて、極めて難村である。ゆえにこの村を領中再復の手始めにするがよい。」

　と言った。そこでこの意見を江戸に達し、草野村に仕法を開始することを先生に請うた。先生は熟慮ののち、

「およそ仕法の道は、善行者を賞し、無知無力な者を教えることを主眼としている。善人を挙《あ》

げて大いに賞を行うならば、不善者はみな善に化するものである。論語に『直《なお》きを挙げて枉《まが》れるを錯《お》くときは、枉れるものをして直からしむ』（為政）とあるではないか。一村を教化するにもこれを要道とする。まして全領中から選んで第一番に仁沢を布《し》き安撫してやるというのは、実に大きな賞ではないか。それゆえ、領中で最もすぐれた、気風も習俗も善美で郡中の模範とすべき村を選んで第一に仕法を発業し、多大の恵みを施すならば、四方の村々は感憤興起して、みずから怠惰を改め、汚俗を洗い、法令を守り、農事に励むようになること、たとえば一束の薪《まき》の中にわずか一本の薪を打ち込むとき、一束の薪がことごとく締まって堅固になるようなものである。これが、ここで一つを興せば、他は皆興きるという道理である。水は高い所から低い所に流れるのが順序であり、勧善の道は善を先にするのを肝要とする。

　しかるに今、領中でも著しい惰農貧村を挙げて第一に仁沢を布《し》こうとするのは、前後を失したものではないか。その上、この村は城下を隔たること十七里（実は七〜八里）の深山の中にあるという。たとい多大の恩沢を施し長年かかって旧復したところで、領中一般の村々がどうして君恩の無量なことを見聞することができようか。わが道によって村を興すとなれば、亡び果てた村でも必ず旧復することができる。まして貧村ぐらい、造作もない。だからどのような難村でも仕法発業をいとうわけではないが、善《よ》い村を興すとすれば事業は容易で、成功も至ってすみやかである。ところがもし草野村を先とすれば、他の五、六箇村を興すよりも資財が多くかかって、しかも他村感化のすべとならず、領邑《りょうゆう》全体の再復成就は、実に数十年の遅れをとるであろう。この道理が、もとより藩の人々にわからぬはずはない。それでいてこの村に発業を求めるのは、仕法を信じ、道を慕う真心から出たものではない。私は順序の違うことは絶対にしない。仕法発業は断然取りやめ、二度と願いに来られるな。」

と、大いにその不可を論じた。草野家老はこの言葉を聞いて愕然《がくぜん》として驚き、この論旨を中村に申し送って、領内の中央にある善村を選んで再び先生に懇請しようと計った。その後諸役人は評議して、

「領内の中央は小高郷《おだかごう》（相馬郡小高町一帯）である。この郷中で大井・塚原《つかはら》の二村（共に小高町の内）が発業に至当であろう。大井は貧村で民心がはなはだ悪く、惰風が極まっている。二宮の仕法によってこの気風を一変し、純厚の民とすることができたならば、仕法の効験があったと言うべきである。また塚原村の廃田は海水が浸入して、どのような方法を施しても復旧しがたい。二宮がもしこれを開くことができたならば、それこそ仕法の利益があったとすべきである。これを任せて、その術を試みるに越したことはない。彼が論ずるように、領中にもまれな善良の村を撫育することぐらい、だれでもできることだ。仕法の有益なことを、どこで立証ができよう。それでは依頼するに足らない。」

とし、ついに大井・塚原両村に発業することを求めた。家老はおもむろに先生の確論を説き

示したが承服しない。やむをえずこの村に発業することを先生に請うた。先生は承諾したが着手はせずに歳月を送った。その後しばしば請うても、公務で暇がないからとてことわった。それは中村の人情がまだ仕法開始の時期に来ていないことを明察して、着手を見合わせる深慮であったろうという。

著者が思うに、先生は深遠の思慮をこらして中庸自然の分度を定められた。ここにおいて汚俗弊政を振興する基が立った。そしてそこから、流水の尽きぬように財貨を生ずることとなった。国家における分度の役割は実に大きなものであって、これによって民衆を撫育することも、財貨を豊かにすることも、富強をいたすことも可能となる。先生の仕法立案の要点は常にここにあり、そして、変化に応じ、時宜を制する微妙な運用は一心にあった。けだし前賢の発明しなかったところであり、先生の独擅場《どくせんじょう》である。政治行政の道において、その欠陥を補うところ、どうして僅少《きんしょう》と言えようか。

補注 相馬領は当時宇多・行方《なめかた》・標葉《しねは》の三郡で、これが宇多・北・中・小高・北標葉・南標葉・山中の七郷に分かれていた。

分度資料は明暦二年（一六五六）から弘化元年（一八四四）まで一八九年分が提出されたが、先生はこのうち寛文五年（一六六五）以降の一八〇年間を採って天分を測定された。すなわち平均収納は、

（一）六〇年ずつ三周度に区分するとき、

第一期（盛時）　一四〇、〇七九俵余

第二期（中間）　一一八、〇六四俵余
第三期（衰時）　六三、七九三俵余
（二）上下二段に区分するとき、
上期（陽時）　一三八、二七七俵余
下期（陰時）　七六、三四七俵余
（三）総平均　一〇七、三一二俵余
（四）最近十箇年平均　五七、二〇五俵余

となる。先生は熟慮ののち（二）の下期すなわち陰時九〇年間の平均と（四）すなわち最近十箇年の実績とを加えて二分し、六六、七七六俵一斗四升九合五勺二才の数字を得て、これを以後十箇年の分度と定められた。そしてそれから十箇年目ごとに、前期の復興成績を勘案して分度を改訂するのであるが、六十年分だけ、仮定の数字によって整然と計算されている。

三、成田・坪田両村に良法を開始する

弘化二年（一八四五）、池田家老は中村にいて、こう考えた。――

「二宮先生の無量の丹誠によって、国家の分度はすでに明確になった。そして今や郡村の衰廃再興の仕法に着手すべき時が来ている。そこで山中郷《さんちゅうごう》の草野村に発業を請うたが先生はお許しがない。再び大井・塚原両村について願ったがこれにもまた応ぜられない。これはほかでもない、当地において良法を求める誠意がまだ足らないためである。いやしくも誠意が行き届い

たならば、先生が応ぜられぬはずはない。」

そこで代官（各郷を分担支配する職。）以下に仕法の道を説き聞かせて、誠意を発せしめようとしたが、疑惑が盛んで、あえて憤起する者がなかった。ところが代官助役の高野某（丹吾）なる者は、以前から宇多郡成田・坪田両村（共に相馬市内、旧八幡村の内）再復の事を命ぜられていたが、旧来の貧村であって、自身の力では中々及ばなかった。そこへ家老の教示を聞いて大いに感銘し、この良法を始めたいと計り、両村民に先生安民の方法を示して、いまこの道によらなければ復興の時期はあり得ないと、力をつくして説得した。ついに両村の名主・村民ともに、喜んでこれを嘆願しようということになった。けれども請願の誠意が立たなければ、ただ聞き届けられるはずがないと、高野は（祖父の代から郷士であったので）所有の籾《もみ》五十俵を出して貧村再復の資財とし、両村の有志の者、更に他村の名主に至るまでこれを聞いて、おのおのその分に応じて米や金を出して、誠意を表わした。そこで両村の戸数・人口・田畑の高・荒地の反別・民家の貧富を調べ、仕法嘆願の書面と共に池田家老に提出した。家老は大いに喜び、高野自身で先生のもとに行って嘆願せよと命じた。高野はただちに江戸に上り、草野家老にその次第を述べた。草野もこれを賞讃し、共に先生のもとに至って実情を述べ、両村の書類を出して発業を請うた（弘化二年八月十三日）。先生はこれを聞いて、

「いま両村が誠意を表わし、領中に先立って仕法を嘆願することは、賞すべき限りである。わ

が道を施すには難村を先にするのではないけれども、この誠意を採り上げないならば、勧善の道が欠けるようにも思われる。やむをえないからその願いに応じて発業しよう。」と言った。草野家老は積年の志願がここにおいて達せられたと、大いに喜悦した。高野は始めて先生に面会し、両村の事情を報告したところ、先生から一村再復の道について数刻に及ぶ教導があり、いよいよ感激し、誓ってこの道を行い志を遂げようと決心した。ここにおいて先生は両村盛衰の根元を探り、再盛安撫の仕法を調べ、数日で計画はでき上がった。

(高野は数箇月滞在して仕法を研究した。)

その年の十一月に至り、先生は高野に懇切丁寧な指示を与え、門人一人(富田高慶)を添えて帰国発業させた。そこで二人は両村に仕法を下し、貧村再興永安の道を教えさとし、(報徳の投票により)大いに善人を賞し困窮民を救助し、家・小屋を与え、道を築き橋をかけ、用水を便利にし、荒地を開き、村民の苦痛を去り、安らかに生養できるようにした。村民は恩沢を得て大いに感動し、旧染の惰風を改め、あるいは縄《なわ》をない薪《たきぎ》をきり、朝は鶏鳴に起き、夜は深更になってから寝て、家業に励んだ。そして隣村まで皆感化されて両村の精業を手本とし、遠近ともに仁術を慕うようになった。

小高郷《おだかごう》の大井・塚原はこのことを聞いて、

「この両村に発業の達しがあって、もう長いこと待っている。それだのにいま成田・坪田に発業されたのは、どうした事か。我々の村があちらより先になるはずだったのに、かえって遅れたのは残念至極だ。そして、あちらがこちらより先になったいわれは、誠意をあらわして嘆願したからだという。それなら我々の村も早く誠意をあらわすに越したことはない。」

と言い合い、おのおの分に応じて米や金を差し出し、再三、しきりに発業を請うた。先生は嘆願の切なことを察して、翌弘化四年（一八四七）の春、両村に仕法を下した。人民は大いに喜び、無頼《ぶらい》怠惰の汚風は急速に一変して、勤業誠実の行いを立てた。遠近の者はこれを見聞していよいよ仁術良法であることをさとり、村々から願書を出して請求してやまなかった。群臣はここにおいて積年の疑惑が解消し、国家再興の道はこれであると喜悦し、従前の疑惑・拙論を悔いたという。

補注　仕法は十二月一日、成田村の出精奇特人投票表彰から始まった。すでにこのころから村民の感激は著しく、例年正月は十五六日ごろまで飲酒弊風に過ごすのが習いであったのに、弘化三年の正月は二日から縄ないなどを始め、四日からは山野に入って薪とり、芝かりなど、それぞれの仕事に勤めた。早朝から回村したところ、遊んでいる様子は一向見当らなかった。二十四日は飲み明かしの例であるが、御仕法の教訓を聞きたいと進んで申し出た。村民の感発の度を知ることができる。

四、相馬領郡村の嘆願に応じ良法を拡張する

相馬領中、わずか三、四箇村ではあるが良法発業になって、村民の苦痛は除かれ、永安の道

が与えられた。その厚い恩沢に誰しも感激せずにはおられまい。諸郷《ごう》の村々は、その業績を見、その教諭を伝え聞いて、この仕法によって数十年来の困苦を免れようと望み、互に旧弊を改めて仕事に励み、誠心誠意米や金を積み立てて、良法発業を嘆願した。宇多郷では赤木・立谷《たつや》の両村（相馬市内、旧日立木《にったき》村の内）、中の郷（原町市周辺）では二十二箇村、小高《おだか》郷では十二箇村、北標葉《きたしねは》郷《ごう》（双葉《ふたば》郡）では高瀬村（浪江《なみえ》町高瀬）が、互に遅れてはならぬと競った。池田家老はこの事情をしたためて先生に発業を請うた。すると先生は、

「大業を成し遂げようとするときに、速くしようと焦《あせ》って一時に数十箇村に手を下せば、撫育・教導ともに行き届かないため、人民の希望を満たすことができず、ついに事業が中廃に至らざるを得ない。君主が厚く仁沢を施すとき、人民だれ一人悦服しない者はなく、早く仕法の仁沢を受けようとして嘆願することは、人情の当然である。もしその願いに応じて一時に事を発したならば、事業の中廃はここから始まるであろう。ゆえに固く方針を守ってその要求に応ぜず、発業中の村を恵み、その不足を補いその憂いを除き、大小貧富を問わず村民中一人も困苦する者がなくなったならば、その村は始めて仕法が成就したと言ってよい。それからのち他の村に推し及ぼすべきである。

　およそ水は必ず低い方に流れ、穴が満ちてから次に進んでゆく。低い所が一杯にならぬうちにその先に流れる道理はない。これが水の自然であって、疑うことのできない理法ではないか。

いま国君が仁を下したばかりで、発業の貧村がまだ完全には困苦を免れていない。困窮を免れないのは、水が低い土地に満たないのとどこが異なろう。仁沢がまだ満たないうちに他村に着手することを急いだならば、それは自然の理法にそむき、ついに無量の仁術たる仕法を行おうとしながら、目前の撫育だけの小道に陥り、人民もまた大いに失望するであろう。人民が望みを失ったならば、どうして大業を成就することができようか。

それゆえ、一村が全く復旧に至ってから二番目に移り、二番目の村が完全に富んでから第三の村に及ぶべきであって、何百何千の村でも順路はこの通りである。これは迂遠《うえん》のように見えるけれども、天地間の万事、これより順当なことはなく、これよりすみやかなものはない。たとい百里千里の道を急いで行こうと思っても、一歩から始めるよりほかに仕方がないのと同様である。どれほど速く行こうと求めても、一歩に二歩を重ねることはできない。むりに重ねようとすれば倒れるだけである。まして百歩を一歩で走る法があるはずはない。幾万町歩の廃田を起そうとするにも一くわから手を下し、二くわ三くわと順を追うて進むのである。万物の道理はこのように定まりがあって、知力の及ぶところではない。論語にも、『速《すみや》かならんと欲するなかれ、小利を視《み》るなかれ』(子路)とあるではないか。国家の衰廃を興そうとするに、この道理に従わず、早く成就する道があるはずはない。諸郷の村々が一時に仕法を嘆願して来たならば、人倫の道を教え、農業出精をさとし、――一村の所行が郡中に抜き出るようになったならば、早速良法を下すであろう。多大の仁沢を布《し》くことは、数十数百の村に同時にできることではない。――と教示して、容易に要求に応じてはならない。これがすなわち大業成就の道である。」

と言って、その上発業することを許さなかった。

両家老は先生の的確な意見に感じて、この道理を村民にさとしたけれども、何回も嘆願のやむ時がなく、貧民の張りつめた力が消えうせ、気抜けの憂いを生じはしないかと恐れた。その後再び先生に事情を尽して開業を請うた。先生は、

「領中の民情がそれほど切になって来たのに久しく発業しないならば、誠意を失う憂いがないとは言えない。」

と言って、そこで善良な村を選んで仕法を下させることとした。宇多郷の赤木・立谷両村に願いに応じて仕法を発し、ついで北標葉《しねは》郷の高瀬村に着手した。小高郷では嘆願の十二箇村から、中でも誠意勤勉が諸村に抜け出た村を選出させた。諸村は封書にして差し出した。村上村（小高町の内、大井・塚原の隣村）が第一であった。そこでこの村に仕法を発した。その次は、中の郷二十二箇村に、小高郷と同じ趣旨で選挙を命じた。深野《ふこうの》村（原町市深野）が随一であった。そこでこの村に発業し、大いに仁沢を施し、人民の苦痛を除き、永安の道を示し、篤実・勤勉・仁譲の道を教えた。時に弘化四年（一八四七）の春三月であった。仕法の仁術を得た村々

は感動憤発して旧弊を除き、日々未明から夜半に至るまで勤業を怠らず、遠近の諸村はますますこれを慕って、互に家業に励み良法を希望すること、ひでりの年に雨を望むようであった。百年来の怠惰無頼の汚俗流弊がこのときに至って一洗せられ、領民は始めて農事勤倹の尊いゆえんをわきまえたのであった。人々は良法の効験が顕然たることを驚嘆したという。

五、相馬領の村々再復して美風みなぎる

さきに仕法を発業した宇多郷の成田村においては、大いに撫育《ぶいく》の道を施し、善人を賞し不善人を教えて善に帰せしめ、困窮民を恵んだ。それには、あるいは屋根をふいて雨露の憂いを除き、あるいは新しい家を与えて安らかに居住させ、あるいは厩《うまや》・灰小屋を作り、農馬を与えて耕作の労を補い、また米穀や農器具を与えて本業を励ました。また旧来貧困に迫られてどの家も他借をし、元利が増倍して償うことができないでいたから、これを調べて無利息金を貸与し、借財をことごとく償却させ、そうして人倫五常の道を教え、勤業永安の道に導いた。村民は限りない仁沢に感激して怠惰汚俗を改め、互に善に進み農事に励み、信義推譲の行いを立てることを本意とするようになった。弘化五年（一八四八）に至り、発業以来わずか四年で荒地はことごとく開け、旧復の道が完成した。先生は、

「この村の旧復ができ上がる時が来た。この上に永続の道を与えねばならぬ。」

と言って、毎戸老少を問わず一人につき籾《もみ》六俵を基準として積み立てて、後年の凶荒の予備とさせ、通計籾千三百俵（この年までには八八四俵）を与えた。村民はますます喜び、

「どこの家も、もはや心配難儀を免れました。どうかこの良法を他村にお移し下さい。」

と一村こぞって出願した。そこでその願いに応ずることとし、一人ごとに賞金（各自の日掛縄ない積立金を倍加するだけの金額）を与えて、「今後ますます勉励して、再び艱難に陥らず、永久無事に相続せよ。」とさとし、北郷《きたごう》（鹿島《かしま》町周辺）の横手村（同町、旧上真野《かみまの》村の内）に仕法を移した。成田の村民はみな感泣して恩を謝したのであった。

北標葉郷《しねはごう》の高瀬村も、恩沢があまねく行き渡り、年来の貧窮をすでに脱して、他村に仕法をお移し下さいと請うた。この村は多年の衰弊が最もはなはだしく、農耕によって自給し他人の力を借りない者は村内にわずか三人から五人いるだけで、あとはことごとく借財によって極貧をしのぎ、男女とも賭博《とばく》を常習とし、風俗は大いに乱れ、田畑は荒れ果て、どうにも手のつけようがないほどになっていた。ところが良法を施すことわずか三年で、旧弊を洗い、精農篤実の行いに一変したのである。そこで同年（嘉永三年＝一八五〇）三月、成田村と同様にこれに賞賜したのち、隣村牛渡《うしわた》・樋渡《ひわたし》の両村（双葉郡浪江町の内）に仕法を移した。高瀬の村民は涙を流して感動して恩を謝し、報恩の志を発して、空地《あきち》を選んで杉苗四万本を植え、報恩のしるしとした。先生は、はるかにこの事を聞き、感嘆して言った。

「古語に『百姓罪あらば、罪朕《ちん》が身にあり』（書経、泰誓）とあるが、実に至言というべきである。上《かみ》が仁ならば民に義があり、上が信ならば民は礼あり、上が恵むときは民はその恩を報ずる。上が無道ならば民もまた暴民となる。君がむさぼるときは民心は汚悪に流れ、放僻邪肆《ほうへきじゃし》、あらゆる悪徳を生じ、衰亡の禍が発する。治乱・盛衰・存亡・安危はことごとく民にあるのではなく、上《かみ》人君のまつりごとにあること、たとえば影が形に応ずるようなものである。いま、相馬の貧村は無頼弊風が極まっていたのに、ひとたび仁政を施してこれを恵んでからは、人民は旧染の汚俗をすすいで、貧苦を免れ、固有の善心を発し、報恩の志が導かずして発動した。このことから見れば、天の生んだ民にどうして不善の者があろうか。まだ善でない者があるのは、人君の仁政が至らないためである。いやしくも上の仁心が余りあるときは、決して国の盛んにならぬ気づかいはない。一、二の村がこのようになったからには、天下万億の村民も同じことである。」

門人はこれを聞いていよいよ良法の顕然たることを嘆美したのであった。

その後領民はいよいよ仕法を慕って、争って業を励み、嘆願のやむ時がなく、年々発業の村数は五十箇村に及んだ。安政三年（一八五六）で、発業（弘化二年着手、同三年＝一八四六、実施）以来すでに十年が過ぎた。この間、全く旧復した村数は十五箇村で、領中旧来の惰風は一変して、もっぱら勤業におもむき、荒地を開くこと数千町歩、分度外の産米一万余俵、これによって毎年引き続き貧村を旧復し人民を撫育した。十年間撫育の用財は多大であったが、本源たる分度が立って動かないから、いよいよ恵んでいよいよ尽きなかった（「恵んで費えず」＝論語、堯《ぎょう》曰《えつ》）。ここにおいて先生は、

「国本を立てて恵民の道を行うことすでに十年、よく約束を守られた。ここで十年一期の分度の改正を行おう。」

と言って、六万八千俵（正しくは六六、七七六俵余）の分度を増して七万表とし、国の経費ならびに一藩の扶持に至当な割合でこれを分配し、以後十年間の分度を定めた。一藩の諸士は積年の困苦が緩《ゆる》められて君恩のかたじけなさを感じ、良法の良法たるゆえんをわきまえたのであった。これについて先生は次のように言った。

「相馬から領村再復の事を依頼されたが、私は公務で暇がなかったため、一度もかの地に行ってみずから指揮して仕法を行うことができず、ただ、はるかに江戸とか野州とかに居てその事を指示するだけで、到底深い理法を尽すことはできなかった。けれども、その大筋を守って実行しただけでも、この通りの国益がある。もし私がひとたびかの地に臨んで、盛衰の根源を明らかにし、人民の気風習俗を観察し、土地の厚薄を察知して、教化を下し、永安繁栄の本源を開き、大いに国家の大益を興したならば、数年とたたぬうちに上下安泰の道を得たであろうこと疑いない。惜しいことには一度もかの地に行くことができなかった。しかしながら、わずか

十年の間に国俗がすでに一変してすこぶる勤農篤実に化し、上下の大患をほぼ脱却するに至った。今後君公をはじめ群臣ともに国本たる分度を厳守し、奢侈《しゃし》の端緒を開かず、年々仁恵のまつりごとがまだ足らぬのではないかと憂い、目前の損益に迷わず永世のためを計ってこの仕法を行うならば、国家再興はもとより、余沢が他国にまで及んで窮まりがないであろう。

私は幼年の時から心思を尽してこの道を発明し、三十余年の間、諸方の求めに応じて仕法を施したけれども、その時節を得なかったり、諸侯が往々道を守ることができなかったりして、中廃してしまった。ひとり相馬だけが初めの約束を守って、すでに十年も連綿と続けて実行し、すこぶる仕法の効験を得ている。ただ嘆くべきことは、非常な忠臣であった草野・池田両家老がすでにこの世を去り（草野は弘化四年七十六歳で、池田は安政二年六十五歳で死去）、仕法の成功を見られなかったことだけである。これは国家の不幸と言わねばならぬ。けれども両家老の誠忠は領内に満ちている。また将来を配慮して、生前群臣のうちから忠義の臣を選び、要職に推薦してある。いま在職の家臣がますます君公の仁を拡充し、両家老の忠を継ぎ、あまねく万民を救い国家を泰山の安きに置こうとして心力を尽したならば、それは一国の民の幸福だけではないのである。

いま、相馬の国家再興の仕法は、実際の事業はまだ半ばに達していないけれども、筋道においてはすでに七、八分に及んでいる。大業の成就・不成就は、天にあるのでもなく地にあるのでもなく、ただ国君と執政との一心にある。いやしくも国君と執政との一心が他事に転じたならば、百年の勲労も水泡《すいほう》のように、あるいは落花の風に散るように、むなしくなるであろう。昔から明君と賢臣が共に出た時は、国家は富み豊かで百姓はその生業を楽しんだ。けれどもそれは実に千年のうちの一時であって、百姓は常に困苦して来たのである。しかるに今、中村領では、君は仁心があり、臣は忠義を旨としている。その上に万民安撫の仁政が行われている。相馬開国以来六百余年に及んで、始めて国民はこの恵沢を被ることができた。実に千歳の一時ではないか。ここにおいて、このような好機の得がたく失いやすいことを顧み、仕法成就の方向に力を尽し、仕法失敗の事由を戒めとし、私心を除き、真心を専一として、ますます永安の道を行ったならば、どうして成功しないことがあろうか。」

人々はこれを聞いて、先生の誠意に限りがなく、将来を深刻切実に憂慮されることに感嘆し、相馬仕法が終りを全うすることを希望したという。

補注　成田村は弘化二年（一八四五）末に着手、同三年から嘉永三年（一八五〇）に仕上げとなるまでの五年間に、表彰費八八両、建築・土木・救護費二六五両、貸付金一四一両を投じ、報徳米一、七三二俵、報徳金及び倍加賞賜金八五六両を運用すること通計四、九七六両に及び、非常籾囲《もみがこ》い八八四俵を積んで、領内で最も早く完了した。

坪田村は二組に分けて実施し、表彰費三四三両、救護・施設用米四三〇俵、工事・倍加賞賜金七七七両が投ぜられ、報徳米四、九八七俵、報徳米金運用総額六、三六九両に及び、非常用の籾は二、二四二俵に達し、安政元年（一八五四）に十箇年で完了した。

この二箇村を始めとして、大井・塚原・赤木・立谷・村上・高瀬・深野の、第一期九箇村の仕法は、多くは三年ないし五年で良好な成績をもって完了した。第二期の仕法は、嘉永二年（一八四九）から元治元年（一八六四）に至る一六年間に、毎年数箇村ないし十数箇村ずつ互選投票の方法で仕法村を指定し、実際に着手した村は一〇一箇村、そのうち完成して借財皆無となり非常準備の完了した村は五五箇村に及んだ。相馬領内の全村数は二二六である。

明治四年（一八八一）の報徳役所の統計によれば、弘化二年（一八四五）着手以来二七箇年の成績は次の通りである。

（一）施　設

開墾費		二一、一八〇両余
堤防・堰工事	一〇〇余	一、一四〇両余
溜池	六九二	一九、四〇〇両余
用排水	大八、小一〇〇	一七、六二〇両余
新家作	五七三戸	二〇、〇五〇両余
家屋修理	八一一戸	四、四〇〇両余
籾貯蔵用倉庫	五二	二、六〇〇両余
馬小屋	一、〇五三	一〇、三〇〇両余
灰小屋	七四一	
窮民救助米	一四、八二〇俵	
同　金		三二〇両
備荒籾	七一、一四三俵	

無利息年賦貸付金	二〇、四三九両
同　米	一五、〇〇〇俵
賞与金	六、六七〇両余

（二）成　果

田畑開発	一、三七九町歩
分度外の産米	一四八、二二〇俵
租税増加合計	一〇二、八七二俵
人口増加	一一、七一五人
戸数増加	一、一三五戸

そして、これは二七年間といっても、文久年間（一八六一—六三）以後は征長の役その他維新前後の事情で実際は中止状態であったのであるから、十数箇年の成績として非常に顕著なものと言わねばならぬ。

維新後、廃藩置県から中村県の磐前《いわさき》県への合併、さらに福島県への合併と、数次の行政改革に遭い、仕法は多く残務整理、保有米金の保管の事務を出ることができなかったし、欧化行政の潮流に見捨てられた形となったので、富田高慶は明治十年（一八八七）興復社を結成し、開墾助成等、祖法の一部を相続することとした。興復社はのち先生の令孫尊親氏を社長とし、明治三十年（一八九七）北海道十勝《とかち》の国中川郡豊頃村牛首別《うししゅべつ》の地に合同入植し、模範的な自作農村を建設した。

六、相馬侯自ら領民に勤農の道をさとす

相馬（充胤《みちたね》）公は、天保某年（六年＝一八三九）父君益胤《ますたね》公の世を継いで以来、大いに国家の

衰弱・百姓の困苦を憂い、もっぱら父君の志をついで国弊を正し領民の艱難を救おうと心を悩まされた。そして衣服は木綿を用い、食事の菜《さい》は一品とし、諸人に先立って艱難をいとわず、江戸にあっては力を公務に尽し、国にあるときは春秋に必ずみずから領内を巡察して百姓の苦痛とするところを問い、大雨・暴風・雪中でも駕籠《かご》を用いなかった。自身で試作田を耕して農民の艱難を試み、民間の老人を賞して父老を尊敬することを教え、精農者を賞して農事出精の道を教え、孝弟の道に幼若の者を導いた。そして貧民を安撫してその家業に励ませ、村々の盛衰・気風の善悪を直視して、二宮先生の良法をさとした。領民は国君の仁心が深く、民を哀れむことの厚いのに感激して、汚風を改め家業に励み、国君の憂慮心労を安んじようとした。これゆえいよいよ先生の道が広く行われて、大いに美風に感化することができたのである。かつ又、忠臣を挙用してまつりごとを任じ、よく臣下の諫《いさ》めをいれ、善言を求めてすみやかにこれを行い、仮に臣下に過ちがあっても、教諭を加え改心させるのを先務として、人を廃棄するようなことはなかった。そしてしばしば先生を招いて礼を厚くして教えを請い、その論説を聞いて大いに喜び、ますますその道を施行し、群臣に対し仕法が良法であることをさとして、仕法に力を用い、臣下を召してしばしばその労を慰め、厚く賞誉を下した。それゆえ諸臣は感激し、再興の道を成就して君意を安んずることを日々の専務とした。こうしてその美名は他国に響き、賢君として称揚されるに至ったのであった。

その初め、公が幼少の時、先君は非常にこれを愛して膝下《しっか》で養育した。草野家老は顔色を正して次のように諫《いさ》めた。

「わが君には豊丸君（幼名）を愛せられますならば、必ず艱難の地において養育せられるべきであります。昔から人君で御殿の奥深く住まい、婦人の手に長じたものは、往々暗愚であって、少しも下民の艱苦を知らず、奢侈《しゃし》に流れ放逸に陥り、ついに国家の衰廃におもむくことが珍しくありません。いまわが国家の衰弱、百姓の艱難は、わが君の明らかに御承知の通りでありま す。もし若君を艱苦のうちに成長せしめられ、賢明の君となさいましたならば、父君の善政を失墜せず、一藩を哀れみ百姓を撫育し、国家再興のまつりごとを成就遊ばされるでありましょう。反対に、もし愛情になずんで婦人の手に成長せしめられましたならば、凡庸の君となって艱苦をいとい、臣下の言を用いず、農耕の艱難とは何ものであるかをわきまえられぬに至るでありましょう。そうなればわが君が一世の御丹誠によって国事に憂慮心労なさいましたことも一時に空しくなり、永く国家再盛の道が絶えるでありましょう。これはまことに主君の御不幸ばかりでなく、一国上下の大患であります。

およそ生れながらの賢人聖者は億万人中にも得難いものでありますが、たとい素質は賢明であっても、艱難を経なければその美質が顕《あら》われず、仁恕《じんじょ》の心が薄いのであります。まして素質がそれに及ばぬ者ならば、なおさらのことで、これこそ古人が切瑳琢磨《せっさたくま》の功を重んじたゆえんであります。私は若君が上《かみ》忠孝をつくし下《しも》百姓を恵む賢君とおなりになるよう願うのみであります。わが君にはこれを御配慮あられますよう。」

先君は感賞して、

「そちの言葉はまことに、国家を憂い我ら父子を愛する忠言というべきである。それゆえ今ただちにこの子をそちに預けよう。進退養育の道について、余はあえて口をはさまない。そちの思うままにせよ。」

と命ぜられた。ここにおいて家老は謹《つつし》んで命を受け、ただちに破損した小屋を修復して幼君をここに住まわせ、婦人はことごとく退けて質実誠直の者を選んでお附きとし、仁義を教え忠孝に導き、朝は未明から学問を勧め武道を講じ、衣服は木綿ものを常とし、食事は一汁《じゅう》一菜のほかは用いず、ことごとく艱難のうちに養育することに心を尽した。それゆえ成人ののち、よく艱難に堪え下情に達し、父君の志を継いで国家再興の大業を開き、ほまれが遠近に及んだのは、その素質が非常にすぐれていたのでもあろうが、また草野家老の忠心のいたすところであった。あるとき先生はこのことを聞いて、嘆賞して言った。

「およそ諫めをいれ、愛を割《さ》くことは人情としてできにくいことである。しかるに先君は断乎《だんこ》として諫めに従い、愛児を艱難の地に養育させた。また、諫言《かんげん》は臣下の容易になしえないところである。ところが草野氏はしばしば諫言して両君に仁政を行わせた。君臣がもとよりこのようにすぐれているとき、国家が再興しないことはない。いまわが仕法がかの国に盛んに行われているのは、一朝一夕のゆえではないのだ。」

著者は思う、草野家老が君に仕えた行き方は、要を得たものと言うべきである。古来、忠義の士が苦心して国事に勤めても、君主がわがまま放縦《ほうしょう》で、諫めも忠言も聞き入れられず、やがて忠良の臣は廃せられ、奸邪《かんじゃ》の臣が政権を握るに至って、国事は日々に非道に陥り、百姓は離反し、知者があってもどうにもしようがなくなる例が、実に多い。家老は早くから国家の衰微を興そうと志していた。ここにおいて進んで直言し、幼主が艱難のうちに安んじ、倹約節用の尊さを知るように仕向けた。果してこの君が立って位を継ぐに及び、仁沢は慈雨の降りそそぐように四境にあまねく行き渡った。古語に「一たび君を正して国定まる」とあるが、この言葉を実行した者に草野家老がある。

七、相馬侯、日光の仕法を聞いて献金する

野州日光の（東照宮の）祭田一万石は、高山・丘陵が多く平地がはなはだ少い地形であり、土地は岩石が多く耕土は浅くて、昔から水田がなく、人民は雑穀を常食としていた。近年に至って水田も開けたが十分の一にも当らなかった。昔から租税ははなはだ軽かったが、なお人民は貧苦を免れなかった。天明の凶荒（天明四年＝一七八四、同七年＝一七八七）以後多数の戸口が

滅じ、そのため土地が荒れ果てて人民はいよいよ困窮した。幕府はこれを憂えて、再復安民の事業を二宮先生に命じた。時に嘉永《かえい》五年（一八五二）二月であった。

先生は当時病中であったが、病苦を忍んで登山し、あまねく八十余箇村（八十九箇村）を巡回して村民を教諭し、農業出精に導き、善行者を賞し貧民を恵み、再興の仕法を施した。人民は大いに感嘆して旧弊がすこぶる改まり、荒地を開いて勤勉におもむいた。

これより先、弘化元年（一八四四）に、日光の村々の再復の策を献ずべしという命令があった。先生は三年間日夜心力を尽して衰廃再興の方策を筆記し、数十巻を完成して献上した（すなわち「日光御神領村々荒地起返《おこしかえし》方《かた》仕《し》法附《ほうづけ》雛形《ひながた》」六二巻である）。これによって広く仕法を実施せよとの命令が出たのである。

このとき相馬侯は池田家老を召して、

「わが領内三郡の再興安民の事業を二宮に任せたところ、この仁術によって国弊が大いに改まり、再復の効験はすでに顕然となって来た。大慶これに過ぎるものはない。いま幕府は先生に大業を委任した。まだ当地の仕法は半ばに至らぬゆえ、微力ではあるが、この際報徳の道を行わなければならない。そちはこれを考慮してくれい。」

と命じた。家老は命を受けて退き、諸役人とこのことを評議した。役人たちは言った。

「国家の衰廃が極まり上下の艱難はすでに六七十年、天下は広いけれども、他の諸侯の様子を察するに、わが国ほどはなはだしい所はない。それゆえ、つぶさに艱難の事情を訴えて幕府に嘆願し、手重い公務を免除してもらうことすでに数十年、もっぱら三郡再興の道に力を尽しているが、まだ半途にも達しない。領中の荒地はまだ再復せず、数十万両の借財も依然として残っている。このような時に当って、どうして報恩をすることがあろうか。もし仕法を行うこと多年に及んで、旧復の時節が来たならば、報恩の道も尽すことができようが、現在では出来ることではない。」

家老は言った。

「さよう、まことに各方《おのおのがた》の言われる通りである。しかしながら、幕府と諸侯との、上下の道をもって論ずるならば、それは決して至当の論ではない。天明以来六十余年、わが国が衰廃したのは、わが国の過ちであって他のせいではない。幕府が哀れんで多年手重《ておも》の公務を免じてくれるのは、莫大《ばくだい》の恩というべきである。しかるに艱難を理由として永く報恩の道を思わないならば、それは決して恩を受けた者の道ではない。国が盛んとなり、民が富んだ時になって報恩をするのは何もむずかしいことではない。艱苦の中にあって、なしがたいことに力を尽すとき、たといその事は微小でも、報恩の志は厚いということができる。かつ又、先生が日光に発業されいる初めに当って、これに力を添えるならば、きっとその事業は成就しやすいであろう。いまそれを不可能として後年を待てば、たとい後になって幾倍の力を尽しても、日光の安民の事業は遅々として進まぬであろうこと必然である。報恩の道は今この時を失ってはならない。各方決して疑惑を生じなさるな。」

役人たちは言った。

「道理はまことにそうあるべきです。しかし、こういう財政困難の時に当って、御家老はどういう手段で報恩しようとされるのですか。」

家老は言った。

「拙者はいやしくも手段がないのに言い出しはしない。先年極窮の時にあたり、幕府に嘆願して八千五百両を恩借した。そして年々これを五百両ずつ償還して来た。今年五百両納めれば元金皆納である。そこで、明年から引き続き五百両を報恩金として日光地方再復安民の仕法に献納したならば、十年で五千両となる。これとて困難ではあるが、前々から分度の中から納めて来た。まだ皆納に至らないのだと考えれば、納める道がないとはいえない。それゆえ、艱難中ではあるけれども、十年間に五千両を献じたならば、日光の窮民は恩沢に浴し、興復の事業が確立するであろう。」

諸役人は皆これに同意した。そこでこの事を主君に言上し、ついに幕府に請願し許可を得て、年々五百両を納め、幕府はこれを日光の村々の再復費として下附したのであった。

補注　日光領は定免《じょうめん》すなわち定額租税であるから、荒地開発によって産出したものは住民の利益となって貢税とはならない。従って仕法の財源を他に求めなければならない。先生は小田原の報徳金五千両のほか、仕法の成果の上がった諸侯から報恩の意味で資金の融通を求めた。相馬の献金はその随一である。くわしくは巻八、第四章参照。

八、印旛《いんば》沼堀割検分の命を受けて出張する

天保十三年（一八四二）、幕府は、下総《しもうさ》の国（千葉県）の手賀《てが》沼から新しい川を掘って印旛《いんば》沼にそそぎ、印旛沼から大海（東京湾）に達して利根《とね》川の分流とし、通船の便利を開こうと計画して、水理に達した者に命じ、その成功の方策を建言させた。そもそもこの事の原因をたずねると、利根川が洪水《こうずい》の時にあたって堤防を破り田畑を押し流し、水辺の村々はこれがため水害を被ることが少くない。そこで手賀沼から印旛沼に掘り切り、また印旛沼から南方馬加《まくわり》村（千葉市幕張町《まくはりちょう》）の海辺に掘り割って海に達するならば、流水は新しい川に分流して水害の憂いを除くことができる。かつ又、奥州《おうしゅう》の通船は常に房総の大海を渡って浦賀港（三浦半島の南端、横須賀市の内）に入り、それから江戸に達するのであるが、房州の海中に難所があって、しばしば風波のために破船し、米穀を失い、往々水死の災難にかかる者が少くない（一割の遭難は不可避と認められていた）。しかるに利根川からただちに内海に達して江戸に至ることができれば、里数を減ずることは多く、覆没は免れ、その上軍用の便宜もあるという。往年（享保九年＝一七

二四及び天明三年＝一七八三）この工事を起し、数十万両の金を投じて掘り始めたが、ついに事は成らず、中廃した。そこで今またこの事業をし遂げて不朽の大益を開き、衆民の水害を救おうとの深慮であるという。

この年の十月、幕府は先生に対して、かの地におもむいて土地の高低・工事の難易を測量し、成就か不成就かを推察し、思慮のあるところを言上せよと命じた。先生は命令を受け、引きさがってから嘆息して言った。

「この計画は人民を恵み国家の大益を挙げようとの賢慮ではあるが、容易の事ではない。万事の成功不成功はおのずから時節があり、また事業には前後の順序がある。私がたといかの地に臨んで検分しても、そのかいはなかろう。けれども君命であるから辞退する道がない。」

そこで江戸を出発して下総の国に至り、諸役人と共に日々巡回してそこの地勢・高低・難易を熟視し、成功か不成功かを考えた。手賀沼から印旛沼の間は道程二里、印旛沼から南方馬加村の海辺まで四里、合わせて六里に、新しく水路を開き通船させようとするのであるから、実に大業である。中間に高台と名づける所があって、高さ数丈の岩山である。これを掘り割るには、堅石をうがつよりも骨が折れる。また下流、海辺を去ること数百間のところに天神山と唱える小山がある。この二つの山の間は土地が低くて、泥土《でいど》の深さは測り知れず、何万回ともっこを使ってさらえても、泥土がもとのように湧《わ》き出して一尺、一寸も低くならない。往年の工事に車器械を設けてこの泥土を海辺に巻き出したときは、海浜はこのために埋まって数十間の平地が出来たのに、天神山の高さが三尺あまり減って泥土がもとの通りに湧出《ゆうしゅつ》し、依然として一寸も低くならなかったと伝えられている。実に両山の下はみな泥土であって限りがなく、人力の及ぶところではないように見えた。

　同行の諸役人はおのおの思慮を尽して、数十日で検分測量を終り、江戸に帰って同地の事業のしかた、また用財の多少、成功の予想年数等を復命した。先生は一向建言しようとしなかった。上司は先生に、「その方の見るところはどうか。」とたずねた。先生は答えた。

「私には成功か不成功か、一言できめることができません。人がこの大業は必ず成就すると言っても妥当ではありません。また全く成就しないであろうと言っても、絶対に成就できないものではありません。不成就の道によって施工するならば、幾千万人を使役し、幾百万両の金を投じても成就するはずがありません。反対に、成就すべき道によって事を挙げるならば、天下の何事でも成就しないものはありません。」

「その成就できない道とは、どういうことか。」

「天下の威権によって人夫を使役し、財力によって施工し、何年と成業の期限を定めるのが、土木工事を行う常道であります。この常道によるならば、難所の工事ゆえ官吏・人民ともに困り果て、私の利益ばかり計って心を義に置かず、工事が進まぬうちに財力は尽き、年限はすでに来ても事業は半ばに至らず、吏民ともに不正に陥ってついに中廃するでありましょう。これが成就しないゆえんであります。」

「では、成就すべき道はどうか。」

「何年という年限を予定せず、百年かかっても出来上がったときを期限とし、経費を限定せず、成功の時までに要した金額を経費の限度とし、いったん事を発してから、たとい何百年かかり何百万両の金を費すとしても、完成すればよいのだとして、悠々然《ゆうゆうぜん》として速くしようと焦《あせ》らず、そうかといって工事を怠らず、連々綿々と継続して力を尽すならば、成業の時期が来ないとは言えません。これが大業成就の道であります。けれどもこれを行うには前後の順序があります。もし先にすべきことを後にし、後にすべきことを先にしたならば、やはり成就はおぼつかないのです。」

「その、先にすることとは何か。」

「万民を撫育することであります。」

「では、あとにすることとは何か。」

「すなわち印旛沼の掘り割りであります。」

上司はあきれて言った。

「いま現にその事をたずねているのである。どうして万民撫育の事などを先にするのか。それは別の事であって、この事業に関係はない。」

先生は答えた。

「六里の新川を掘り通し、万世の利益を開こうとすることは、まことに大業であります。この大業を成就するには誰の力によるのでしょうか。どうしても民衆を使役してその筋骨の労を尽させなければ、ほかに成就すべき道がないことは明らかであります。いま近辺諸国の民を見ますのに、太平の恩沢に浴して自然と奢侈《しゃし》怠惰に流れ、窮乏を免れておりません。貧窮すればその心は利欲に走って義を忘れます。この民を使ってこの工事を起すならば、用財を取ることを先にして筋骨の労を後にするでしょう。してみれば金は多く費えて事は成りがたいのです。ところが、もし上《かみ》が大仁を布《し》いて民衆の困苦する原因を除き、その生養を安んじさせたならば、百姓は大いに喜んで大恩を感じ、子孫に至るまで報恩の志を抱《いだ》くでありましょう。このときに当って、報恩の志がある者はこの工事に力を用いよと令達したならば、百姓は老幼となく一身の労苦を忘れ感泣してこれに力を尽し、互に尽力の足らぬことを恥とするでしょう。万人が一心となり、労苦を忘れ報恩を心とするときは、真心が内に満ちて分外の力があらわれるものです。万民が誠意を主とするときは、たとい山を抜き石をうがってでも成就しないでは置きません。このようにしたならば、この大業の成就は迂遠《うえん》のように見えて、実はかえってすみやかでありましょう。なぜならば、根本をしっかり養ったならば、枝葉の繁栄はその中にあるようなものだからであります。以上の意味から、前後の順序によって大業の成就・不成就があると申すのであります。」

その後この趣旨を拡充して見込書二巻を作ったが、時期が遅れたため提出しなかった。人はその書類の上司に達しなかったことを惜しんだという。

補注　十月十七日、勘定奉行梶野《かじの》土佐守を長とする利根川分水路調査設計班に編入された先生は、二十一日、馬加で本隊に合流、検見川《けみがわ》（千葉市内）―平戸（八千代市内）の予定線を視察した。高台・花島の両地区（千葉市内）では代官篠田藤四郎が試し掘りをしたが、花島の軟弱地帯は極度の難工事が予想され、組頭立田岩太郎以下の技術陣は確信が持てずに悩んでいた。そこで先生は、報徳仕法でやれば必ずできると進言したところ、詳しく知りたいとのことで、趣法帳一冊を写して差し出した。

本隊は十一月三日に引き揚げたが、先生は同僚二名と共に別命を受け、手賀沼―印旛沼間の測量調査をした上、印旛沼を一周して水害地の惨状にも触れ、十一月十五日に帰府された。江戸では慎重派の立田が退けられて急進派の篠田が実権を握り、その手で報告書が作られたから、先生が意見を述べる余地はなかったが、先生独自の復命書は、同僚宮本鉄次郎の懇望で、十二月二日に手渡された。

この復命書は、本文に「見込書二巻」とあるように二部に分かれる。第一部は恵民無限・工事無尽の方途を雛形で示したもので、幕府の予定した一四万両の資金のうち、四万両を最初六年間の工費に均分充当し、一〇万両を沿道農村の復興のため無利五箇年賦で繰り返し貸し付け、年々の冥加金《みょうがきん》（年賦償還後、謝恩の意味で一箇年分納入する）を七年次以降の工費にあてることにすれば、二〇年目には工費総計は一四万両を越え、なお運転中の資金が一〇万両あって、無限の継続が可能だとするのである。第二部は、五項目に及ぶ卓抜な技術的所見を述べると共に、本工事の見通しがつくまで数年間の試し掘りを、先生自身の手で、各地の報徳米金をもって実施したいと熱望したものである。

しかし前記の事情で、この復命書は幕閣に達しなかった。平戸から検見川まで九、六〇〇間、底幅一〇間の大分水路は、老中水野忠邦の命で翌天保十四年七月、沼津・庄内・鳥取・貝渕・秋月の五藩に割り当てて着工、毎日五万人を使役し経費二五万両を投じて強行されたが、水野の失脚で十月に中止され、ついに成功しなかった。篠田も収賄の罪で罰せられた。

九、大生郷村《おおのごう》の再復につき良策を献ずる

天保十四年（一八四三）春、幕府は直領地たる下総《しもうさ》の国大生郷村《おおのごう》（茨城県水海道《みつかいどう》市大生郷町）の荒地を開き、貧民を安んじ、一村を再興する道を献策せよと先生に命じた。先生はただちにこの村におもむいて検分したところ、人民は極貧で田畑は原野に帰し、民家は破壊し、衣食は乏しくて、平年でもなお飢餓の色があった。先生は愁然として、

「今は陽春温暖の時候であるのに、この村に臨み、村民の困苦を見ていると、身内がぞくぞくして、厳寒に歩いているような気がする。彼らもやはり天下の民であるのに、どうしてこれほどまで貧困になったのであろう。」

と嘆じ、戸ごとに艱苦の緩急を察して、手ずから金を与えてその急迫を救った。村民は涙を流し、拝伏して恩を感謝した。

村の名主を久馬《きゅうま》と言った。欲の深いたちで、下民に利息二割の金を貸して、その利息をし

ぼり、償うことができない者からは田畑を取り上げて、おのれの家の田とした。それゆえ村民はいよいよ衰弱・流亡して、ついに極窮に迫ったのであった。先生はその衰弊の本を考え、再盛の道を思慮して、江戸に帰って再復永安の仕法を立案し、これを上司に復命した。上司はその道の仁術であることを察し、発業を命じようとした。そのとき所轄の代官が何事か建言したため、ついにこの事は中止になった。後日その事情を聞いたところでは、名主の久馬は数年来はなはだしい私曲を行っており、一人の名主のために一村の罪もない人民がそれほどの極窮困苦に陥っていた。しかるに彼は、先生の仕法が行われたならば、自分が私曲をたくましくすることができなくなり、一身の不利になるであろうと恐れて、ひそかに賄賂《わいろ》を使い、策略を設けて道を塞《ふさ》いだのであるという。

のち数年を経て、某年（嘉永《かえい》三年＝一八四七）に至り、時の代官の小林某（藤之助）がこのことを聞いて、一村が廃亡することを憂い、村民に先生の良法の趣をさとし、幕府に請うて再復の仕法を先生に委任した。先生はやむをえずその要請に応じてついに仕法を施し、数百両を投じて貧民を撫育し、廃田を開き、家屋を修理し、再盛の道を行った。村民は大いに喜んで、始めて生養の道を得たと言い合った。ところが名主は、再び姦計《かんけい》をめぐらして村民をたぶらかし、代官所の下役に賄賂をして、ついに良法を破り、私曲をほしいままにした。ここにおいて仕法はそのために中廃した。村の良民は大いにこれを嘆き、身命をも顧みず、しばしば幕府に事情を訴えて、仕法の道を再発するよう請願した。けれども順序を経ないで直訴《じきそ》したため、幕府はこれを代官に下げ渡した。代官は下役のためにすっかり惑わされ、良民を叱《しか》りつけてこれを退け、ついに再興の道を廃止したから、以後は名主ひとり、邪悪貪欲《どんよく》の行為をもっぱらにすることができた。時の人は村民を哀れみ名主の奸悪《かんあく》を憎み、良法の中廃を惜しまないものはなかった。

補注　大生郷村は高一、〇三四石余、田が三八町余、畑が一一六町余、最盛時には一九七戸あったものが九八戸に減り、そのうち一二戸は退転、二〇戸は当時不在で便所さえなく、極難二九戸、中難二二戸、無難はわずか一五戸であり、田の六割は荒れ果てていた。先生は天保十三年暮に命令を受け、十四年一月下旬実地検分をして、勘定所に復命書を提出した。その内容は、自力復興を原則とするが、幕府から仕法金二五〇両の下付を受け、七箇年で中難以下の者の生活を取り直すことができるというのであった。ところがこの二五〇両の仕法金の出所がなく、その上久馬は村内外千石余に及ぶ資産家であったが、先生に協力せず、村民から非難されていた。このようにしてそれは沙汰《さた》やみとなった。

嘉永三年には困窮はさらにひどくなっていた。先生は当時真岡代官所勤務であったが、小林が所要の手続を経て要請したので再び仕法を立案された。それによれば、（一）最近三〇年平均収納の二割引、又は最近一〇年平均の一割引を分度とするか、（二）二、〇一九両ほど仕法金を交付するか、（三）以降三〇年間租税を二割引として交付金なしにするか、によって仕法の財源を確保しようとしたのであるが、これに対する指令が到達せず、先生はやむをえず約二三七両の自費を支出して、急を要する屋根替え、開墾等を行わせたが、その後も当路に熱意がなく、先生も日光仕法にいそがしくなって、ついに続行されなかった。

十、仕法雛形《ひながた》の作成

天保十四年（一八四三）七月、先生は奥州小名浜《おなはま》（福島県いわき市小名浜）・野州真岡《もうか》・同じく東郷《ひがしごう》（共に栃木県真岡市の内）の三つの代官所の属吏に任ぜられ、野州真岡の陣屋に行って、多くの属吏と共に雑居するようになった。命令を受けた際は、

「代官は郡村を治めて民を安撫《あんぶ》する官職である。これの属吏となれば、旧来辛苦してきた仕法を郡村に及ぼして、万民を安んずることができよう。そうなれば道が世に行われることも困難でない。」

と考えたのであったが、真岡に来てみると、「仕法は新法であって古来の規則に符合しない。代官以下の独断でこれを行うことはできない。」ということで、むなしく歳月を送るほかはなかった。先生は大いにこれを憂えたが、どうすることもできなかった。ところが某月（翌弘化元年＝一八四四、四月）に至り、江戸に出るよう命令があった。出府してみると、

「日光神廟《しんびょう》の祭田が多年荒地となって、人民もはなはだ困窮しておる。すみやかに同地におもむいて検分し、これを再興し諸民を安撫する方策を進言せよ。」

と命ぜられた。先生は命令を受けて、その場で申し述べた。

「およそ天下の荒地は大同小異であって、再復の道においては何の区別もありません。また人

民が弊風に漂《ただよ》い貧苦に陥る実情に至っては、いずれの国でも異なるはずがありません。それゆえ、現地に臨んで検分しなければわからぬというものではありませんから、当地にいるままでその再復の策を献じてはいかがでしょうか。」

上司は言った。

「理屈はまさにそうかも知れないが、現地に臨んで事実を述べるのが常則である。それゆえ一度検分を遂げて、それから言上せよ。」

先生は言った。

「あえて御命令にそむくわけではありません、早速出張いたします。しかし私の申すことも理由がないのではありません。かの地に至って再興の道を論究したならば、かの地に即してその原理方法を説明することになりましょう。そうすれば、陳述するところはわずか同地だけの事に止《とど》まって、広く再復の道に該当させることができません。これに反し、いま現地を見ずに再復のあらゆる方途を全備させたならば、それによって天下に起し返せぬ荒地はなく、天下に困窮を除き得ぬ民はないことになりましょう。そうすれば、一度ここにその方策を進言すれば原理方法はそれに述べ尽すわけで、再三の命令をわずらわさずにすみ、よろしいではありませんか。昨年下総《しもうさ》の国の大生郷《おおのごう》村再復の方途を復命いたしましたが、その原理に至っては、仮に世界万国の再興の方途としても、これに加えるものはないのであります。けれども一村検分の結果として言上しましたので、一村だけの事にとどまり、今回再び日光の村々再盛の事について御命令になりました。後年また他の荒地を起し貧民を恵む計画をお立てになるときは、これもその法則となるわけには行きません。いま、私の意中にあるところを尽して、民間再盛安撫の道を漏れなく進言し、それがもし御採用にならなければ、たとい実地に臨んで結果を言上しても、何のかいがありましょう。もしそれでよいとあって、日光に適用せられましたならば、四海の地はみなことごとく同様に用いられるでありましょう。このような理由から、現地を見ずに再興成就の道を進言したいと願うだけのことであります。」

　ここにおいて上司はこれを許可した。先生は門下を集めて、

「およそ日光という土地は、東照公鎮座の場所であって、村々は皆その祭田である。この地を再復し、この民を安んずる方策を命ぜられたことは、実に仕法の幸いではないか。それゆえ私が積年丹誠して来た仕法の道をことごとく筆記して提出しよう。この書類が一たび全備したならば、たとい道が行われないとしても、仕法の仕法たるゆえんは万世までも決して腐朽することはない。孔子は一生涯《しょうがい》道を行うことができなかったが、その著書は永世に朽ちず、道は今に至ってますます明らかである。諸子はこれに努力してもらいたい。」

　とさとした。それからは、従前依頼されていた諸侯領村の仕法指導をことわり、来客は面会を謝絶し、夜を日に継いで述作し、ちょっとした短文を書くにも数日の思慮をつくし、数十度

の添削を加えて、始めて可とした。実に千辛万苦の力を尽し、肺肝を砕いたのであって、無限の誠意というべきである。このように研究の労を尽すこと三年で、なお、脱稿しなかった。門人は往々、時機に遅れてはと恐れ、先生に言ってみたが、先生は研究の足らないことは心配しても、遅れることは心配しなかった。時に真岡の代官鈴木某（源内）が公用で江戸に出て来て、先生に「早く書類を差し出すがよい」と忠告した。先生は「まだ完備していないから」と言った。代官はこのことを上司の耳に入れた。上司は「完備せずともよいから早く差し出せ」と命じた。先生はやむをえず、徹夜不眠で心力を尽し、ついに数十巻としてこれを幕府に提出した（弘化三年＝一八四六、六月）。

しかしこの時になると、はじめ命じた時の閣老以下はすでに転勤になっており、そのため発業の命令が下らずに、いたずらに歳月が流れた。門人その他に至るまで、実地の仕法が行われないことを嘆息したのであった。当時、諸侯の領内再興の指導を中止することすでに三年で、そのため小田原領を始めとして往々中廃に至ったものが少なくなかった。こののち、仕法依頼の人々は、この日光再復の仕法書に法《のっと》って、郡村を再興することを請うた。先生は、「幕府に提出してまだ可否の沙汰《さた》がないから、勝手にこれを写して使うことはできない」と言った。そこで彼らはこの旨を幕府に請うた。幕府はこれを許可したので、これから段々に道を行うことができるようになった。

補注　先生の身分は「御勘定所附《ごかんじょうしょづき》御料所陣屋手附《てつき》」すなわち幕府直領地のうち、勘定奉行の所管たる小名浜・真岡・東郷の三つの代官所の属吏であって、勤務地は一定せず、用務も特定しなかった。先生は無為に過ごすことを嘆かれて、天保十四年十二月、「勤め方住居窺《うかが》い奉り候書付《かきつけ》」と題する長文の書面を上司に提出した。これは、先生の自叙伝というべきものであって、幼少以来の困苦体験に基く方法により、桜町以下諸領諸村に施した仕法の実績を述べ、――直料地内においてこのような仕法の実施を命じてもらいたい。さもなければ、諸侯私領地の仕法を継続したい。それが不可ならば、それらの仕法金を引き上げて幕府の貸付所に預け、その金利だけを受けて桜町の永安を計りたい。それもいけないならば、天下どのような荒廃地・未開地でもよいから下付を受けて開発したい。――と伺いを立てたものであった。

　これによって弘化元年四月五日、「日光御神領村々荒地見分《けんぶん》致し、起し返し方仕法づけ見込みの趣、委細申し上ぐべく候」との命令が下った。当局は数日でできる程度の簡単な見込み書を作らせるつもりであったが、先生はついに二年三箇月、不眠不休の努力を続けて、八六巻（簡約して六二巻）に及ぶ、ぼう大な「日光御神領村々荒地起返方《おこしかえしかた》仕法附雛形《しほうづけひながた》」を完成された。その内容は、概説一、目録一、「百行勤惰得失先見雛形」（実質的には複利積立法）六、荒地開発法二四、無利息貸付金法四二、仕法入用書六、日掛縄索法六、合計八四冊であって、幕府に献納された六二冊は、無利息貸付金法のうちから二四冊を保留したものである。

　仕法雛形の作成は、最初、日本橋本石町の旅宿で行われたが、追々従事者がふえたため、七月六日、芝・田町五丁目の海津《かいづ》伝兵衛の隠宅を借りて移転した。ところが翌弘化二年正月二十四日の大火により延焼し、書類の大部分は搬出したが、衣服調度等一切を焼失した。この際の随従者は子息弥太郎・富田高慶・菅谷八郎右衛門・衣笠兵太夫はじめ総計二一人である。二月に至り、宇津家邸内の稽古《けいこ》場を増築して移転し、面会謝絶の厳重な掲示をして作業に専念し、書簡さえ開封せずに置くことが多かった。

六〇年・一八〇年という仕法年限の表示には神代以来の実年暦を用い、人名は「いろは」を冠する実在的な人名を使用し、一点の重複・遺漏もない。計数は数十桁《けた》に達し、そろばん三丁を合わせ用いたという。こうした綿密ぼう大な作業に不眠不休の態勢であったため、高慶や弥太郎はたびたび健康を害し、先生さえ風邪にかかる有様であったが、弘化二年の五月には最初の一八冊、六月には一四冊を完成して当局に内覧のため差し出し、翌三年六月二十八日、全六二冊を提出する運びに至ったのである。

報徳記　巻八

一、真岡代官山内《やまのうち》総左衛門の配下となる

野州真岡《もうか》は土地が瘠薄《せきはく》で原野が多く、百姓は衰貧で農業を怠り、天明四年と七年（一七八四、八七）の凶荒後は戸数が大いに減じて田畑は荒れ果て、人民の離散は年ごとにはなはだしくなり、残った者も赤貧に苦しんで、生れた赤子を殺すのを常とするまでになった。寛政年間（一七八九―一八〇〇）に幕府は大いにこれを哀れんで、多数の中から竹垣某（三右衛門直温か）を選んで同所の代官とし、荒地を開き窮民を撫育して赤子殺しの悲惨を除かせ、すこぶる仁恵のまつりごとが行われた。竹垣は移民を招いて戸数を増加し、恩沢を施して赤子を育てさせ、土地を開き、悪弊を除いたけれども、多年の衰廃であるから中々復興することはできなかった。その後転勤になって、ついにその成功を見るに至らなかった。

天保十四年（一八四三）、幕府は評議して昔の恵民のまつりごとを復活させようとし、新たに奥州小名浜《おなはま》・野州東郷《ひがしごう》・同真岡の三代官に命じて、先生をその配下とした。しかし良法発業の運びに至らないで歳月が過ぎた。

弘化四年（一八四七）、東郷の（前）代官某（鈴木源内）が建議するところがあり、幕府はこれによって小名浜と東郷の両代官を転任させ、真岡と東郷との管轄地六万石を合わせて東郷の代官（であった山内《やまのうち》総左衛門）に任じ（て真岡在勤を命じ）、先生を再びその配下とした（五月）。ここにおいて山内代官は、民間撫育・村々再復の事業を起そうとして先生と相談した。ほかの属吏

は古来の法規をたてに取って賛成しなかったが、代官は先生に命じて荒地開墾の事業を行わせた。先生は東郷村の廃田若干と、桑野川村（二宮町桑ノ川。桜町の西南一里）で新田五町歩とを開き、村民はこれをすこぶる恩に感じた。そしてこの費用は官費に出所がなかったので、みな先生が自財を投じて完成したのであった（嘉永元年＝一八四八、三月）。

属吏たちはこれを見て、ひそかに語り合い、

「今度代官は二宮に命じて我々の知らぬうちに廃田を開かせ、また新田を開かせた。この調子では、どのような後難があるかも知れない。いま身を引いたほうが賢い。」

として、全員そろって辞職を願い出た。代官は愕然《がくぜん》と驚いて言った。

「開田のことは拙者の意思ではない。二宮が一人で勝手にした行為である。拙者が大いに彼を戒め、今後このようなことがないようにさせよう。各方《おの〳〵がた》決して心配はいらぬ。」

そこで先生を役所に招いて、満座の中で声を荒立てて言った。

「二宮、貴公が開墾をしたのは誰の命令によったのか。拙者は関知しておらぬ。また手附《てつき》（代官所勤務）の面々も皆あずかり知らない。およそ天下の土地は興廃ともに規則があって、決して官許を得ずに開くことはできないのである。もしこれが江戸に聞えておとがめがあったならば、貴公だけの罪ではすまぬ。しかるに一己の所存で開墾したのは何の理由があるのか。つぶさに返答せよ。」

先生は早くもその意中を察して心にこう考えた。――

「もしここで、『この開田は代官が自分に命じて開かせたものである。しかるに今になってこれを関知しないとは何事であるか。』と言ったならば、代官は到底しばらくもこの職にとどまってはいられまい。自分が多年心を尽して来たのは、諸人の憂いを除き永安の道を興そうということだけであって、代官の罪をあばく気持はない。この場はみずから罪を引き受けて、彼を無事にさせてやろう。」

そこで従容《しょうよう》として答えた。

「それはほかでもありませんが、私は官界のことについては法令も規則もまだ熟知しておりません。そこでひそかに考えましたのは、――御配下に入って以来、非才のため同僚の勤務するように勉励することができず、むなしく歳月を送り、禄盗人《ろくぬすびと》の罪にあたりはせぬかと深く恐れておる。ところで自分は積年、荒地を起し人民を撫育し、これを安んずることを仕事として来た。いま眼の前に荒地があり貧民がある。自財を投げ出してこれを開き、恵んだならば、勤務の一端にも当り、少しは禄盗人の罪を償うことにもなろうか。――と、こう思いまして、人民の願いに応じたのです。前もってこのことをお耳に入れ、可否の裁決を待たなかったのは私の罪であります。もし、よんどころなく、おとがめがありましたならば、私一人で引き受けるだけのこと、これはもとより願うところであります。また、開発地を廃棄したほうがよろしければ、すみやかにこれを荒地にもどし、用水堀を掘ったものも、埋めるだけのことです。開発するには非常な努力がいりますが、荒れさせる段になればはなはだ容易で、一日の手間もかかりません。どちらでも代官のお考え通りにいたします。」

代官はますます怒って、

「開発したものをすぐに荒れさせるわけには行かぬ。江戸に申し出て指揮を待つほかはない。今後拙者が命じないことは決して手を下してはならぬ。」

と言った。先生は引きさがって嘆息し、——

「こうなっては、もはや是非もない。仕法の道も行き詰まった。代官は初め私に荒地開墾と新田開発の仕事を命じた。私は、『土地に関しては、官には古来の定則があると聞いています。みだりに手を下せば後日の憂いがありましょう。御配慮下さい。』と言った。ところが代官は、『拙者は江戸で、すでにこの事を言上し、委任の命令もあった。貴下が事業を開始するのは拙者が権限でさせるのである。もし異論があったならば拙者が一身に責任を負おう。心配はいらない。貴下はただ力を尽して事を成就されよ。拙者からこれを頼む。』と言った。それゆえ、やむをえず、数箇月の間辛苦を尽し、自財を投じ、多数の人夫の力を費して、多くの開田をした。これは下《しも》人民のためであると共に、代官のためではなかったか。しかるに下役人の言葉に驚いて、これをさとすことができず、また自分で責任をとることができずに、にわかに昔の約束を変じて、自分はそんなことは知らぬと言い、私が勝手な一存で開墾をしたと、列座の中で叱責《しっせき》して、自分で自分の心を欺き、のほほんとして恥じる色がない。普通の人情では到底できないところだ。

私はもとより善は人に推し譲り、他人の過失は自分に引き取るのを本意としているから、まだよいが、彼がもしこのような言葉でほかの人に当ったならば、たちどころに身の進退を失うであろう。この人と共に大道を行うことができないことは、この一事だけでも知れる。けれども、いま私が身を引いたならば、従来諸方の人民が衰弊再復の道を求め、事が半ばにも達しておらず、安危の運命を私一人にかけている。それゆえ私が身を引いたならば道も中廃するであろう。道が中廃したならば、幾万の人民が途方に暮れ、いつになっても安堵《あんど》の折がなくなる。私は到底これを棄てるに忍びない。だから私は、たとい今道が行われなくても、この連中と共に愚を守って、歳月を送らねばなるまい。」

と、慨然として痛嘆の面持ちがあった。従者はみな力を落して愁嘆煩悶に堪えず、測り知れぬ青海原のような、先生の広大な度量に感嘆したのであった。

当時先生の官舎はなかった。代官はこれを設けようとせず、役所のそばにあった神宮寺という破《や》れ寺に住まわせた。これは数年無住のため大破に及び、風雨をささえることができなかった。時はすでに厳冬になり、寒夜、膚《はだえ》は凛然《りんぜん》と冷え凍えた。先生以下、人を（南方一里余の）桜町に走らせて、なべかまを持って来させ、わずかに飯をたき、みそをなめて食事をすますだけであった。従者は（皆）すこぶる困苦の色があった。先生は泰然としてここに安居し、治国安民の道を説き門人を教諭して、少しも艱難を憂える気持がなかった。ただ三十年来千辛万苦を尽して四方の民を救助する道を講じて来たのに、半途にも至らぬうちに進退すでに窮まり、庶民が再び極難困苦に陥るであろうことを日夜悲嘆したのであった。

下館藩の衣笠某（兵太夫）が国事をたずねに先生のもとに来たとき（嘉永元年＝一八四八）、この破れ寺を見て大息し、役所に行って代官に会って言った。

「二宮氏は元来艱難を常とし、一身を苦しめて諸人の憂いを除きこれを安撫することを心としていますから、決して今に至って一身の困苦を憂えることはありません。けれども彼は賢者であります。代官はどうしてこれを冷遇なさるのですか。いまその住居を見て来ましたが、こわれた空《あ》き寺であって、風雨雪霜を防ぐに足りません。寒風は座を払い、雪や霜が頭上に降る有様です。二宮氏にとってこの寺を修理することは難事ではありません。しかし幼時から老年に至るまで、もっぱら民衆の艱難を憂いとして、一家の経営を念としなかった彼のことです。いま貴殿の命令によって破れ寺におり、困苦しながらもこれを補修しようとしないのは、代官の命令を重んずるためです。二宮氏は老年とは言え生来強壮で病気をしたことがありませんから、この寒気に触れても、一身は無事かも知れませんが、門人に至っては、ついにこれがために疾病にかかるおそれがあります。代官の御所存は他人には分かりませんが、恐らくは賢者を遇せられる道において万全ではないように思われます。拙者は二宮氏の指導を多年受けているので、愚意を申し述べた次第です。御配慮下さい。」

代官は心中はなはだ怒ったが、当然の道理であるので、憤怒を忍んで答えた。

「貴殿に今さら言われなくとも、拙者はよく承知しております。陣屋のうちに、これ以外に住宅がないので、新しく作るつもりであり、二宮を空き寺に居させるのも暫時のことですが、私の意中を勝手に推測して二宮があの寺を補修しないのは間違いです。拙者は何も彼自身であれを繕うことを禁じた覚えはありません。」

衣笠は引きさがって、先生に寺の修理を勧めた。先生は許さなかった。ところが代官は、にわかに先生を呼んだ。先生が行ってみると、代官は大いに怒って、

「先刻衣笠が来て、貴公をこわれた寺に居させるのは拙者の処置の失当だと言った。彼はもとより陪臣であり、天下の事に関与する資格はない。しかるにこのような言を拙者に向かって述べるのは、身分をわきまえぬものではないか。拙者の処置は拙者に思うところがあってのことだ。陪臣の指図を受けるいわれはない。以後このような失言を発するではないと、貴公から彼をさとして置くがいい。拙者が直接そう言って衣笠を戒めたならば彼の一身の立つ瀬がなかろうと哀れみ、貴公から言わせるのだ。」

と言った。その意中は、先生が衣笠を使って艱苦を訴えさせたのだと疑い、先生に怒言を浴びせたのであった。先生は従容として言った。

「私は空き寺に居ても決して艱難なことはありません。およそ貧民の生活を見れば、住いは雨露をささえることができず、かすのような食物さえ満足に食えず、衣類も身をおおうに足らないで、飢寒に苦しみ、安らかに生活できぬ者が数知れずあります。これを救助しようと思いながら、その方策を尽すことができないのが憂いであります。しかるに私は、扶持《ふち》の米を賜わり、飽食暖衣しております。破れ寺と申しても大破というほどではなく、決して雨露がしのげぬことはありません。もし風雨をささえることができないほどであれば、何も代官を煩わさず、自分で繕うのに造作《ぞうさ》はありません。衣笠という男は善良柔和なたちで、思慮が浅いため、偶然破れ寺を見て、仔細《しさい》もたずねず、代官に向かって失言を申したのでしょう。私が立ち帰ったならば、再び失言などせぬよう言い聞かせます。どうか御心配なく。」

代官は言った。

「拙者は上《かみ》は幕府のため下《しも》は人民のために貴下の仕法を開き、この国の荒地を開墾し困窮民を撫育しようと多年考えて来た。しかるに私領とは異なり、公料の制度・法則は微細に備わっており、仕法はその範囲でなくて新法であるため、実行することができない。しいて行おうとすれば属吏がみな従わない。江戸に具申して指示を請うているが、これまた何のお沙汰《さた》もない。

貴下はこの間に立って手を空《むな》しくしているよりは、むしろ退いて以前のように私領の民を安んじたほうがよいではないか。拙者は幕府に上申しようと思う。——二宮の道は良法ではあるが、私領に行わるべきものであって公料には行い得ない。彼を小田原の旧主にもどされるならば、私領のためには幸いであり、幕府としても無用の人間を扶持せられることがなく、両全の道であろう。——と。これよりほかに策がないと思うが、貴下の意向はどうか。」

先生は、

「私一身の進退については、私として何の意向もありません。もっぱら代官のお指図に従いましょう。」

と言って、引きさがって衣笠にくわしく告げた。衣笠は大いに怒って、

「代官は読書人で少しは道を知っているものと思っていました。拙者がさきほど言ったのは当方のためではなく、実に代官のためを思って一言したのでした。しかるにそれを陪臣の失言だとして怒り、先生を呼んでそのようなけしからぬ言葉を発するとは。拙者は二度とそのような男には会いません。」

と言い、ただちに下館に帰った。先生は、

「代官がこの道を行うことのできぬ道と誤信して幕府に訴えたならば、万事終りである。いまさら何を論じ、何を憂えることがあろう。まことに天命ではないか。」

と慨嘆した。

従者のうちの某（高慶自身であろう）はこれを聞いて切歯し、ただちに代官のもとに行って面会を請うた。代官は出てこれに会った。従者は言った。

「幕府が二宮を貴殿の配下とさせたことは、尋常のことではありますまい。この道によってこの民を救わんがためでありましょう。それから数年たちますのに、まだ実行できぬのでありますか。」

代官は言った。

「拙者はもとより二宮の道を信じていた。この道を民間に施すならば上下の有益は少なくないと思っていた。しかるにこの地に臨み、これを施そうとする段になって分かったことは、古来の法則が確定しておって、いささかでも規則にたがえば、祖法を犯す罪になる。ゆえに良法ではあるが、新法であるため行うことができないのだ。二宮は小田原の家臣であったとき、諸侯の領内大小数箇所に仕法を施して、すこぶる効果をあげた。これから見れば、仕法は私領に行うべきであって公料には行われ難いものなのである。現在のようにして歳月を送っていたならば、私領にも行うことができず、空《むな》しく廃絶するであろう。拙者は今度江戸に上申しようと思う。それは、――二宮の道は私領には有益であるが公領に至っては規則に触れて行うことができない。してみれば二宮を抱《かか》えておっても公領に益がないばかりか、私領の益も空しくなろう。願わくは小田原の旧主に返して私領の人民を撫育せしめられたならば、公儀に損はなく、私領には益がある。すみやかにお戻《もど》しになられよ。——と上申するのだ。そうすれば二宮の無益な心労も始めて休まるであろう。これが、拙者がやむをえず考慮しているところなのだ。」

　従者は言った。

「そのお言葉は私どもには了解できません。およそ道は一つであります。公領に行うことのできぬ道ならば、私領にどうして行うことができましょう。私領に大益のある道ならば、どうして公領だけに益のないことがありましょう。いま貴殿は、公料には規則がある、それゆえ新法は良いものではあるが行われない、と仰せになりました。拙者は公領の規則は存じません。しかし私領にだけ規則法度《ほうど》がないわけではありません。私領とは申せ同じ天下の土地であります。政令・法度・規則なしにどうして一日もその国を治めることができましょう。公領・私領の規則は同じではありませんが大同小異であって、どうして雲泥《うんでい》の差のように趣を異にするはずがありましょう。

　およそ国を治め民を安んずるということが、制度法令の本であると存じます。百千の私領は、みな幕府の制度法令を本として、これに倣《なら》ってその国を治めております。二宮の仕法が幕府の規則に触れて行われ難いならば、どうして私領の規則にだけ触れない道理がありましょう。そして、従来私領に行ったことは数えるいとまがないくらいでありますが、いまだかつて私領の規則を変じてそれからこの道を施したということはありません。旧来の法度・制令は依然としてことごとく欠けるところはなく、仕法はその間に盛んに行われて、荒地を開き米穀財貨を生じ、善人を賞し貧困者を救助し、国家を自然に豊富に導き、万民を安んじて永安の道を立て、ここにおいて始めて古来の法度・規則の欠点をも補って、ついに国政を仁政に帰せしめるというのが、これが仕法の良法たるゆえんであります。その国によって万一法度に多少触れることがあれば、法度は動かさずに仕法を折衷し、その時処位に従って機宜を制して来ました。これこそ仁術であって、その術が尽きることなく諸国に行われ、成功してきたゆえんであります。御代官がこの地に赴任せられて以来、二宮に任せて道を行わせ、それが不可であることを見てのち行われ難いと仰せになるならば、私どもは決して一言をも発しません。まだその道を行っても見ずに、どういう根拠から、果して行われないことを御承知になったのですか。」

代官は言った。

「東郷の開田と桑野川の新開とで試みた。それによって行われないことがわかった。」

「開墾の一事だけで、どうして仕法の仁術全体を見るに足りましょう。およそ仕法という道は、恩沢をもって恵み、あらゆる廃地を起し絶家を継がせ、禍を福に転じ、貧弱な国を振起して富強とし、民の苦悩するところを除いて安息するところのものを与え、惰風を改め汚風を去り、人道を教え農業出精を指導し、奢侈《しゃし》を戒め節倹を示し、五倫の道を正しくして、君恩の無量なことを知らしめ、永く貧困離散の憂いがないようにさせることを大要としております。これらの道はまだ二宮によって施されておりません。どうして一片の開墾によって道の行われぬことが分かったと言われましょうか。

その上貴殿は、先年まだこの地への命令をお受けにならぬころ草野某（正辰）と約束して、――自分は二宮の良法によって国家の有益を開き、下百姓《しも》を安んじようと思う。それゆえ公料にこの道を開いて二宮の力を伸張せしめることについては、自分が必ず尽力しよう。――と言われました。草野氏は道のために喜び、心から御代官の忠誠を感嘆し、大道を公領に行うことについて貴殿に期待し、その開業を待望しておりました。これは貴殿みずから、約束されたことではありませんか。今は草野氏は泉下の客となってしまいましたが、眼前今日のお言葉を聞いたたならば何と言うことでしょうか。貴殿のことを、故旧を忘れぬ信義に厚い者と思いますかどうか、私どもの知ったことではございませんが。

それからまた、もしこの道が公領に行うことができぬ旨を幕府に上申せられましたならば、貴殿のその一言によって道の廃棄がここに決すること疑いありません。なぜならば、先年貴殿が二宮の道を試みようと上申せられ、それで幕府は貴殿に仕法の試業を命ぜられました。実際はまだ試業に至らないでも、幕府の試みは貴殿の一身に任されてあるのでありますから、数年も年を経た今日、貴殿が、行うことのできぬ道であると言われたならば、誰がまだ試みずに上申したものと考えるでしょうか。してみればその一言は行われぬということの確証となるでありましょう。貴殿がこの道を試みずに、行われない道ときめてしまわれることは、決して多くの人の望むところではありますまい。もし二宮が当初から代官の属吏でなく、独立しておりましたならば、どうして畢生《ひっせい》の艱難誠意を尽した仕法が空しく廃棄に至ることがありましょう。初めには貴殿の賢明な意思によって道の開けることを望み、今は貴殿の一言によって道のすたれることを悲しんでおります。始めと終りと、どうしてこうも違うのでございましょう。これが、私どもの大いに貴殿に対して失望せざるを得ない理由であります。少しは御考慮下さい。」

代官は顔色を変えて言った。

「拙者が上申しようとするのは、二宮の道を廃棄しようとしてのことではない。公料に行われずに日を送っておったならば、従来丹誠して施行して来た私領の仕法までも共にすたれるであろうことを憂い、小田原に帰って十分行うことができたならば、二宮も安心ができ、公益も少くないと考えればこそ、このことを建言しようとしているのである。しかるに貴下が、仕法の道は拙者の一言によって廃棄になると言うのは何事であるか。」

従者は言った。

「貴殿が一たび上申せられれば、ただちに道が廃せられること疑いありません。どうしてかと言えば、二宮が幼年の時から万苦を尽して行って来た仕法が良法であるからこそ、幕府がこれを召して臣下とされたのではありませんか。彼は生来万民撫育の道に力を尽して来て、ほかに才芸があるわけではありません。仕法をよそにして召されたとあれば、何のために召されたのですか。どうしても、仕法の道が良善であるために相違ありません。遠近の私領の者は、みな登用なされたことを喜び、公領に広く行われんことを久しく望んでおります。これは公料に行われた余光を仰いで、自領再復の宿志を達せんがためであります。しかるに今、公料に行うべからざる道であるとして旧主小田原侯へお戻しになったならば、天下の諸侯のうち、誰が公料に行われ難い仕法を行うものでしょうか。たとい禁止になったのではないとしても、公儀に倣《なら》うのは私領の常であり、必ず忌みはばかるところがあって行い得ないのも、また人情の常ではありますまいか。

それればかりでなく、小田原においてはすでに仕法を廃止し、二宮の往返をも禁じております。このような小田原に帰って、どこに仕法を施すことができましょう。これは貴殿が明らかに御存知のところであります。たとい諸侯が、公料に行われぬことを気にかけず、自国を興復しようと望んでも、二宮はどうしてその求めに応じて以前のように仕法を行いましょうか。一日でも幕府の禄をはみ、君臣の義を守った者が、その道によって公領の民を安んずることができず、退官して私領に道を行って、どの君主に報じようとするのでしょう。これは常人でもなし得ぬところ、まして誠心誠意の二宮においては、もとよりであります。いやしくも小田原に帰れとの命令を受けましたならば、断然仕法の道を廃して深山幽谷《ゆうこく》の人となり、世の交りを絶つであろうこと疑いありません。以上が、貴殿の一言によって仕法の道が永く廃棄になるであろうと申すゆえんであります。これが間違っておりましょうか。貴殿はどうして一度この道を試み、いよいよ不可であることを知ってから、上申しようとなさらないのですか。いま一言によって私領の億万の人民が安堵《あんど》の道を失うことは、私どもの見るに忍びないところであります。どうかこれを御配慮下さい。」

代官は言った。

「拙者はそれを考えぬわけではない。しばしば仕法のことについて幕府に指揮を請うているのだが、さらにお沙汰《さた》がない。それで開始することができないのである。」

従者は言った。

「それも私どもに納得できないことです。幕府はもとより二宮の良法が果して適当であるかどうかを了知しておられません。それゆえ貴殿に命じてその事業を試みられるのではありませんか。しかるに貴殿がこれを試みずにその指揮を幕府に請うても、幕府はどうして一々発業の指示がありましょう。およそ試みなるものは、まず着手して試みなければ、どうして可か不可かが分かりましょう。どうか、すみやかに独断発業してこれをお試み下さい。何を憂えていまだに試みられないのでありますか。」

代官は言った。

「官のことは独断することはできない。もし事を独断して過ちがあったならば、罪を免れることができない。拙者の身分も心配である。それゆえ独断に出ないのだ。」

従者はこの一言を聞いて嘆息し、

「私が数刻にわたって愚言を呈したのは、ほかでもありません。御代官が公のために身を奉じておられる方と信じたからであります。では御免こうむります。」

と言って引きさがった。先生は、何事を話して来たのかと尋ねた。従者は右のことを報告した。先生は大いに怒って、

「代官の人となりは、私はもとより知っている。しかもあえて争わず論ぜず、従容として空しく日を送っているのは、決して私の本意ではない。全くやむをえないからだ。道の興廃は天命であって、もとより代官などにあるのではない。それだから私は隠忍自重して時節を待っておる。しかるに、そなたがにわかに代官のところに行って議論をし、あまつさえ身分を憂えるとの一言を発するに至るまで詰問したとは何事か。私が心を尽して困苦しておるのを知らず、一度の面会の間にそのような議論をする。何という愚かなことだ。それは道を開こうとして、かえって道をふさぐものではないか。」

と大いに戒めた。門下はみな驚き、低頭して、仰ぎ見る者がなかった。この時にあたっては、

まことに仕法の前途の行き詰まりも、極度に達したと言わねばならぬ。先生の広大な度量がなかったならば、どうしてこの間に処して再び道を開くことができたであろう。人々はその大量と深慮を感嘆したのであった。

このことから後、代官も省みるところがあったのか、あえて再びそのような言葉を発しなかったという。

補注　桑野川の開墾は、弘化四年（一八四七）秋、村民の出願によって測量等の準備を開始し、翌嘉永元年の二月〜三月に、人夫一、三九九人を費して完成した。面積四町八反余、整然たる耕地は、大正十二年栃木県が付近の耕地整理を行った際、少しも改める必要がないほど優秀なものであった。いま記念碑が立っている。

住居の問題は、真岡の前任者がまだ引き払わないため、東郷から栄転した山内がそこに引き移ることができず、従って東郷陣屋に先生の入る余地がなかったのである。衣笠兵太夫は当時桜町の留守居を依託されており、宇津家の使者として先生のもとに来たのは四月十七日であるから、厳冬の時期は過ぎたあとであった。当時の先生の従者は、斎藤高行・福住正兄《まさえ》（当時は大沢政吉）・吉良《きら》八郎と下男川久保民次郎であったが、年もみな若く、身分その他、山内に対して詰問しうるものでなかった。そこで本文の一従者とは、六月十五日江戸から到着した富田高慶自身であると認められる。

山内は数種の著書もあるほどの知識人で、仕法も以前から理解ずみのはずであったが、下僚の反対を押して実行するだけの確信と気力がなかった。かつての代官竹垣某の善政と、これに対比される山内の俗吏ぶりとは、「二宮先生語録」八九及び二八三に掲げられている。山内は七月になって漸く真岡に移転し、先生は東郷陣屋に入ることを命ぜられ、九月には一族も二六年間の思い出を残して桜町からここに移転した。その後山内の仕法に対する理解も次第に深まり、次章棹ヶ島の仕法着手となり、事情は幾分ずつ好転して行った。高慶が嘉永四年「報徳論」を山内に提出して序文を書かせているのは皮肉である。

二、棹ケ島《そうかじま》その他に仕法を実施する

野州真岡代官所の支配地、常州真壁《まかべ》郡棹ケ島《そうかじま》村（茨城県下館市掉ヶ島。下館領灰塚村の隣村）は、極貧で、住民は飢渇の憂いがあり、戸数は減少し、土地は荒れ果て、ほとんど亡村になろうとしていた。往昔某年（天保年間＝一八三〇～四三）、前代官の時にあたって、幕府に上申し、八丈島の民を移してこの村の民とし、荒地を開かせたという。この村の再復の仕法が先生に命ぜられた。時に某年某月（嘉永元年＝一八四八、八月）であった。

先生はみずからこの村に出張して検分したところ、どの家も貧困で家屋は破壊し、衣食は乏しくて、村民は家業を怠り、人情は浮薄となり、賭博無頼《とばくぶらい》を常としていた。ここにおいて一村再興永安の道をさとし、家のない者には新しい家を与え、馬小屋・灰小屋をも与えて住居を安んじ、米穀を与えてその飢渇を救い、農具を与えて耕作を助け、荒地を開いて田畑の不足を補い、道を作り橋をかけて往来を便利にし、善人を賞し、無知無能の者を教え、農事出精の尊いゆえんを示して、力を尽して村民の憂苦を除き、これを安撫した。村民は蘇生《そせい》したような思いをして大いに悦服し、汚俗を一洗して純厚勤業に帰した。山内代官はこれを検分に来て感嘆してやまなかった。民家の整いかた、開田の区画の正しさ、道路・用排水の見事なことは郡中に比類がなく、良法の徳は燦然《さんぜん》と輝いて、遠近から賞《ほ》めたたえられた。

続いて同郡花田村（関城《せきじょう》町花田）が興復の仕法を嘆願して来た。代官はこれを許容し、先生に委任した（嘉永三年＝一八五〇、九月）。先生は又花田村に出張し、心力を尽してこの村の旧復に努め、棹ケ島村と同様、恩沢を布《し》き村民を撫育《ぶいく》した。花田村の貧困衰廃は棹ケ島村よりもはなはだしかったが、仕法の仁沢により年来の困窮を免れて、もっぱら家業を励むようになり、老若となく感泣してその恩を感謝したのであった。

代官は、棹ケ島が先生の仕法によって旧来の衰貧を除き、村民が欣躍《きんやく》して互にその業を励むようになったと、江戸の当局に上申した。当局は評議の結果、先生の丹誠を賞して用度金四百両を下附し、かつ十箇年の間同村の貢税を十分の二だけ減じて、それを再復の費用にあてるべき旨、命令があった（嘉永三年十一月）。先生はこの四百両を種金とし、自財を加えて、これによって野州山本村（芳賀《はが》郡益子《ましこ》町山本。駅の南一里）・大島村（真岡市東大島、桜町の東隣）・山口村（今《いま》市《いち》市山口）・徳次郎《とくじろう》村（宇都宮市徳次郎町。共に日光街道沿い）に、それぞれの嘆願によって仕法を下した。その事業の実際は棹ケ島・花田両村と同様であった。ここにおいてこの地方一帯に先生の徳行・良法を欣慕したのであった。

補注　棹ケ島は村高三七三石余、戸数四三軒あったところ、天保五年（一八三四）ごろにはわずか五戸に減少し、八丈島の移民によってやや回復したが、それでも仕法当時戸数一〇戸、租税一〇年平均六〇石に満たなかった。先生は自身の俸禄と報徳善種金から初年度に二五八両二分を投じて各種の施策にあて、仕法は急速に進展して四年目の嘉永四年（一八五一）には社寺中心の永安方法が講ぜられるに至り、万延元年（一八六〇）の調べによれば、運用した報徳金は七五五両余に及び、その内二六七両余は花田新田等に転用された。幕府直領最初の完全な仕法である。

花田村のうち、仕法は花田新田と称する部落及び板橋見取《みとり》新田と称する附属地に対して行われた。前者が一〇戸、後者はわずか三戸に減少し、先生の宿泊されるべき民家もなかった。そこで初年度には一三五両を投じて、新しい村を作るほどの形で一切の施設が行われた。二年度には借財償還が行われ、三年目の嘉永五年（一八五二）に至って永安仕法へ移行するようになった。

三、石那田《いしなだ》村の堰《せき》を築造する

野州河内《かわち》郡石那田村（宇都宮市石那田町）は公領であって、隣村徳次郎村（同市徳次郎町。東南約一里）は宇都宮領であった。某年に至って徳次郎村も公料となった。この徳次郎村の用水は、石那田村の地内で川（田川という）を堰《せ》いて水を引き、田に入れていた。石那田村の用水もまた、この堰から分水していた。年々用水が足らないで互に争い、徳次郎へ水をまわしていると石那田側がこれを止めて自村へ水を引く。すると徳次郎から又来て石那田の用水をふさぐ、という風で、四、五月の田植え時に至っては毎夜これがためにどの家も安眠できず、両村は仇敵《きゅうてき》のような思いをし、争論がやまなかった。そればかりでなく、一村の中でも互に水を争って、あるいは他人の用水をふさいで自分の田に水を注ぎ、止められた方が来て又これを破り、そのため近隣同志で怨恨《えんこん》憤怒をいだいて、家業を怠り、衰貧困苦に陥り、平年でさえ飢渇を免れなかった。そして訴訟争論がますますはなはだしかった。代官はこれを憂えてしばしばこの堰を検分したが、一方の村を便利にすれば他方の村が耕作の道を失うので、至当の処置を下すことができなかった。そこで先生に、

「両村の争論を止め、平穏に帰せしめる方法があるか。」

とたずねた。先生は言った。

「両村の紛議の本は、用水の不足にあります。用水を余りあるようにしさえすれば、制止しないでも必ず平穏になりましょう。ただ平穏になるばかりでなく、両村の衰廃もそれによって再興することができます。」

代官は大いに喜んで、この事を先生に一任した（嘉永五年＝一八五二、三月）。そこで先生は徳次郎・石那田におもむいて水理を熟視し、堰の高低を測り、村の古老を招いて古来の事を尋問し、深く思慮をめぐらして両全の道を施そうとし、両村の民をさとして言った。

「数年来水を争って隣村と仇《かたき》同志のようにしているのは、お前たちとしても快くはあるまい。私は今この用水を十分にする道を知っている。しかし私の処置に任せなければ成功しない。お

前たちはこれを望むか、または従来のように互に争うことを望むか。もしお前たちが永安の道を求め、互に十分の水を得て兄弟のように交りたいと望むならば、大きな幸いであろう。もしまた私の処置に従わず、今のようにして年をすごしたならば、年々に衰廃がひどくなって、ついに両村とも滅亡に立ち至ること、疑いがない。それでお上《かみ》では、私に命じてこの憂いを除かせようとなさるのだ。お前たちの気持はどうか。」

　両村の人民は、

「毎年用水が足らないので耕作の力を尽すことができず、そのためこのような困窮に陥りました。水を争って、恨んだり怒ったりすることは、決して私どもは好んではおりません。けれども、争わなければ、たちまち一滴の水も手に入らなくなり、ただちに飢え死にの憂き目を見なければなりませんので、やむをえず多年水争いをしているのです。いま両村の用水を十分にする方法を施して下さいますならば、この上もない仕合せでございます。けれども、昔からこのような堰でして、一方の田地に都合よくしようとすれば、たちまち片方の田地が水を得ることができず、長年の間両全の道を得られないでおります。もしよい方法がありますならば、どうぞ施して下さいませ。もとより願うところでございます。」

　と答えたが、引きさがってから互に、到底できるものではないとあざけっていた。

元来石那田の田面は至って低い土地なのであるが、ただ分水口付近の三反歩だけが高地で、水利の便が悪かった。それで、堰が高くなければこの田に水が引けず、堰が高いためにしばしばこわれて永持ちせず、そのため徳次郎村は年々渇水の災いがあった。その上、石那田一帯に水を引くと、土地が低いためにたちまち水が落ちて徳次郎村にまわらないという始末で、実にむずかしいところであった。先生はこの事実を代官に報告した上、工事を起して、みずから指揮して力を尽した。まず堰を立てるのに、石枠《わく》を三段に据《す》えて、どのような洪水《こうずい》でも破損のおそれがないようにし、次に徳次郎の用水口に石の水門を据えて、出水の際でも流水に限りがあって用水路破壊の害がないようにし、それから石那田の分水口も石垣で作って、分水量を限定し、高地の田地三反歩は、土をよそに運搬して、あるいは三尺から、二尺、一尺と低く切り下げた。それゆえ、旧来の堰より三尺低くして、順水させることができた。数日（三月〜四月、およそ一箇月）で全く竣工《しゅんこう》した。これによって用水は両村にあり余って、下流の他村まで潤沢するようになった。両村の男女ともに、先生の深い知慮に感銘し、永代不朽の宝を得たと大喜びして、年来の争論や感情の阻害が一時に解消してしまった。これ以後、水はあり余って農業の道に力を尽すことができ、人心は平和になって、貧困の憂いを免れた。また徳次郎村では古来の用水路が役に立たなくなっていたので、これをも再興した。長さ千余間（六三三・五間）で、渇水の村が十分の用水を得、積年の憂患を去って永安の道におもむくことができた。人々はみな感嘆してやまなかった。

ある人が先生にたずねた。

「両村では用水が足らないため、貧苦ばかりでなく争奪の心が盛んで、少しも推譲の道を知らず、鶏や犬がけんかをするような有様でした。先生がひとたび手を下されてから、積年の怨恨がたちまち消え、互に分水口に板を当てて水を自村の田に多く取るまいとするようになりました。人情の向背が、どうしてこれほどすみやかなのでしょうか。」

先生は教えた。

「およそ『人心』（私欲）が『道心』（道徳心）を害すること、困窮の際よりはなはだしいことはない。今朝か今晩には食う物がないというほどのときに、どうして良心を保つことができようか。両村の民は本来暴民なのではない。困苦のために相争うようになったのだ。困苦の本は水の足らないことにある。いまその本を豊かにしてやった。これが教えを待たずに相和するゆえんである。

それから、多年水の不足を憂えて来たのだが、本当は川の水量が不足なのではなく、水が大いに浪費されるからだ。今度の工事は、そのむだに費えるところをふさいで、これを田地にそそいだに過ぎない。水源が増加したわけでないのに両村が水に飽和したのは、ただ浪費される水を止めたためである。水ばかりの話ではない。百姓が貧窮に苦しんでいるのもやはり同じことだ。天下に米穀財貨は乏しいのではない。米も金も余りあるのだが、大小おのおのその分を忘れて財を費すから常に貧苦を免れない。一たんその分度を明らかにして、無用の散財を止めるならば、米も金も余りができて富裕に至ることは、ちょうど、この堰を一たん堅固に築けば用水が十分になるようなものである。万物の理は一つであって、別なのではない。ただその処置によって、あるいは富盛となり、あるいは衰貧となることを、これから推して知るべきである。」

その人は先生の深い知慮に感服した。

補注 工事は三月から四月にかけ、一箇月で仮普請ができたが、田植えのため応急措置で通水し、九月に完成した。そのほか徳次郎村内及び下流数箇村のために附属工事を施し、総計金一五四両余、人夫二、一六五人を費した。徳次郎の住民は先生の徳を渇仰し、取入れ口付近に先生を祀《まつ》る水神祠を建て（安政六年＝一八五九）、今に至るまで参拝者が絶たないという。

四、日光仕法発業のため巡村する

先生は幼時から老年に至るまで、おのれを捨てて、万民の困苦を除き、これを安んじ、貧村衰国を再興するところの仕法事業に全力を注がれ、一代の間に諸国から大徳を慕って教えを受けに来、その良法を行った者は一々数え切れぬほどであった。徳化の及ぶところは、おおよそ左の通りである。すなわち、伊豆《いず》・駿河《するが》（以下静岡県）・相模《さがみ》（神奈川県）・甲斐《かい》（山梨県）・遠江《とおとおみ》（静岡県）・武蔵《むさし》（埼玉・東京・神奈川）・下総《しもうさ》（茨城・千葉）・上野《こうずけ》（群馬県）・下野《しもつけ》（栃木県）・常陸《ひたち》

（茨城県）・陸奥《むつ》（この場合、主として福島県）で、総じて十一箇国に及んだ。もっとも、国々によって仕法の大小は異なり、あるいは一国中に数郡ないし数箇村の仕法があり、あるいは一村の仕法があり、一家の仕法がある。直接手を下したものには限りがあるが、人民がその徳を慕って、ひそかに手本としてその道を行ったものに至っては、その数をにわかに予測し難い。先生が初め小田原侯の命によって野州に赴任するとき、一家を廃して万家を安んじようと決心したまごころが空しからず、仕法の徳沢によって艱苦を免れ永安の道を得た者は幾万軒あるか知れない。

弘化元年（一八四四）、幕府が日光祭田の荒地を起し、窮民を安んずる方策を命じたので、先生は仕法に関する諸事項を微細に書き記して上申した（仕法雛形）。その後真岡代官の配下となり、仕法を実施して数箇村の衰廃を興した。幕府は先生の道が言行ともに合致し、いよいよ良法であることが試験済みとなったので、嘉永六年（一八五三、二月）先生を江戸に召し出して次の通り下命した。すなわち

日光御神領村々荒地起し返し難村旧復の仕法取扱い仰せ付けらるる間、見込み通り御料・私領手広に取り行い申すべく候（実は「手広に取り計らい候様いたすべく候」）

という文面である。先生は謹《つつし》んで拝命し、引きさがってから、――この大業を成就して上下の大幸を開き、万代不朽の規範を立て、大いに富国安民の大道を行って、上《かみ》国恩に報い、下《しも》万

民を安んじよう。――と、沈黙数日、いよいよ発業の順序を考え、門下に対して、「今回この通り命令を受けたが、私は老体で大業の成功を見ることはおぼつかない。諸子は志を励ましてこの仕法の基礎を確立し、永安の道を完遂してほしい。」

と教え示した。門下はみな謹んで「かしこまりました」と言い、かつ、

「先生が先年六十（二）巻の仕法雛形を献ぜられてからここに数年（七年）たちました。いま発業の命令をお受けになったことは、ほかならぬ先生の至誠が貫通したものでありましょう。どうか、すみやかにかの地においでになって、仁術を布《し》き、万民永安の道を行って、民心を安んじて下さい。私どもはただ発業が一日も遅れるのが気がかりです。」

と言った。しかし先生は、

「天地間の万物はみなそれぞれの時節がある。その時節を得なければ一物でもでき上がらない。ましてこの大業はなおさらである。私の挙措進退はその時機に従ってやる。決して時機を誤ることなどはしない。」

と言って、自若としていた。そして、前々から仕法を下して来たところの諸侯に対して、これからも仕法を続行するか、あるいは中止するかとの交渉をし、毎日高談説得して、後年まで仕法を永続させる道を懇切に教え、すみやかに日光に発業しようという意念がないように見えた。門人はその深意がわからず、大いに気を揉《も》んだ。

ところが四月になって先生は病気にかかった。随身の者は大いに驚いて、

「いま良法の発展の時にあたり、先生の御病気がもし重くなったならば、どうしよう。大道の興廃にかかわることだ。」

と、良医（伊藤玄朴《げんぼく》ら）を招いて診察させた。どの医者も皆、

「心身ともに過労が度を越しています。それでその虚に乗じて邪気のために発病したものです。遠からずなおりましょう。けれども再び体を過激に働かして発病したならば、今度はとりかえしのつかぬことになるかも知れません。回復したならば予後を慎んで、再発の端緒を防ぎなさい。」

と言った。治療すること十数日で、やや小康を得たけれども、まだ全快には至らなかった。先生は早くも起きて諸方に往来し、常のように安民の談論をされた。けれども疲労して食が進まず、歩行にも自然、力がなかったが、少しも心配せず、まことに道のために身を忘れるという様子であった。従者はみなこれを憂慮して、しばしば保養の道を進言したが、先生は少しも気にとめなかった。

五月に至って、諸準備がことごとく出来上がったので、江戸を出発して野州東郷の陣屋に着き、発業の手順を計って、六月下旬、まさに登山しようとした。親族や従者は、

「疲労がまだとれていませんし、病根もすっかりなくなったのではありません。この炎暑を冒

して日光山に登られましたら、再発の恐れが多分にあります。涼しくなってからおいでになったほうがよろしい。」

と諫《いさ》めたが、先生は聞き入れず、ついに登山をし、日光奉行《ぶぎょう》某（小出長門守《こいでながとのかみ》）に向かって、

「当地の荒地を開き人民を安撫せよとの命令を受けて以来、すみやかに着手しようと思いましたが、その順序を考えていたため遅れ遅れになりました。これからまず村々を巡回し、土地の肥瘠《ひせき》・民衆の貧富・人情の向背などを観察した上で、愚見を申し上げましょう。」

と言って、出掛けようとした。奉行は先生が病後でまだ全快しておらぬことを察し、駕籠《かご》を命じて、「これに乗って回村せられよ」と言った。先生は聞き入れず、

「私は人民の窮苦を憂える気持で一杯で、自分の病気など顧慮するいとまがありません。それに、村中の微細な点まで洞察しなければ救助の道が適切には行えません。かごに乗って回村すると、艱苦の実情や衰廃の根元をはっきり知ることができないのです。」

と固辞して、徒歩で大暑を冒して巡回し、一村を検分するにも必ず既往を考え将来を察し、村内の事柄が大小ことごとく胸中に了然とならなければ他の村に行かなかった。

いった日光の村々は、山岳丘陵が多くて平地ははなはだ稀《まれ》である。一つの村から次の村へ行くのに、あるいは高地を越え数里を隔てているものが多い。栗山郷（塩谷《しおや》郡栗山村一帯）十箇村のごときに至っては、最も深山の村であって、道路ははなはだけわしかった。又、あるいは高

山の頂上に村があったり、あるいは深い谷間の村もあって、強壮な者でもすこぶる嶮路《けんろ》に悩んだのであった。しかるに先生は、年すでに六十七歳、しかも病後まだ全快とならず、食事も平生にもどらない体で、炎暑の燃えるような中にこの嶮路を徒歩で押し通し、村々の盛衰の根元を観察し、厚く善人を賞美し、老いて配偶者のない者・みなし児・身に寄るべのない者、又は困窮の者を恵み、おのおのその事情によって一両から五両まで与えた。また農業に勤め、衰貧に陥っていない村があると、十両とか十五両とかを与えて村内の善行者を賞した。そして一般に孝弟の道を教え、田畑の尊いゆえん、勤業の徳のはなはだ大きいことを説いて導き、あるいは堤を築いて水田の渇水の憂いを除き、荒地を開いて与え、民の生養を安んじた。民衆は大いに感動し、悦服しない者はなかった。先生は高山を越え深谷を渡り、疲労が極まってくると、路傍の石の上に休んだり、草原に休息したりしながら、押して歩いた。従者は手に汗を握り、病気が悪化しはせぬかと恐れたが、先生は自若として困苦をいとわず、ただ人民を安んずることばかりに心労された。人々はその誠心と仁慈の至りに感嘆したのであった。

これより先、この地の民衆は、先生が命令を受けて荒地を開き村民安撫の道を行うために来られるということを聞いて、大いに疑心を発した。奸智《かんち》にたけた連中は村民を扇動して、こう言った。

「昔から当地の租税は定免《じょうめん》で、額がきまっている。田畑の荒地になったものが非常に多いけれども、荒地のために少しも納税が減らない。それはなぜかと言えば、日光の御神領であるため、他領にくらべれば租税がはなはだ少くされている。それだから定額を納めて来られたのだ。今からこの荒地を開こうとすれば、多額の費用をかけなければならない。多額の経費で荒地を起したならば、必ず開田から新たに租税を出させるだろう。そうしなければ出費の補いがつくまい。そのようになったならば、開田のために永久に租税がふえて、村々の憂いになるにきまっている。これは決して人民のためを主にしたことではない。表向き衰邑《すいゆう》再復・百姓撫育を名として、その実は貢税を増すのが目的だろう。もし二宮なにがしが当地に来たならば、すぐさま村々から日光奉行所に、仕法の発業はやめさせて下さいと訴え出よう。そうすればこの憂いをのがれられるだろう。」

民衆も皆これに同感して、疑念はますます盛んとなり、仕法を阻止するはかりごとがめぐらされた。

しかるに、数箇月たっても先生は来なかった。そのうち、――先生は長わずらいのために来ることができない。また仕法の開業は中止になったそうだ。――といううわさが立った。そしてついに、奸民の思わくが外れて策略を施す余地がなくなり、日を重ね月がたつにつれて民衆の疑念は次第に消え去って、仕法をやめさせようとする気分も忘れられた。そこへ、六月下旬になって、先生が忽然《こつぜん》として登山し、すぐさま回村検分して、民衆をはなはだ厚く恵み、開田の道をさとす様子は、まことに仁術であって、人民を子のように恵む良法であるということを聞き、あるいは驚き、あるいは感服して、かつて疑惑を生じたことから見れば、天と地ほどのへだたりができた。こうして衆疑は解消して、それぞれ仕法を願い求める者が数え切れぬようになった。もし、二月に命令を受けた当時、急いで登山発業をしたならば、必ず人民の疑惑のために一たんは仕法の感化普及が妨げられることがあったであろうに、先生は自若として江戸におられ、いざ発業となると、病苦を忍び、炎暑を押し切って、夜を日に継いで仁沢を施し、大いに教導を下して、一時に感動興起せしめた、その神速さは、凡慮の予知しうるところではなかった。従者はみな、先生が大知によって自然の時運を省察し、機に応じて適宜の行動をとられることを感嘆したのであった。

先生は炎暑を冒して八十九箇村あまねく巡回し、ことごとく土地の良しあし、人民の勤惰得失を観察して、日光に帰ってこれを旧復する方策数十箇条を記し、奉行に提出した。これまで諸侯の領内を再復したときは、数十年間の租税を平均して、その平均額を分度と定め、興復安民の仁政施行によって余分に生ずる米財を分外とし、これをば開墾撫育の費用にあてた。それゆえ毎年仕法の経費は尽きることがなく、仁沢の及ぶところ窮まりがなかった。たとえば水源が一たび開ければ末流の潤沢が限りないのと同様であった。しかるに神領の租税は僅々《きんきん》たる薄税である。これは、山間幽谷の瘠薄《せきはく》の土地で、食糧がはなはだ乏しく、住民は往々余業によって生活を補う状態であったから、租税を薄くしてこの民を永続させようとの恩沢なのであろう。租税はこのように低い定額であった。それゆえ田畑が荒地になっても、あえて税額の減少を見ず、そこで又、あまたの開墾をしても少しも租税の増加とはならず、ただ人民の食糧を豊かにし、生活を安んずる仁術となるだけで、全く分外とすべき仕法経費の出所がないのであった。そこで先生は、興復の大業を開くにあたり、従前の開墾安撫によって生じた浄財幾千両を日光貸付所に預託し、毎年の利子を仕法の資金とした。また積年諸侯の領内再興のために数千両を投じてその荒廃を興し領民を安んじていたのであるが、いま日光仕法開始に際してそれから返金があれば、これも撫育の費用に加えた。さらに奥州（相馬）中村侯が報恩のため日光開墾撫育用度金として五千五百両を年賦で献納した。幕府はこれを先生に附与して、撫育に用いさせた。

嘉永七年（一八五四）二月、幕府は先生の長男弥太郎に、父と同様安民の法を施行すべき旨を命じた。ここにおいて父子力を合わせて勉励し、ますます興国の良法を拡張しようとされた。

補注　日光神領は、通称八九箇村、新田を合わせて九一箇村、戸数四、一三三、人口二一、一八六、石高は二〇、九六五石余、反別四、〇二六町歩余のうち約四分の一に当る九三四町歩余が荒地となっていた。これを、幕府から何らの経費をも受けずに、三十箇年で耕作地又は植林地とする計画であった。仕法の資金は先生の苦心画策せられたところで、幕府の実施命令がこのように遅れたのも、内外多事の時局や、仕法雛形の理解困難などの原因のほかに、常識で考えて莫大の資金を要するであろうということが、その一因をなしていた。そこで先生は合計[illegible]万両をこえる資金造成の成案を得て、その旨をしばしば内申し、ようやく発業の下令となった。その内容は次のとおりである。

（一）先生が小田原領仕法に用いた報徳金五千両の回収。

（二）「彰道院殿御菩提《ごぼだい》のため御回向料《ごえこうりょう》永代増益手段帳」により、故大久保忠真公の回向料として三〇〇両ずつ、先生・細川侯・下館侯・烏山侯から合計一、二〇〇両差し出し、その利子を日光仕法に運用すること。

（三）相馬侯の五千両の献金。

仕法の受命は嘉永六年（一八五三）二月十三日であるが、先生はその四月十九日から病臥、六月一日江戸を発して東郷陣屋に帰り、その二十九日から病を押して日光に登山、回村された。九月また病気が悪化し、十月一応東郷に帰ったが、このころから病状は決して油断を許さず、小田原から弟三郎左衛門らも招かれたほどであった。病名は明らかでないが、度々「黄水《きみず》」を吐いたという記事があり、「腹中に悪い水がある模様」との尊行氏の書簡もあるので、消化系統の疾患と思われる。弥太郎尊行氏は翌年二月（三十四歳）、山内総左衛門配下を命ぜられ、「御普請役格見習仰せつけられ」、「日光御神領仕法取り扱い、御料・私領手広く取り計らい候様仰せ渡され」て、早速富田高慶らと共に日光領村の巡回指導に出向いた。

仕法実施の根拠たる「仕法取扱所」（報徳館）は、その年（安政元年＝一八五四）十二月から今市に建設にかかり、翌二年四月落成、先生一家は二十四日東郷を出発して翌日ここに移り住んだ。

五、日光仕法進展する

日光の神領地では、往古から水田が開けず、もっぱら畑を耕して生活をしており、ようやく三十年このかた、村々にごくわずかの水田が開けたという。それゆえ、住民は雑穀を常食とし、米などは病人が出たとき少しばかり買い求めて与え、医薬の代りにするという。衣食に窮乏していること、推して知るべきである。先生は住民の艱難を哀れんで、地の利を察し、――「この地方は西北に高山があるため、平地でも自然に西の方が高くて東の方が低い。そして大《だい》谷《や》川が郡村の中央を東に流れている。それゆえこの川の左右に用水を掘って、これを諸村にそそいだならば、くまなく順流して、村落の潤沢は計り知れないものがある。」

と考えた。そこで野口村（日光市野口）から平ケ崎・千本木村（今市《いまいち》市平ヶ崎・千本木）まで、長さ二里余の水路を掘って大谷川の水を引き、これを数箇村にそそいで、若干の荒地を開いて村民に与えた。村民は大いに喜んだ。諸村ではこれを見聞して、競って新用水の開鑿《かいさく》を請求した。そこでその要求の順序によって数箇所の用水堀を完成した。あるいは三千間、あるいは二千間と、工事の難易・長短はまちまちであるが、よく地の利をはかり、適切な設計であったため、一つも成功しないものはなかった。

そもそも神領の荒地は、調査反別は千余町歩（一、〇七四町余、発業の際は九三四町余）であるが、実地に至ってはこの数にとどまらなかった。そして土地は瘠薄《せきはく》であり、従って租税ははなはだ薄かった。ゆえに荒地が多くても税額は減ぜられず、人民もあえて減租を請わなかった。それゆえ数千町歩の荒地はみな村民の内荒《うちあ》れであって、これがため郡村の衰弊が極まり、わずかに副業によって生計を補っていたが、衣食は足らず、民心は浮薄で、少しばかりの得失損益を争い、訴訟を常とし、その費用のために自他共に困窮して家財田畑を失い、あるいは賭博《とばく》のために家産を破る者も少くなく、日に月にますます衰貧艱苦に陥って行きながら、その艱苦がどこから来るかを知らなかった。先生は愁然としてこれを哀れみ、次のようにさとした。

「お前たちはこのように困苦しておって、いつになったら繁栄安心の道を得られるのか。およそ富貴も貧賤も、安危も存亡も、すべてよそから来るのではない。みずから招き、みずから求めるものである。しかるにお前たちは、何を行えば富裕を得、何をして貧困に至るのかを知らず、日に日に富裕の道を打ち捨てて衰貧滅亡の場に向かって行くのである。これが悲しまずに居られようか。当御神領は、土地は瘠薄ではあるが、租税の軽いことは他に類を見ない。これはほかでもない、神領の民であるからして、特に課税を軽くして百姓を安堵《あんど》させ、やせた土地の人民を肥えた土地の人民と均等に生活させようとのお計らいではないか。その御恩は洪大《こうだい》と言わなければならぬ。だから村々がこの高恩を忘れず、家ごとに力を田畑に尽し、節倹によって余財を生じ、互に信義をもって交り、いささかも無頼の行為にわたらず、子孫の安栄を計ったならば、どの家も満ち足り、だれ一人衣食に困らぬようになること、疑いを入れない。しかるに、これほどの高恩を忘れて本源の農業を怠り、良田を荒れるに任せて顧みず、厳禁のばくちをやり、つまらぬ事を争って互に怨恨を招き、先祖伝来の家産を失うようになるまで、その非をさとらない。お上《かみ》ではこれを憂慮なさって、私に命じて、お前たち人民を教えさとし、荒地を開いてあまたの米麦を生じ、多年の衰廃を興して再栄の道を得させようとしておられる。お前たちが今から宿弊を洗い落して、もっぱら勤倹によって農事に精励したならば、衰村の再興は困難ではないのだ。

およそ人たるものは、衣食住がなければ安らかに生活することができない。そしてこの三つのものが出てくるところはどこか。それは田畑である。その根源たる田畑を荒らしては、幾百年たっても一粒もできるはずがないのに、しかも衣食の豊かなことを望んでおる。それはちょうど井戸のもとをふさいで、水を沢山求めるようなものだ。なんと、迷いもはなはだしいものではないか。いま神領の荒地はおよそ千町歩ある。たといやせ地でも、平均一反四俵はとれる。反四俵とれたとすれば、一年の産米は四万表、十年間の生産は四十万俵、五十年の産額は二百万俵である。当地の荒蕪《こうぶ》はまさに七八十年に及ぼうとしている。仮に端折って五十年と見ても、二百万俵の米麦を失ったことになるのだ。村々の者はこれを省みないで、ほかに衣食の道を求めて汲々《きゅうきゅう》としておるが、どうして困窮せずにいられよう。だから到底衰弱危亡を免れることができないのだ。

もしお前たちがこの道理を理解し、すぐにこの開墾に従事しようと心掛けるなら、自力で開こうとする者には賃銀を与えよう。力が足らぬ者には私の方で開いてから与える。開墾が一年遅滞すれば一年だけの産米を失うのだ。なんと、努力しないでよいものかどうじゃ。」
村々の民は大いに感奮興起し、争って開拓に力を尽し、数年のうちに五百余町歩を開いた。年々の産米は内荒《うちあ》れの分であるから、ことごとく村民のものとなった。これに加えて、先生は、厚く良民を賞し貧民を撫育し、あるいは家作を与え、あるいは屋根替えをしてやり、借財や質《しち》地《ち》を償い、農器具を与え、無利息金を貸与し、人民の苦悩を除いて、これを教え、これを安んじた。ここにおいて累年の汚俗は一洗し、怠惰が変じて勉励の民となり、村々は教化が行き渡って、興復の時が来たと一同歓喜したのであった。

著者が思うに、先生はつとに不出世の才を抱いて、堅忍不抜の行いを躬行《きゅうこう》しておられた。けれども賢明なる小田原侯がこれを農民の中から抜擢《ばってき》し、衰頽《すいたい》を振興する事業を委任しなかったならば、取るに足らぬ一農夫にとどまったであろう。思うに、侯が先生を挙用した意図は、初めまず野州三箇村の仕法を命じ、その上でこれを小田原領内に移し、その偉功があらわれるのを待って更に幕府に上申し、天下万民ことごとくに、その洪大《こうだい》の徳沢を被らせようとしたのであって、その心組みは遠《えん》かつ大と言うべきである。惜しいかな侯は、事業が半ばに達しないうちに奄然《えんぜん》として長逝《ちょうせい》された。後に残った人物中には、よく侯の志を継いで、先生が事業を拡張することのできるように努める者がなかった。先生の至誠をもってしても、どうすることもできなかったのである。

やがて幕府が先生を登庸したが、これまた一代官の配下で属僚たるに過ぎなかったから、事ごとに束縛を受けて、先生はついにその志を展《の》べることができなかった。それからまた十余年を経て、始めて日光神領の衰廃を起すことを命ぜられ、かつ、あまねく諸国に推し広めることができるようになった。この時には先生はまさに古稀《こき》の年齢になろうとし、その上病気にかかられた。それでどうして大業を海内に施すことができようか。仮にもし、この命令が十年前にあったならば、先生はつとに神領の衰廃を振興し、その民を生業に安んじさせることができ、そして諸侯中先生の指導によって領内に仕法を行っていたものも、みな功を成就することができたであろう。ここにおいて、さらにこれを四方に拡充したならば、天下の人民は皆その恵沢を被り、米麦は水や火のように得やすく、富強の方策は完備し、万世に伝えて弊害のない理想郷となっていたはずである。実に、先生ほどの雄大な才能、卓抜な行為がありながら、終身不遇で、ついにその偉業を十分に振るうことができずに過ごされ、人を慨嘆させてやまないのである。まことに天命と言うよりいたし方がない。

補注　先生は安政二年をほとんど病床で過ごされた。その十二月末日の日記に、「予が足を開け、予が手を開け、予が書翰《しょかん》を見よ、予が日記を見よ。戦々兢々《きょうきょう》として深淵に臨むが如く、薄氷をふむが如し。」と、曾子の言葉を模して書かせられたが、個人の孝道履修に終始した曾子の立場とは異なって、救国済民の大熱願をもって時弊にいどみ、体制の限界で最善を尽した七十年の生涯を顧み、深く後人に依託されたものであろう。

翌安政三年（一八五六）の二月には従来の「御普請役格」から一等を進めて「御普請役」に任命されたが、その十月二十日、病勢窮まってついに長逝された（七十歳）。遺体は如来寺の境内に別域を開いて葬られた。今日の今市二宮神社の本殿の後方にあたる。

翌安政四年、弥太郎尊行氏は正式に父の職を相続し、仕法は順当に進行したが、明治元年（一八六八）幕府の政権奉還によって、日光領内の仕法も廃止とせざるを得なくなった。尊行氏は、徳川幕府の開発係としての関係から、徳川家達《いえさと》の静岡移転に随行をすすめられたが、これを断って民間人となった。相馬侯は二宮家二代の厚い指導を謝するために客人として招いたので、これに応じてこの年四月、相馬石神村に移転した。

こうして、日光領の仕法は嘉永六年（一八五三）着手以来三十箇年で完了する予定であったが、十六箇年で中廃した。この間の成績は、

（一）開　発

荒地開墾反別	四三八町歩余
新開　反別	二五町歩余
杉檜栽植反別	二〇町歩余
合　計	四八三町歩余

（二）土木工事の主たるもの

堤　防	[illegible]、五四五間
堰	一二箇所
用排水	一九、四八五間
同しゅんせつ	一[illegible]、三一〇間
橋	三〇箇所

道路新設　一、七五一間
同　修繕　七、六一〇間

（三）窮民取直し
民戸新設　九戸
出精奇特人表彰　八九四人
困窮民救助　八七五人
無利息金貸付　五、一二八人

（四）経費総額　一六、四〇五両余

となっており、これを荒地開発のみについてみても、当初の荒地九三四町歩余に対し、その過半の開発を遂行し得たわけで、企画の周到精密と、営々怠らぬ実施の努力を明示している。

（終）

跋《ばつ》

報徳記八巻は、富田高慶がその師二宮尊徳の言行を記述したものである。さきに、天覧に入り、聖意嘉尚したまい、宮内省に勅して板刻せしめられた。そもそも尊徳の言行は、ことごとく至誠に発し、終始一貫、いたるところ民風を化して美俗良風とし、その成績は、採ってもって農政に参考とすべきものが少くない　よってこれを広く伝えようと望み、本省から請うてお許しを受け、大日本農会の手で刊行普及させることとした。世上、この書を読む者が、よく忠信篤行、業を勤め倹を守り、もって自己と社会とを益するならば、すなわち頒布の主旨に合するであろう。

明治十八年七月

農商務卿伯爵西郷従道謹識

二宮家系図

年号は没年、
その下の数字は行年

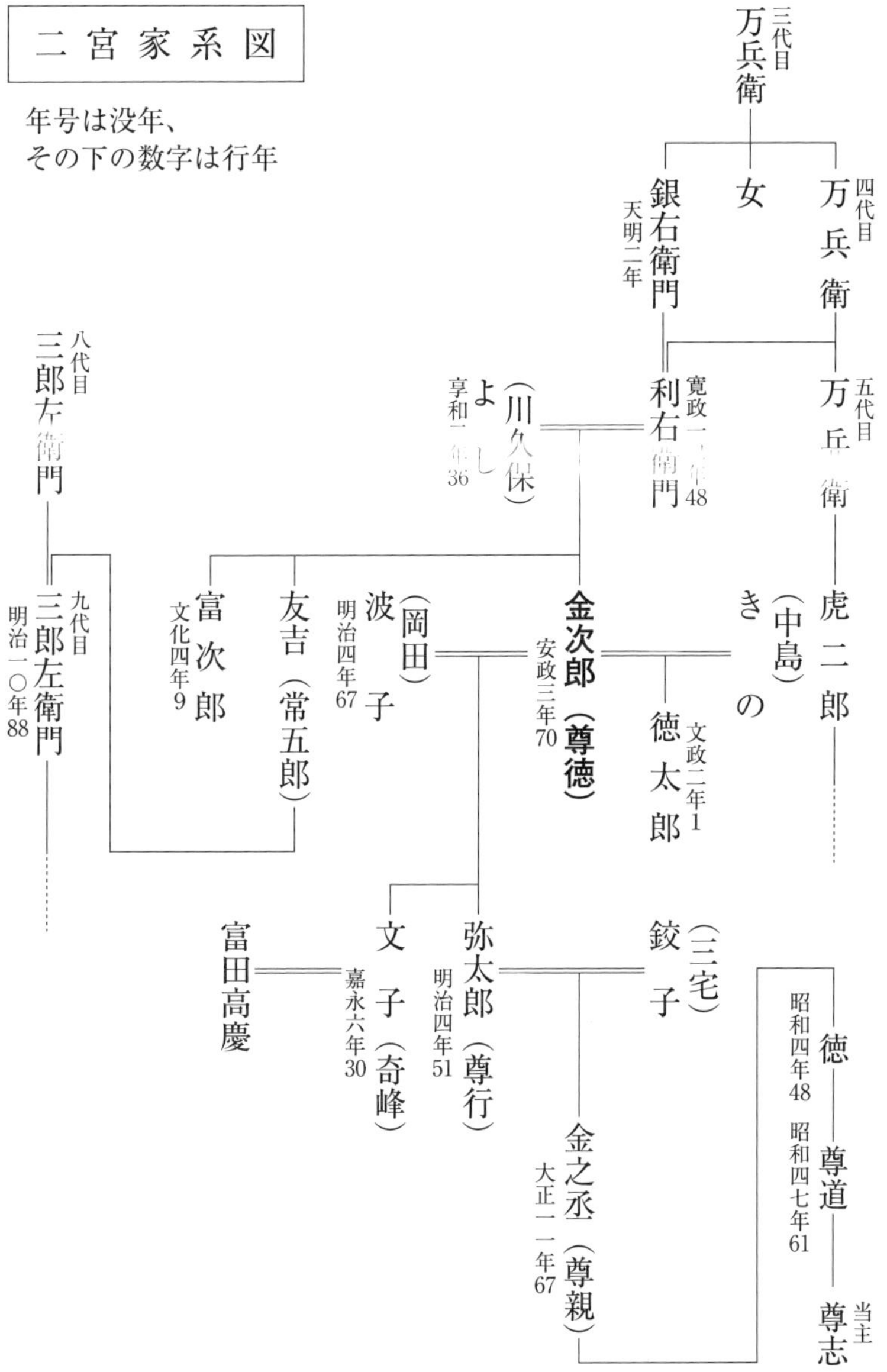
三代目
万兵衛
女
四代目
万兵衛
銀右衛門
天明二年
五代目
万兵衛
利右衛門
寛政一二年48
（川久保）よし
享和二年36
虎二郎
（中島）きの
金次郎（尊徳）
安政三年70
徳太郎
文政二年1
（岡田）波子
明治四年67
友吉（常五郎）
富次郎
文化四年9
八代目
三郎左衛門
九代目
三郎左衛門
明治一〇年88
（三宅）鉸子
弥太郎（尊行）
明治四年51
文子（奇峰）
嘉永六年30
富田高慶
金之丞（尊親）
大正一一年67
徳
昭和四年48
尊道
昭和四七年61
当主
尊志

【二宮先生略年表】

分類	年齢	年号	主要事件	参考事件	西暦
発育幼少時代					
幸福なる幼年時代	一歳	光格天皇 天明 七	七月二十三日（陽暦九月四日）誕生　飢饉	家斉将軍となる、松平定信の改革	一七八七
	二				一七八八
	三			フランス大革命	一七八九
	四	寛政 二	八月二十八日弟友吉（のち三郎左衛門）生る	アダムスミス死	一七九〇
一家苦難時代	五	寛政 三	八月五日大暴風雨　酒匂川決壊して家田大半流失する		一七九一
	六			林子平罰せらる 露使松前に来る	一七九二
	七				一七九三
	八				一七九四
	九				一七九五
	一〇	寛政 八	大久保忠真藩侯となる	古事記伝成る	一七九六
	一一	寛政 九	本家伊右衛門式当主儀兵衛死んで絶家となる		一七九七
	一二	寛政一〇	父利右衛門病にかかる　医師村田道仙の好意	マルサス人口論	一七九八
	一三	寛政一一	松苗二百本を買い酒匂川堤に植える　十二月末日弟富次郎生る		一七九九
	一四	寛政一二	九月二十六日父死亡		一八〇〇
	一五	享和 元	貧困いよいよ窮まり迎歳の準備なし		一八〇一
伯父の家寄食時代	一六	享和 二	四月四日母よし死亡　一家離散　先生伯父万兵衛方に寄食する		一八〇二
	一七	享和 三	菜種を収穫、捨苗を植えて籾一俵を収穫、積小為大の理を発見		一八〇三
	一八	文化 元	万兵衛方を辞し名主岡部伊助方に出入する　観音経の逸話	カント死す	一八〇四
	一九	文化 二	岡部方を辞し二宮七左衛門方に寄食　余耕の米二十俵と伝える		一八〇五

時代		年齢	年号	事項	世相	西暦
自譲中心時代	自主的奉公 一家再興時代	二〇	文化　三	自家に帰る　質地九畝十歩（下々田）を三両で買いもどす		一八〇六
		二一	文化　四	藩士岩瀬左兵衛（千石）に雇われたと伝える　弟富次郎死亡		一八〇七
		二二	文化　五	母の実家の困窮を自己丹誠の田若干で助成する	間宮林蔵樺太行	一八〇八
		二三	文化　六	本家再興基金設定　田二反六畝十一歩買いもどし、約三畝買う	ダーウィン生る リンカーン生る	一八〇九
		二四	文化　七	田地一町四反五畝二十五歩となる　江戸・伊勢・金毘羅旅行		一八一〇
		二五	文化　八	服部家の若党となり子息の修学に侍す		一八一一
	隣人救助時代	二六				一八一二
		二七				一八一三
		二八	文化一一	服部家で五常講真木手段金帳を作り、実施する	伊能忠敬の 全国地図成る	一八一四
		二九	文化一二	二月服部家から帰る　十二月同家家政取直し趣法帳を起草する	ナポレオン没落	一八一五
		三〇	文化一三	正月弟常五郎（友吉）二宮三郎左衛門の養子となる		一八一六
		三一	仁孝天皇 文化一四	二月二十八日中島きのと結婚　田地三町八反余歩となる		一八一七
		三二	文政　元	三月服部家の仕法を引き受ける　十一月忠真公から表彰される	忠真公老中就任 マルクス生る	一八一八
		三三	文政　二	一月長男徳太郎生れ二月死亡　三月妻きのと離別する		一八一九
		三四	文政　三	四月二日岡田波子と結婚　斗桝の改良　藩士の五常講創設	エンゲルス生る	一八二〇
全推譲報徳 生活時代	桜町領仕法時代 苦心時代	三五	文政　四	桜町調査復命　嫡男弥太郎誕生　服部家第一回仕法結了		一八二一
		三六	文政　五	三月桜町復興受命（名主役格）九月着任　十一月一たん帰郷		一八二二
		三七	文政　六	五月一家をあげて桜町に移転　仕法の実業開始		一八二三
		三八	文政　七	長女文子誕生		一八二四

全推譲報徳生活時代

時代	年齢	年号	事項	世相	西暦
桜町領仕法時代・苦心時代	三九	文政　八	関東地方凶作		一八二五
	四〇	文政　九	組徒格、桜町主席となる　横山周平着任　凶歳対策	日本外史成る	一八二六
	四一	文政一〇	横山帰府　関庄助・平右衛門ら騒ぐ　十二月豊田正作赴任		一八二七
	四二	文政一一	横田村の地論等紛糾　反対者藩侯に訴える　青木村民仕法出願		一八二八
	四三	文政一二	出府　成田山に断食祈誓　横山再任　以後仕法円満に進行する		一八二九
桜町領仕法時代・成就時代	四四	天保　元	「一円に」の句を作る	パリー七月革命	一八三〇
	四五	天保　二	宇津家第一期仕法結了　一月忠真公に報告、「以徳報徳」の賞詞あり　青木村に救急仕法を施す	ヘーゲル死す	一八三一
	四六	天保　三	このころから悟道書類の著作多くなる		一八三二
	四七	天保　四	青木村桜川の堰工事、同村仕法　この年凶作　横山周平没す		一八三三
	四八	天保　五	徒士格に進む　金毛録等著作　中村玄順をさとす	水野忠邦老中となる	一八三四
	四九	天保　六	細川領の仕法実施　門井村の仕法		一八三五
仕法普及時代	五〇	天保　七	諸国大凶作　烏山の救急仕法　報徳訓をつくる		一八三六
	五一	天保　八	小田原の飢民救済　忠真公卒去　桜町仕法結了引継	大塩平八郎の乱　家慶将軍となる	一八三七
	五二	天保　九	小田原領・下館領の仕法開始　加藤宗兵衛・川崎屋の指導		一八三八
	五三	天保一〇	九月富田高慶入門　小田原領仕法盛んに行われる		一八三九
	五四	天保一一	藤曲村・御殿場村・片岡村・伊豆韮山多田家等の仕法	アヘン戦争起る	一八四〇
	五五	天保一二	相馬藩一条七郎右衛門をつかわす　宮原屋あて大学料理の書簡	天保改革始まる　小谷三志死す	一八四一
	五六	天保一三	十月幕府に登用　利根川分水路工事検分　草野正辰に面会		一八四二

全推譲報徳生活時代

幕府の仕法試錬時代	五七	天保一四	大生郷村検分　真岡代官所手附となる　下館信友講・小田原仕法組合創立	平田篤胤死す	一八四三
	五八	弘化　元	日光仕法雛形作成受令　相馬藩の分度確立		一八四四
	五九	弘化　二	九月斎藤高行、十一月福住正兄入門　相馬領成田・坪田発業		一八四五
	六〇	孝明天皇　弘化　三	仕法雛形完成　小田原領仕法廃止　下館領灰塚外二村発業		一八四六
	六一	弘化　四	遠州下石田報徳社創立　山内代官の配下となり神宮寺に仮寓		一八四七
	六二	嘉永　元	桑野川の開田　東郷陣屋に転居　遠州牛岡組報徳社創立	「共産党宣言」	一八四八
	六三	嘉永　二	棹ケ島の仕法開始　相馬領高瀬村復旧する		一八四九
	六四	嘉永　三	花田村等十四箇村に仕法実施　福住正兄門を辞す	佐藤信淵死す　長髪賊の乱起る	一八五〇
	六五				一八五一
	六六	嘉永　五	許されて墓参入湯、湯本に桜苗三千本を植える　片岡村克譲社創立　弥太郎・文子結婚　下館領分度確立		一八五二
日光仕法実施時代	六七	嘉永　六	二月日光仕法受命　四月発病　六月現地検分　七月文子死亡	ペリー来航　家定将軍となる	一八五三
	六八	安政　元	轟村発業　函館奉行から開拓検分依頼　八月岡田淡山入門	神奈川条約締結	一八五四
	六九	安政　二	今市仕法役所に移転　十一月二十九日孫尊親誕生		一八五五
	七〇	安政　三	御普請役に進められる　十月二十日（陽暦十一月十七日）没す	ハリス下田着任	一八五六

【原著者略歴】

富田高慶（とみた・たかよし）

1814-1890　文化11年生まれ。幕末・明治期の農政家。相馬藩士斎藤嘉隆の次男として生まれ、通称弥之助、任斎と号した。二宮尊徳の高弟。天明・天保の飢饉で困窮する藩の財政復興のため、二宮尊徳の門で学び、報徳仕法を会得。1845（弘化2）年相馬藩内に仕法を指導した。以来廃藩までに27年間、101か村の復興事業に尽力しおおいに実績をあげた。明治23年没。

【訳者略歴】

佐々井典比古（ささい・のりひこ）

1917-2009　大正6年佐々井信太郎の長男として小田原に生まれる。昭和16年東京帝国大学法学部卒業。17年内務省採用、間もなく応召。神奈川県研修室長、人事課長、労働部長、総務部長、副知事、神奈川県内広域水道企業団企業長を歴任。58年より報徳博物館長・一円融合会、財団法人報徳福運社・財団法人大倉精神文化研究所各理事長を歴任。平成21年没

報徳記《ほうとくき》

令和五年三月三十日第一刷発行

原著者　富田高慶

訳　者　佐々井典比古

発行者　藤尾秀昭

発行所　致知出版社

〒150-0001 東京都渋谷区神宮前四の二十四の九

TEL（〇三）三七九六—二一一一

印刷・製本　中央精版印刷

ISBN978-4-8009-1279-4 C0095

ホームページ　https://www.chichi.co.jp

Eメール　books@chichi.co.jp